福州大学哲学社会科学
学术著作出版资助计划项目

福州大学 哲学社会科学文库

"四个全面"战略布局下高等教育综合改革研究

陈永福 ◎著

厦门大学出版社 国家一级出版社
XIAMEN UNIVERSITY PRESS 全国百佳图书出版单位

图书在版编目(CIP)数据

"四个全面"战略布局下高等教育综合改革研究/陈永福著.—厦门:厦门大学出版社,2018.6
ISBN 978-7-5615-6978-8

Ⅰ.①四… Ⅱ.①陈… Ⅲ.①高等教育-教育改革-研究-中国 Ⅳ.①G649.21

中国版本图书馆 CIP 数据核字(2018)第 103917 号

| 出 版 人 | 郑文礼 |
| 责任编辑 | 高　健 |

出版发行　厦门大学出版社

社　　址　厦门市软件园二期望海路 39 号
邮政编码　361008
总 编 办　0592-2182177　0592-2181406(传真)
营销中心　0592-2184458　0592-2181365
网　　址　http://www.xmupress.com
邮　　箱　xmup@xmupress.com
印　　刷　厦门集大印刷厂

开本　787 mm×1 092 mm　1/16
印张　12.75
插页　2
字数　248 千字
版次　2018 年 6 月第 1 版
印次　2018 年 6 月第 1 次印刷
定价　59.00 元

本书如有印装质量问题请直接寄承印厂调换

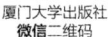
厦门大学出版社
微信二维码

厦门大学出版社
微博二维码

序 言

马克思曾说:"理论在一个国家实现的程度,总是取决于理论满足这个国家的需要的程度。"十八大以来,以习近平同志为核心的党中央,从坚持和发展中国特色社会主义全局出发,探索并形成了一系列重要的新理念、新思想和新战略,"四个全面"战略布局便是其中之一。"四个全面"战略布局既是治国理政的战略布局,也是引领中国特色社会主义实践的战略思想,更是实现中国梦的战略指引。对于一个国家来说,教育强则国家强。高等教育发展水平是一个国家发展水平和发展潜力的重要标志。当前,在加快建设世界一流大学和一流学科的战略决策大背景下,高等教育综合改革必须同我国发展的现实目标和未来方向紧密联系在一起,实现为人民服务、为中国共产党治国理政服务、为巩固和发展中国特色社会主义制度服务、为改革开放和社会主义现代化建设服务的高度统一。

本书在遵循高等教育发展规律的前提下,站在马克思主义中国化学科角度,用崭新、开阔和开放的视野探讨了高等教育综合改革这一具有重要理论和现实意义的课题。书中紧紧围绕"四个全面"战略布局是高等教育综合改革的战略指引,深入探析其与高等教育综合改革的辩证关系,研究了高等教育综合改革所面临的机遇和挑战,较为系统地阐述了"四个全面"战略布局下高等教育综合改革的具体内容、目标体系和基本原则;论证了高等教育综合改革服务全面建成小康社会的功能定位,分析了全面建成小康社会对高等教育综合改革提出的新要求,对现实问题进行了剖析;从以提高人才培养质量为核心服务经济发展新常态、以提高自主创新能力为突破服务创新型国家建设、以提高人民生活水平为主旨强化高质效社会服务、以提高传承引领能力为导向服务文化软实力建设等四个方面,探讨了在高等教育综合改革中服务全面建成小康社会的途径;阐述了全面深化改革是加快高等教育综合改革的直接动力,对全面深化改革背景下的高等教育综合改革的新目标、新要求及存在问题进行了分析;强调了全面从严治党是高等教育综合改革的组织保障,分析了落实全面从严治党的现实挑战,从党建政绩与立德树人相结合、理想信念与大学精神相结合、高标准和专业化相结合、创新形式与提升内涵相结合、严明纪律与服务师生相结合、制度建设与警示教育相结合这六个方面，探讨了在高等教育综合改革中落实全面从严治党的现实途径。本书总结了在"四个全面"战略布局中推进高等教育综合改革是一个有机整体，在实践中应系统、协调、全面推进。

本书是一位青年马克思主义学者运用马克思主义中国化理论成果，对探讨高等教育综合改革的一次创新尝试，也是对如何深化高等教育综合改革的一次建言献策。一方面，作者突破学科界限和壁垒，在高等教育综合改革亟须取得实质性进展的形势下，从理论层面的遵循与引领、实践层面的遵循与引领、空间层面的局部与整体三个层面，厘清了高等教育综合改革与"四个全面"战略布局的关系，尝试从内容、特征、目标、原则等这个方面，对"四个全面"战略布局下推进高等教育综合改革进行顶层设计。另一方面，作者按照"一个功能定位、三个动力系统"的有机整体，探索推进高等教育综合改革的应对举措：从功能定位的角度，阐述通过综合改革更好地服务于经济发展新常态、创新型国家建设、人民生活水平提高、文化软实力建设；从直接动力的角度，以"三校一地"改革方案为案例，从精准定位、改变理念、厘清职权、把握全面、突出特色、民生为本、接轨国际等角度探索在全面深化改革中加快高等教育综合改革；从法治支撑的角度，探索如何完善依法治校法制体系、创新法治人才培养、建设高校法治文化、提升服务依法治国质效；从组织保障的角度，提出要把党建政绩和立德树人相结合、理想信念和大学精神相结合、高标准和专业化相结合、创新形式和提升内涵相结合、严明纪律和服务师生相结合、制度建设和警示教育相结合，在全面从严治党中推进高等教育综合改革。把"一个功能定位、三个动力系统"作为有机整体系统，协调、全面推进。

本书作者是我培养的第四个博士研究生，多年来师生亦师亦友，在探讨学术问题时如切如磋，在科学研究中如琢如磨，在学术海洋里如痴如醉。多年来，作者在系统学习研究马克思主义中国化理论和实践中，结合自己从事高等教育管理工作的实践，致力于中国特色社会主义高等教育的研究，此为他学术生涯中的阶段研究成果。高等教育发展不断向前，学术探索更是永无止境，我相信作者在今后的学术生涯以及实践工作中，将围绕马克思主义教育理论中国化、中国特色社会主义高等教育等主题提出更多研究成果，为马克思主义中国化和高等教育发展作出应有的贡献。

赵麟斌[*]

2017年6月

---

* 赵麟斌：闽江学院二级教授，博士生导师，享受国务院特殊津贴专家。

目 录

绪 论 ·· 1
    一、研究背景 ·· 1
    二、研究现状 ·· 4
    三、研究内容 ·· 15
    四、研究方法 ·· 17
    五、研究创新 ·· 18

第一章 高等教育改革道路选择的历史进程与经验启示 ······················ 20
  第一节 走中国特色社会主义高等教育改革发展道路的历史必然 ········ 20
    一、部分国家现代高等教育改革发展道路考察 ································ 21
    二、走中国特色道路是我国高等教育改革发展的必然选择 ················ 26
  第二节 马克思主义中国化理论指导下的高等教育改革发展 ··············· 28
    一、毛泽东思想指导下的高等教育改革发展 ···································· 28
    二、中国特色社会主义理论体系指导下的高等教育改革发展 ············ 34
  第三节 马克思主义中国化理论指导下的高等教育改革发展经验及启示 ······ 47
    一、马克思主义中国化理论指导下的高等教育改革发展经验 ············ 47
    二、马克思主义中国化理论指导下的高等教育改革发展启示 ············ 50

第二章 高等教育综合改革面临新的机遇和挑战 ······························ 52
  第一节 "四个全面"战略布局是高等教育综合改革的战略指引 ········· 52
    一、"四个全面"战略布局是治国理政的新思路、新举措和新要求 ····· 52
    二、"四个全面"战略布局指引高等教育综合改革的方向和道路 ······· 54
  第二节 "四个全面"战略布局与高等教育综合改革的关系辨析 ········· 57
    一、理论层面的遵循与引领：高等教育综合改革
        始终贯彻"四个全面"战略布局 ··· 57
    二、实践层面的手段与目标：高等教育综合改革
        全力服务"四个全面"战略布局 ··· 59
    三、结构层面的局部与整体：高等教育综合改革
        更好融入"四个全面"战略布局 ··· 60

第三节 "四个全面"战略布局下高等教育综合改革的机遇和挑战 62
　　一、"四个全面"战略布局下高等教育综合改革的机遇 62
　　二、"四个全面"战略布局下高等教育综合改革的挑战 64

第三章　高等教育综合改革的顶层设计 68

第一节 "四个全面"战略布局下高等教育综合改革的内容 68
　　一、在高等教育综合改革中服务全面建成小康社会 69
　　二、在全面深化改革大背景下深化高等教育综合改革 69
　　三、在高等教育综合改革中贯彻全面依法治国 70
　　四、在高等教育综合改革中落实全面从严治党 70

第二节 "四个全面"战略布局下高等教育综合改革的特征和目标 71
　　一、"四个全面"战略布局下高等教育综合改革的特征 71
　　二、"四个全面"战略布局下高等教育综合改革的目标 73

第三节 "四个全面"战略布局下高等教育综合改革的基本原则 76
　　一、坚持凸显中国特色和遵循教育规律相统一 76
　　二、坚持主动适应服务和持续改革创新相统一 77
　　三、坚持围绕目标引领与突出问题导向相统一 77
　　四、坚持运用系统思维与推进协同发展相统一 78
　　五、坚持总结历史、立足现实、展望未来相统一 79

第四章　高等教育综合改革的功能定位 80

第一节 全面建成小康社会中高等教育综合改革新展望 80
　　一、高等教育改革发展服务小康社会建设回顾 80
　　二、高等教育综合改革与全面建成小康社会互相促进 82

第二节 高等教育综合改革应对全面建成小康社会的现实审视 86
　　一、全面服务职能在全面建成小康社会中还不够凸显 86
　　二、人才培养质量与全面建成小康社会要求不够匹配 87
　　三、自主创新能力与全面建成小康社会要求不够适应 88
　　四、社会服务职能与全面建成小康社会要求不够契合 89
　　五、文化传承创新与全面建成小康社会要求不够同步 90

第三节 在服务全面建成小康社会中深化高等教育综合改革 91
　　一、以提高人才培养质量为核心，服务经济发展新常态 91
　　二、以提高自主创新能力为突破，服务创新型国家建设 97
　　三、以提高人民生活水平为主旨，强化高质效社会服务 99

  四、以提高传承引领能力为导向,服务文化软实力建设……103

第五章　高等教育综合改革的直接动力……108
第一节　全面深化改革背景下高等教育综合改革的新态势……108
  一、高等教育综合改革是全面深化改革的重要组成……109
  二、全面深化改革背景下高等教育综合改革新目标……110
  三、全面深化改革背景下高等教育综合改革的新要求……113
第二节　全面深化改革背景下高等教育综合改革的现实瓶颈……115
  一、高等教育综合改革的"融入性"有待加强……115
  二、高等教育综合改革的"治理力"有待提升……116
  三、高等教育综合改革的"全面性"有待体现……117
  四、高等教育综合改革的"协同性"有待形成……118
  五、高等教育综合改革的"依归性"有待凸显……118
  六、高等教育综合改革的"国际化"有待拓展……119
第三节　基于"三校一地"改革方案的高等教育综合改革启示……119
  一、"三校一地"综合改革方案比较……119
  二、基于"三校一地"改革方案的高等教育综合改革新动力……123

第六章　高等教育综合改革的法治支撑……129
第一节　全面依法治国中高等教育综合改革的新支撑……130
  一、改革开放以来高等教育改革发展贯彻依法治国的历史回顾……130
  二、全面依法治国为高等教育综合改革带来的契机……131
  三、全面依法治国对高等教育综合改革提出的要求……133
第二节　高等教育综合改革贯彻全面依法治国的现实困境……135
  一、在深化高等教育综合改革中法治思维亟须确立……136
  二、在深化高等教育综合改革中法制体系亟须完善……136
  三、在深化高等教育综合改革中法治实践亟须自觉……137
  四、在深化高等教育综合改革中法治教育亟须深化……138
  五、在高等教育综合改革中法治人才培养亟须变革……138
第三节　在全面依法治国中推进高等教育综合改革的有效举措……139
  一、全面树立法治思维,贯彻落实全面依法治国……139
  二、全面加快章程建设,完善依法治校法制体系……140
  三、全面推进依法行政,加快推进全面依法治教……142
  四、全面创新培养机制,适应法治人才培养需求……144

五、全面推进法治教育，大力建设高校法治文化 146
　　六、全面融入社会发展，提升服务依法治国质效 147

第七章 高等教育综合改革的组织保障 148
第一节 全面从严治党是建设高等教育强国的组织保障 148
　　一、马克思主义从严治党思想对高等教育改革发展的启示 149
　　二、高等教育综合改革中推进从严治党的必要性 156
　　三、全面从严治党对高等教育综合改革提出的新标准 158
第二节 高等教育综合改革落实全面从严治党的现实挑战 159
　　一、综合改革中全面从严治党与从严治党大局如何协同发展 160
　　二、综合改革中全面从严治党与回归学术组织如何实现统一 161
　　三、综合改革中全面从严治党与抓好重点环节如何相得益彰 161
　　四、综合改革中全面从严治党与应对国际挑战如何无缝衔接 162
　　五、综合改革中全面从严治党与提高教育质量如何互相促进 163
第三节 在全面从严治党中深化高等教育综合改革的实现途径 163
　　一、坚持党建政绩和立德树人相结合，落实党要管党责任 164
　　二、坚持理想信念和大学精神相结合，夯实思想建设根基 167
　　三、坚持按照高标准和专业化相结合，切实从严管理干部 168
　　四、坚持创新形式和提升内涵相结合，抓好基层组织建设 171
　　五、坚持严明纪律和服务师生相结合，持续深入改进作风 172
　　六、坚持制度建设和警示教育相结合，完善反腐倡廉机制 174

结　论 177
　　一、在"四个全面"战略布局中推进高等教育综合改革应坚持
　　　　长远目标和阶段目标相统一 177
　　二、在"四个全面"战略布局中推进高等教育综合改革应体现
　　　　改革目标和动力系统相协调 178
　　三、在"四个全面"战略布局中推进高等教育综合改革应协调
　　　　好三大动力系统运行相促进 178
　　四、在"四个全面"战略布局中推进高等教育综合改革应注重
　　　　整体推进和突出重点相结合 179

参考文献 180

绪　论

一、研究背景

为了更加严谨和规范，首先对本书所涉及的"高等教育"范围作出严格界定。本书所涉及的高等教育指普通高等教育，即不包含成人高等教育、高教自学考试、电大开放教育、远程网络教育等。在本书中，高等教育、高等学校（简称"高校"）两个概念并不完全一致，高校是高等教育的实施载体，而高等教育范围更广，在研究过程中根据具体情况运用高等教育、高等学校、高校等概念。其次，对本书所涉及的高等教育综合改革进行明确的界定，主要指《国家中长期教育改革和发展规划纲要（2010—2020年）》发布，尤其是党的十八大以来，随着教育改革进入深水区、攻坚期，高等教育领域围绕立德树人、人才培养、科研体制、人事制度、资源配置、管理体制、评价机制等方面进行的综合性、深刻性、系统性的改革，目的在于加快推进高等教育现代化，办好人民满意的高等教育。

（一）研究缘起

2014年12月，习近平总书记在江苏调研时提出："主动把握和积极适应经济发展新常态，协调推进全面建成小康社会、全面深化改革、全面依法治国、全面从严治党，推动改革开放和社会主义现代化建设迈上新台阶。"这是第一次提出了"四个全面"。2015年2月，习近平总书记在省部级主要领导干部学习贯彻党的十八届四中全会精神全面推进依法治国专题研讨班开班式上又强调指出："党的十八大以来，党中央从坚持和发展中国特色社会主义全局出发，提出并形成了全面建成小康社会、全面深化改革、全面依法治国、全面从严治党的战略布局。"把"四个全面"定位为"战略布局"。"四个全面"战略布局是党中央在新的历史背景下作出的重大战略，集中体现了新时期以习近平为总书记的党中央治国理政的新思路、新举措和新要求，是中国共产党政党形象在国际舞台上的新体现，也是马克思主义中国化的新成果，更是引领中国特色社会主义建设、实现民族伟大复兴的思想武器。"四个全面"战略布局自提出以来，引起了全国上下的广泛共鸣和积极回应。"四个全面"战略布局更是作为指导思想融入政治、经济、文化、社会、生态等各个建设领域，激发了发展新活力。

百年大计，教育为本。当前，"四个全面"战略布局同样引领着我国高等教育改革发展。高等教育承担着培养高级专门人才、提升科学技术水平、服务社会经济发展、促进文化传承创新的历史任务。经过60多年的曲折发展，我国高等教育取得了巨大成绩，并已进入大众化阶段。面临经济全球化、政治多极化、社会信息化、文化多元化以及教育国际化的新形势，我国高等教育改革发展面临着新的机遇和挑战。为此，在《国家中长期教育改革和发展规划纲要（2010—2020年）》中明确提出了"提高质量是高等教育发展的核心任务，是建设高等教育强国的基本要求"；在党的十八大、党的十八届三中全会等重要会议中，更是提出了深化教育领域综合改革的重要部署；2015年11月，国务院印发了《统筹推进世界一流大学和一流学科建设总体方案》，提出在"四个全面"战略布局下，突出"中国特色、世界一流"这个核心，坚持立德树人，立足服务经济社会发展，建成一批世界一流大学和一流学科。当前，高等教育综合改革的速度、力度、深度以及效度直接关系到高等教育发展质量。刘延东在2014年召开的教育部直属高校工作咨询委员会第24次会议上强调："高校要切实贯彻党的十八届三中全会和习近平总书记系列重要讲话精神，聚焦聚神聚力深化综合改革，当好教育改革排头兵，为建设高等教育强国、实现两个百年目标和中国梦作出贡献。"在2015年第25次会议上又强调："高校要围绕'四个全面'战略布局，认真贯彻党中央、国务院决策部署，增强责任感和紧迫感，把全面提升创新能力摆在高等教育综合改革的核心位置，为实施创新驱动发展战略和建设创新型国家贡献力量。"在2017年第27次会议上刘延东继续强调："要深入学习贯彻习近平新时代中国特色社会主义思想和党的十九大精神，扎根中国大地办大学，培养担当民族复兴大任的时代新人，为全面建成社会主义现代化强国作出新贡献。"在这一背景下，如何把握高等教育综合改革的"道路"与"方向"，如何厘清"四个全面"战略布局与高等教育综合改革的关系，如何认清"四个全面"战略布局下高等教育综合改革面临新的机遇和挑战，如何使高等教育综合改革更好地贯彻、融入、服务"四个全面"战略布局，如何以"四个全面"战略布局为契机提高综合改革质量、建设高等教育强国、办好人民满意的高等教育，以上都是当前理论界的研究热点。本书正是基于以上理论和实践问题分析总结出来的。

（二）研究意义

高等教育综合改革对高等教育的发展乃至中国梦的实现具有重要意义。从现实来看，高等教育综合改革直接关系到高等人才培养质量，影响到国家发展的未来。纵观世界高等教育改革发展的历史，我们应正确处理好高等教育改革发展中的道路方向和学术特性的关系，确保高等教育发展既突出本国特色，又遵循教育规律。从长远来看，高等教育综合改革意义不仅局限于本领域，对整个教育体制改革具有"倒推"的促进作用。

把"四个全面"战略布局与高等教育综合改革结合起来是一个新的课题。尽管学术界对高等教育综合改革的研究成果众多，但本书把全面建成小康社会与推进高等教育综合改革结合是一个较新的研究视角，另外把高等教育综合改革中如何贯彻、融入、服务全面建成小康社会，如何在全面深化改革背景下深化高等教育综合改革，如何在贯彻依法治国中推进高等教育综合改革，如何在落实从严治党中深化高等教育综合改革等几个问题，作为一个整体去研究也是一种尝试。本书的意义主要体现在以下两个方面。

1. 理论意义

首先，尝试推进"四个全面"战略布局在高等教育综合改革中的运用和发展，丰富中国特色社会主义理论。"四个全面"战略布局作为马克思主义中国化最新的理论成果，必将随着中国特色社会主义建设伟大实践不断深入而不断创新，通过深入研究"四个全面"战略布局下的高等教育综合改革，有利于丰富和拓展"四个全面"战略布局在其他行业或领域的运用。

其次，尝试对高等教育改革发展理论进行丰富和发展。60多年来，我国高等教育快速发展，尤其是改革开放以来高等教育理论研究成果丰硕，形成了较为完善的中国特色社会主义高等教育理论体系。在"四个全面"战略布局下推进高等教育综合改革，实际上是在厘清两者关系的基础上，把高等教育综合改革置于全面建成小康社会、全面深化改革、全面依法治国、全面从严治党之中，并把这四个方面作为一个系统，整体加以研究，是高等教育理论在新形势下的丰富和发展。

2. 实践意义

首先，有助于推动"四个全面"战略布局在高等教育综合改革中的贯彻实施。"四个全面"战略布局作为治国理政的新思路、新举措和新要求，必须融入国家发展的方方面面，应当落实到治国理政的具体实践之中，包括在高等教育发展领域。本书通过理论梳理、历史回顾、厘清关系、分析问题、提出举措等，有助于"四个全面"战略布局在高等教育综合改革中的实践和落实，是马克思主义中国化最新成果指导实践发展的鲜明案例。

其次，有助于推进高等教育综合改革，促进高等教育质量提升，办好人民满意的高等教育，建设中国特色社会主义高等教育强国。高等教育事业是中国特色社会主义事业的重要组成和强大支撑，要在全面建成小康社会时实现教育基本现代化、在21世纪中叶建成高等教育强国，推进高等教育综合改革刻不容缓。总结过去的改革经验，高等教育综合改革要取得实质成效、实现发展目标，不仅要对"原有的改革进行更为全面、深刻的改革"，更为关键的是要在"四个全面"战略布局下，围绕全面建成小康社会的价值目标，以全面深化改革为直接动力，以全面依法治国为法治支撑，以全面从严治党为组织保障，推动高等教育综合改革取得实质性、突破性进展。

除此，"四个全面"战略布局在高等教育综合改革中的实践，可以总结成功经验，吸取挫折教训，为中国特色社会主义建设的其他领域提供借鉴与参考。

二、研究现状

（一）国内研究综述

自2014年12月习近平明确提出"四个全面"以来，学术界对于"四个全面"战略布局的研究成果较多。在专著方面，例如张荣臣、韩宇、谢英芬合著的《"四个全面"新思想 新观点 新论断》，罗志军等编写的《"四个全面"战略布局研究丛书》（共5本），魏礼群编写的《"四个全面"：新布局、新境界》，东方治编写的《新常态 新战略："四个全面"民族复兴总布局》等。在中国知网（截至2016年3月24日），以"四个全面"作为篇名检索，其中期刊论文1501篇，报纸文章2373篇。短短一年多时间，研究成果颇为丰硕，可见学术界的重视程度。这些研究成果分别梳理了"四个全面"战略布局提出的历史背景、形成过程、基本内涵、逻辑关系、主要特点、哲学方法论、战略意义等，对"四个全面"战略布局进行了全面而深刻的研究。

对于"四个全面"战略布局与高等教育领域结合的研究，目前国内学术界还未有相关著作和学位论文。同样在中国知网（截至2016年3月24日）上进行检索，在期刊论文中，篇名包含"四个全面"和"高等教育"的为2篇，包含"四个全面"和"高校"的为8篇，包含"四个全面"和"大学"的为3篇；在报纸文章中，篇名包含"四个全面"和"高等教育"的为2篇，包含"四个全面"和"高校"为0篇，包含"四个全面"和"大学"的为4篇。可见对于"四个全面"战略布局与高等教育领域结合的研究成果不多，而对于"四个全面"战略布局下高等教育综合改革的研究成果则为空白。当然，目前虽然没有"四个全面"战略布局下高等教育综合改革的研究成果，但从"四个全面"战略布局中的每一个"全面"角度切入，则分别有一些关于全面建成小康社会、全面深化改革、全面依法治国、全面从严治党与高等教育综合改革的研究成果。因此，有必要对"四个全面"战略布局与高等教育综合改革、"四个全面"战略布局中的每一个"全面"与高等教育综合改革等相关的研究成果进行较为系统的梳理。

1．"四个全面"战略布局作为一个整体与高等教育改革发展研究

当前学术界对这一问题的研究成果不多。2015年5月，教育部副部长杜玉波在《关于新常态下高等教育改革发展的几个问题》中提出必须站在"四个全面"战略全局的高

度,加快转变思想观念,以深化改革为动力,促进高等教育实现更高水平、更可持续的发展,积极服务"四个全面"战略布局。韩振峰在《"四个全面"引领高校科学发展》中提出:高等教育在实现全面建成小康社会过程中提供了重要文化动力和人才支撑,发挥着十分重要的作用;高等教育改革是全面深化改革的重要内容,《中共中央关于全面深化改革若干重大问题的决定》明确提出了"深化教育领域综合改革""推进考试招生制度改革""创新高校人才培养机制"等战略任务,所有这些任务的完成都离不开全面深化改革战略举措的大力推进和实施;依法治校是依法治国的重要组成部分,也是依法治国在大学教育中的具体体现,强调全面依法治国,为我们更好地运用法治思维和法治方式构建现代大学制度、实现高校治理体系和治理能力现代化提供了科学的行动指南;加强高校党的建设是确保社会主义办学方向、办好人民满意教育的重要前提,也是坚持立德树人、培养社会主义合格建设者和可靠接班人的重要保障,并提出了高校贯彻"四个全面"战略布局也是一个系统化、长期化的战略工程。谢辉、何裕在《把"四个全面"战略布局贯彻到高校事业发展的实践中》中认为对于高校而言,贯彻"四个全面"的战略布局,就是要把"四个全面"的思想精髓落实到推动学校事业发展和履行高校社会职能的具体实践中。

2. 建设小康社会与高等教育改革发展研究

2002年,党的十六大提出全面建设小康社会的目标,强调科教兴国战略,大力发展教育与科学事业。从2003年开始,围绕全面建设小康社会与高等教育改革发展的研究成果较多,大部分学者围绕理顺两者之间关系,就高等教育改革发展某一方面开展研究。有学者探讨了高等教育在全面建设小康社会进程中的地位和作用,认为高等教育要为全面建设小康社会提供强有力的人才和智力支持,构建与全面建设小康社会相适应的教育体系,着眼于人的全面发展,改革教学理念和方法,促进学习型社会尽快形成。[①] 有的学者在探讨全面建设小康社会与高等教育新使命的关系的基础上,提出高等教育必须为全面建设小康社会提供人才和智力支持,认为改革高等教育体系是"全民学习、终身学习的学习型社会"的要求,应强化高等教育社会服务职能,为全面建设小康社会作贡献。[②] 有学者提出全面建设小康社会中提出的"新型工业化道路"要求加快高水平研究型大学建设步伐,学习型社会提高了对发展职业型高等教育的要求,针对高校分类体系不完善、研究型大学水平低等问题,提出应建设多样化的、合理的高等教育体系等建议。[③] 也有学者分析了21世纪中国高等教育面临的形势,提出要从扩大规模、提升质量、突出效益、

---

① 贺金玉.高等教育在全面建设小康社会进程中的地位和作用[J].中国高教研究,2003(06):28-31.
② 林茂全.高等教育发展与全面建设小康社会[J].辽宁教育研究,2004(04):27-30.
③ 王德林.全面建设小康社会与我国高等教育发展[J].西南交通大学学报(社会科学版),2003(02):1-4.

办学形式多样、应用现代化教育思想等建设高等教育强国以应对全面建设小康社会。①有学者提出要通过创新办学理念、突出地方特色，更新育人模式、服务地方建设，加强科技开发、促进地方发展，立足地方实际、坚持"三个面向"，按照全面建设小康社会的要求办好地方高校。②有学者则从探讨全面建设小康社会与高等教育大众化的视角，阐述全面建设小康社会是高等教育大众化的理论基础，而高等教育大众化则是全面建设小康社会的实践要求，要通过跨越式发展达到两者的契合。③也有学者从思想政治工作的角度，提出在全面、协调发展的小康社会，高校思想政治工作面临着业务工作和思想工作、个体自主发展和社会公平要求的挑战，阐述了高校政治文明建设的新任务。④有学者认为，全面建设小康社会的实质应该是促进人的全面发展，而教育是促进人的全面发展的根本途径；全面建设小康社会对高等教育提出了更高要求，应通过构建完善的教育体系、创新人才培养等方面大力发展高等教育。⑤有学者在探讨"把一个什么样的高等教育带入全面小康社会"时，提出全面小康社会的高等教育要重视思想道德素质、科学文化素质和健康素质，要更好服务于社会主义市场经济体制，更突显中国特色，要做强高等教育，并培养和造就一批世界水平的教授、教育家和科学家。⑥

"全面建成小康社会"提出以来，对于围绕全面建成小康社会与高等教育改革发展的研究成果不多。主要的观点有以下几个：有学者提出应通过高等教育的推力，用科技文化知识进一步武装广大社会主义建设者和接班人，为实现全面建成小康社会提供重要支撑。⑦有学者研究了全面建成小康社会与高等教育历史责任的联系，从现代化命题入手，认为在全面建成小康社会中建设高等教育强国刻不容缓，实现或基本实现高等教育现代化刻不容缓，分析了高等教育基本实现现代化面临着市场经济、科学技术以及全球化的挑战，重点提出走以提高质量为核心的内涵式发展道路的破解办法。⑧还有学者对地方高校如何推进全面建成小康社会进行探讨，提出：从确立培养目标、优化知识体系、完善培养机制等方面，培养地方应用型人才；立足地方发展，开展特色科研，紧扣地方科学研究；围绕地方加强学科专业建设，突出增强服务功能；凝炼地方特色，推动地方文化传承

---

① 周远清.建设高等教育强国——应对全面建设小康社会[J].医学教育探索，2004（01）：1-3.
② 陈建民.按全面建设小康社会的要求办好地方高校[J].湖南社会科学，2003（03）：11-13.
③ 谢惠媛.论全面建设小康社会与高等教育大众化[J].理论月刊，2004（01）：36-37.
④ 郑永廷.论小康社会高校思想政治工作的新课题[J].思想·理论·教育，2003（07）：7-11.
⑤ 曹文泽，汤哲远.全面建设小康社会与高等教育的使命[J].中国高教研究，2003（07）：20-21.
⑥ 周远清.把一个什么样的高等教育带入全面小康社会[J].煤炭高等教育，2009（06）：1-3.
⑦ 赵德武.为全面建成小康社会提供强大的高等教育支撑[J].经济学家，2015（12）：5.
⑧ 张德祥.全面建成小康社会与高等教育的历史责任[J].中国高教研究，2013（02）：1-2.

创新。①此外，还有一些学者就全面建成小康社会与地方高校转型、全面建成小康社会进程中的高校思想政治教育工作等进行了研究。

以上研究成果对推进全面建成小康社会及高等教育的改革发展具有积极的借鉴意义，但也存在一些不足：一是更多的研究成果强调高等教育改革发展如何服务小康社会，而对小康社会反作用于高等教育改革发展的研究较少；二是在全面建成小康社会与高等教育改革发展的研究中，还未能把研究置于"四个全面"战略布局之下，还未形成相应的研究成果；三是对全面建设小康社会和全面建成小康社会目标下高等教育改革发展的比较研究也是一个空白。本书将把以上不足作为重点进行阐述。

3. 全面深化改革与高等教育综合改革研究

20世纪90年代以来，对高等教育综合改革研究成果越来越多，这些研究成果包括高等教育综合改革的重要意义、价值取向、基本特征、方向目标、体制机制、关键环节等多方面内容，对推进我国高等教育综合改革提供了重要决策参考。

对于全面深化改革背景下的高等教育综合改革的研究，始于党的十八届三中全会之后。因此，本书重点对党的十八届三中全会以来关于高等教育综合改革的研究成果进行梳理。在研究中，学术界重视对全面深化改革背景下的高等教育综合改革的综合性研究。例如，有学者针对全面深化改革背景，提出了高等教育综合改革的价值取向在于守护自主性、孕育流动性、尊重多样性、守望教育性，应秉持大思维、大目标，理顺思路、明确使命、直面问题，激发创造力，释放活力，才能获得生命力。②有学者认为，在全面深化改革背景下，由于高等教育综合改革具有系统性、整体性和协同性的特点，应以协同创新促进资源整合，推动管理改革，以政府、高校、社会三维协同、多方联动推进高等教育综合改革。③有的学者强调：全面深化改革背景下的高等教育综合改革要坚持正确方向，扎根中国大地办大学；注重统筹协调，扎实推进综合改革实施；立足党建创新，切实保障综合改革进程。④

学者们还针对体制机制做了深入探讨。有学者做了基于全面深化改革背景的高等教育改革考量研究，认为综合改革首先是教育资源配置的改革，必须围绕立德树人的根本任务，紧扣全面实施德、智、体、美全面发展的素质教育这个战略主题，从考试招生、培养模式、科研体制、人事制度、治理体系、学科体制等多方综合推进，认为改革既要有战略

---

① 谭甲文. 提升地方高校服务功能 推进全面建成小康社会进程[J]. 中国高等教育，2013(07)：56-58.
② 张金福. 高校综合改革应有的价值取向[J]. 教育发展研究，2015(09)：1-5.
③ 黄红武. 以协同创新的视角推进高等教育综合改革[J]. 中国高等教育，2015(19)：22-24.
④ 陈旭. 把握正确方向全面推进学校综合改革[J]. 中国高等教育，2015(19)：16-18.

思考,也要有战术安排。①有学者研究了包括高等教育领域在内的教育综合改革成功运行的三大机制——系统整合机制、利益均衡机制、部门协同机制。②有学者则探讨了高等教育综合改革的核心问题和对策,审视了全面深化改革下我国高等教育发展瓶颈,认为应建设具有鲜明特色、功能协调的高等教育系统,建设适应创新创业教育的分类招生录取制度,建立适合现代高等教育发展的高校治理体系,建立着眼于育人过程和育人效果的评价体系。③

除此,学术界还针对某一重点或侧面展开研究。有学者从优化高校党委职能的角度,提出在作风建设新常态下,高校党委要从号召型领导向凝聚型领导转型、从指令型领导向协调型领导转型、从经验型领导向学习型领导转型,按照全面深化改革的要求,坚持正确方向,转变领导观念,加强顶层设计,着力建章立制,发展党内民主,强化党管人才,做好选人用人,化解矛盾瓶颈,深化高等教育改革。④有的学者从中国特色、世界一流大学之路的角度,认为高等教育综合改革体现使命引领、内生驱动、问题导向、协同突破等特征,在改革中要遵循坚持道路自信、注重制度激励、强化自律保障的指导思想,将改革内容概括为完善一项根本制度、深化三项关键领域的改革。⑤有的学者还从组织理论视角对综合改革路径选择进行研究,提出从变革大学组织目标、建构现代大学制度、重构大学组织结构、培育现代大学组织文化等层面再造先进大学组织。⑥有学者指出,高校综合改革应标本兼治,重在治本,提出应以改革干部人事制度为突破口,以构建管理重心下移的职责权利体系为抓手,以设立全员岗位职责考核标准为导向,以完善人性化的治理体系为保障。⑦有学者则认为,全面深化改革背景下深化高等教育综合改革,要在扩大省级统筹上下功夫。除此,还有一些学者从高校科研领域改革等方面深入开展研究。

另外,还有些学者结合一些改革案例,开展了实践研究。有学者结合北京大学的综合改革案例,提出办教育只有学会守正才能实现真正的创新,应把重点放在探讨怎么走出自己的道路上。⑧有学者结合江苏省高等教育改革实践,阐述了江苏省在统筹推进高等教育和经济社会协调发展、不同区域高等教育联动发展、不同类别层次高校科学发展、

---

① 孙超.基于全面深化改革背景的高等教育改革考量[J].领导科学论坛:下,2015(08):19-21.
② 王海英.教育领域综合改革成功运行的三大机制[J].湖南师范大学教育科学学报,2015(04):50-57.
③ 李传起.高等教育综合改革的核心问题和对策研究[J].国家教育行政学院学报,2015(10):15-18.
④ 刘超美.优化高校党委职能 深化高等教育综合改革[J].中国高等教育,2014(21):13-15.
⑤ 姜斯宪.深化综合改革 探索中国特色世界一流大学之路[J].中国高等教育,2015(19):19-21.
⑥ 庄群华.全面深化高等教育综合改革的路径选择——基于组织理论的视角[J].高等教育研究,2015(11):31-36.
⑦ 陈治亚.高校综合改革应标本兼治重在治本[J].中国高等教育,2014(24):23-24.
⑧ 林建华.积极推进综合改革充分发挥大学创造潜力[J].中国高等教育,2015(19):13.

高等教育规模结构和质量协调发展、高等教育创新发展等方面的经验做法。[①] 还有学者重点研究了党的十八届三中全会后上海市教育综合改革实践探索，强调在高等教育综合改革中尤其强调聚焦质量提升、特色发展。

纵观现有研究成果，对全面深化改革背景下的高等教育综合改革还有一些不足之处。一是对高等教育综合改革与"四个全面"战略布局两者的关系、存在问题以及应对举措等应强化；二是对于宏观研究多、微观研究少，对于理论研究多、实践研究少，现有的很多研究成果重视从价值取向、体制机制等大的方面进行研究，但对一些地方、高校"个案"的研究成果偏少，实践研究集中在江苏省、上海市以及北京市等地区及其高校；三是开展比较研究较少，尤其是针对国内不同地区、不同高校在综合改革中的对比研究应加强，这也是走中国特色高等教育改革发展道路的必然要求。

4. 全面依法治国与高等教育综合改革研究

党的十八大提出全面推进依法治国，尤其是党的十八届四中全会对全面依法治国作出了全面部署，对全面依法治国与高等教育综合改革的研究也得到学术界的高度关注。学术界围绕以下方面开展了一系列的研究。

一是对全面依法治国背景下的依法治教、依法治校进行研究。有学者指出，全面依法治国对高校办学治校提出了建立完善依法办学的法律体系、推进大学依法治校的内部治理结构建设、将法治教育纳入教育教学体系和校园文化建设、构建高素质高水平的法学教师队伍、创新法治人才培养机制、繁荣发展社会主义法治理论和法学理论等要求。[②] 有学者提出高校要在全面依法治国的总格局中推进依法治校，应认真领会和掌握《中共中央关于全面推进依法治国若干重大问题的决定》中贯穿的马克思主义世界观和方法论，帮助学生全面了解中国特色社会主义法治道路和法治体系的本质特征，让学生深入学习和掌握法治思想，培育和加强他们的法治意识，并深化对重大理论问题和现实问题的研究。[③] 有学者对在全面依法治国中，高校依法治校视角下管理问题进行理性反思，提出领导者并非管得越"多"越好，管理更不能依赖"金钱"激励，而常规管理也无须与"日"俱新。[④] 有学者研究了在全面依法治国背景下，大学章程是依法治教、依法治校、依法治学的宪章，应厘清依法治国、依法治教、依法治校与章程建设的内在逻辑，立足章程建设的顶层设计，以特色引领发展。[⑤] 也有学者认为要以制定大学章程为契机，推动政府

---

① 沈健. 深化高教综合改革要在扩大省级统筹下功夫[J]. 中国高等教育, 2015(02): 21-23.
② 黄进. 全面推进依法治国与高校办学治校[J]. 中国高等教育, 2014(22): 10-13.
③ 郝立新. 如何在依法治国总格局中推进依法治校[J]. 中国高等教育, 2014(23): 1.
④ 张安富, 陈丝璐. 依法治校视角下高校管理问题的理性反思[J]. 高等教育研究, 2015(07): 42-45.
⑤ 景一宏. 以特色引领发展 据章程依法治校[J]. 中国高等教育, 2015(01): 11-13.

树立权力边界意识和执法程序意识，推动高校实现学术权力与行政权力的相对分离，保障师生的知情权、参与权、表达权和监督权，健全校内权利救济和纠纷解决机制，促进全面依法治校。①

二是对全面依法治国背景下的法学教育改革尤其是法治人才培养改革进行研究。全面依法治国对高等教育法治人才的培养提出了更高要求。有学者提出创新法学人才培养机制，培养造就一批熟悉并坚持中国特色社会主义法治体系的法治人才以及后备力量，是高校法学教育肩负的时代使命。还提出了全面推进依法治国对法治工作队伍建设的理想信念要求、职业能力要求和综合素质要求，认为应通过优化法学师资队伍、法治人才培养模式、法学课程体系、法学教材编写和选用、法治实践教学、法学教育方法，并加强中国特色社会主义法学理论研究，推进法治人才培养创新。② 有学者在研究中提出在全面依法治国下加强法学教育，一要重点开展中国特色社会主义法治体系的研究，强化中国特色法治理论教育，二要创新人才培养模式，实现法学教育与法律职业的对接，三要把握好法学教育改革方向，厘清司法考试与法学教育关系，培养复合型的优秀法治人才。③ 针对法治人才培养机制创新，有学者认为建设法治中国呼唤法学教育的转型，法治人才培养目标应是精英教育，人才培养的性质是职业教育，而复合型法律人才将是法治人才的基本培养模式，并提出了完善双学位教育模式、优化课程体系、开展实务教学实践等举措。④ 也有学者在研究过程中认为法学教育改革应在资源整合的路径下，构建法治人才的协同培养机制，打造知识与能力的整合培养模式，回应推进社会治理现代化的迫切需要。⑤

三是关注全面依法治国背景下大学生思想政治教育工作。有学者提出应把全面依法治国理念融入大学生思想政治教育中去，为了实现这一目标应充分发挥思想政治课的主渠道作用，通过实践教学引导学生自主学习和自我教育，进一步丰富校园文化建设，重视建设高尚师德，要求教师业务精湛，形成学校、家庭和社会教育合力。⑥ 有学者对全面依法治国背景下开展大学生法治教育的重点内容进行剖析，认为要在帮助大学生正确认识法治科学含义的基础上，让他们深刻理解全面推进依法治国基本要求，进一步明确党依

---

① 田承春，谢云志.以制定大学章程为契机 全面推进依法治校[J].四川师范大学学报（社会科学版），2015（01）：43-47.
② 黄进.创新法治人才培养机制 全面推进依法治国[J].中国高校社会科学，2014（06）：17-20.
③ 何勤华.深化法学教育改革 培养法治人才[J].探索与争鸣，2015（01）：22-23.
④ 蒋悟真，黄越.依法治国与法治人才培养机制的创新[J].江西财经大学学报，2015（01）：121-128.
⑤ 孙文红，马惊鸿.社会治理现代化视域下法治人才培养模式思考[J].教育科学，2014（06）：8-12.
⑥ 韩宝庆.将全面推进依法治国理念融入大学生思想政治教育的若干思考[J].思想理论教育导刊，2015（02）：127-130.

法执政的新任务,增强维护法律尊严的自觉性和责任感。①有研究生在硕士学位论文中研究了全面依法治国背景下大学生法治意识培育,提出创设有利于大学生法治意识培育的良好环境,明确大学生法治意识培育工作的原则和要求,发挥家庭教育在大学生法治意识培育中的积极作用,引导大学生自觉加强法治意识的培养等对策。②

从学术界现有研究成果分析,对于这方面问题的研究存在以下不足:一是对全面依法治国背景下高等教育综合改革的新契机和新要求研究还不够深入,现有研究成果问题意识不够突出,对现实问题的研究不够深刻;二是既要强调高等教育综合改革服务全面依法治国,同时也要实现在全面依法治国中推进高等教育综合改革,使二者互相促进;三是对在全面依法治国中促进高等教育综合改革的路径研究还不够系统和全面。

5. 全面从严治党与高等教育综合改革研究

加强和改进党的建设是高等教育综合改革的组成部分,全面从严治党更是建设高等教育强国的有力保障。学术界对在全面从严治党新形势下推进高等教育综合改革的研究主要围绕以下几个方面展开。

高等教育领域党的建设工作,既是党的建设全局工作的组成部分,也是高等教育综合改革的组成部分。有的学者深刻分析了高校落实"党要管党、从严治党"的必要性,从高等教育所承担的社会职能入手,通过加强理论研讨和学习在思想层面上"管好党",通过加强制度建设和落实管党依据从制度层面"管好党",通过加强组织建设和人事改革从组织层面"管好党",通过加强党内监管和完善党外监督从监管层面"管好党",切实履行"第一责任人"责任,全面推进高等教育综合改革。③

有的学者探讨了高等教育综合改革中全面从严治党的微观问题。例如,有学者研究了高校党委如何履行从严治党主体责任问题,认为应把高校从严治党和加强制度建设、推进依法治校统一起来,把高校从严治党和培育践行社会主义核心价值观、掌握意识形态工作领导权统一起来,把高校从严治党和落实党风廉政建设、强化党内监督机制统一起来。④有学者把抓好高校宣传思想工作置于全面从严治党视野下进行研究,提出要把高校宣传思想工作放到全面从严治党的战略布局中统筹考虑、整体谋划,在宣传思想工作中要落实从严治党的政治责任和领导责任,坚持思想建党和制度治党紧密结合,从严肃党内政治生活、严明政治纪律和规矩抓好宣传思想工作,通过抓基层、强基础发挥基层

---

① 陈大文,林青青.全面推进依法治国背景下大学生法制教育若干重点内容解析[J].思想理论教育导刊,2014(01):43-47.
② 肖园.全面依法治国背景下的大学生法治意识培育研究[D].天津师范大学,2015.
③ 吕林.高校落实"党要管党、从严治党"的必要性分析[J].学校党建与思想教育,2015(10):20-21.
④ 姜沛民.履行高校党委从严治党主体责任[J].前线,2015(04):54-56.

党组织的战斗堡垒作用、共产党员的先锋模范作用。① 一些研究关注从严治党背景下高校研究生党的建设工作，提出加强研究生党的建设的有效领导，整合各类资源强化队伍建设，严格坚持标准，提高党员发展质量，突破现实壁垒，探索教育管理新途径。② 还有学者对从严治党视野下的大学生党员队伍建设进行探析，认为这支队伍仍然存在着思想信念不坚定、选拔标准不合理、基层实践不注重、监督考核不完善等问题，而破解方式是通过开展从严教育打牢思想基础，通过从严选拔坚持把握标准，通过从严培养强化基层锻炼，通过从严监督保证党员队伍质量。③

在这些研究成果中，有几个趋势在下一步研究中有待加强：一是对高等教育改革发展过程中从严治党历史的研究；二是全面从严治党背景下高等教育综合改革面临的新机遇、新要求和新挑战的系统研究；三是如何在推进高等教育综合改革中，构建符合我国国情和高等教育教情的全面从严治党措施体系。

（二）国外研究综述

随着中国在国际舞台上发挥着越来越重要的作用，国外学者也日益关注中国的发展。"四个全面"战略布局提出以来，很多国外学者也对此进行了深入研究，形成了一系列观点。尽管这些观点和高等教育综合改革没有直接联系，但管中窥豹，对推进高等教育综合改革将大有启发。

1."四个全面"战略布局是中国社会的目标和导向

俄罗斯国家杜马议员助理鲍里斯·古斯列多夫认为协调推进"四个全面"的战略布局是中国进入发展新阶段的向导。他认为：全面建成小康社会与中国梦是一体的，是实现中国梦的关键一步；中国在经济发展进入新常态背景下，在国际舞台推动"一带一路"倡议，但同时面临经济发展巨大挑战、资源和环境问题突出、国内外安全局势复杂、政府治理能力仍有待提高等问题，只有通过全面深化改革才能解决；全面依法治国是实现现代化的必然要求，将为中国各项事业的发展保驾护航；全面从严治党将使中国共产党成为一个更高效的政党组织，使其管理和主导社会变革的综合能力得到提升。土耳其中央银行北京经济参赞尤科赛尔·迈兹则认为：全面建成小康社会并积极向中等发达水平发展，是当前中国社会最重要的目标；全面深化改革能破解发展中国家存在因改革乏力造成增长停滞的风险；全面依法治国在法律法规实施上对各行业都有很大影响，是经济长期发展的决定性因素之一；全面从严治党与国家治理息息相关。

---

① 张树辉.论全面从严治党视角下的高校宣传思想工作[J].北京教育，2015（05）：13-15.
② 吴萍，陈思敏.从严治党背景下的高校研究生党建工作创新研究[J].福建医科大学学报（社会科学版），2015（01）：5-8.
③ 戴月波，蒋艳.从严治党视域下高校大学生党员队伍建设探析[J].学校党建与思想教育，2015（24）：19-20.

2. "四个全面"战略布局将促进中国新发展

哈萨克斯坦管理经济战略研究院法学院教授詹尼斯·坎巴耶夫认为:"四个全面"形成了中国新的发展纲领,是影响深远的理论突破;贯彻落实"四个全面"战略布局,意味着坚持建设中国特色社会主义道路,有助于不断增强中国的经济竞争力、文化影响力和全球实力。印度尼西亚信息与发展研究中心主席乌玛尔·朱沃诺认为,"四个全面"将强化中国经济在国家的合理指导下,逐步完善市场机制、基础设施硬件和软件、依法治国以及合理配置资源等方面的特有优势,加快中国经济转型,实现由生产率提高和创新驱动带来的高质量增长。① 罗马俱乐部原秘书长、联合国原助理秘书长马丁·李斯认为"四个全面"中的每一个"全面"都对应着中国当前所面临的重大挑战,"四个全面"提供了"全面且连贯"的战略指导。柏林德国经济研究所国际经济学研究部主任克里斯坦·德瑞格尔认为,"四个全面"战略布局赋予中国发展新的内涵,这不是口号式的倡议,而是实实在在的举措。② 巴西应用经济研究所研究员爱迪生·达席尔·菲略认为,"四个全面"战略布局将给中国经济带来巨大变化,由于中国经济增长越来越多地立足于国内消费和创新,一些企业正在向全球价值链的高端移动,而法治的完善有利于更好地保护企业的利益,他还认为中国政府正致力于减少不平等,让人民更多、更公平地分享改革发展成果,为经济发展和人民生活提供高质量的服务。③ 美国进步中心高级公共政策分析师韩美妮则认为,"四个全面"战略布局显示了中国领导层的决心和信心,无论面对多少困难都将继续在改革的道路上前进,直到实现所有的关键目标。④

3. 部分学者尤其关注"四个全面"战略布局中的全面从严治党

乌兹别克斯坦总统办公厅战略研究学院美欧处研究员弗拉基米尔·巴拉马诺夫认为,中国共产党有治理中国的传统基础和土壤,如果不巩固中国共产党的领导,不加强党的纪律和意识形态建设,中国的发展战略就会毁于一旦。⑤ 巴基斯坦巴中学会会长、中国问题专家拉赫曼认为,腐败问题一直是世界各国社会的"顽疾",中国政府深入、持续、高效的反腐举措不仅推动了中国社会的和谐发展,也在人民中得到热烈反响,取得重大成

---

① 老外理解习近平的"四个全面",竟然如此深刻[EB/OL].[2016-06-11].http://news.youth.cn/gn/201504/t20150411_6574554_2.htm？bd_source_light=1175203.
② 特别关注:外国学者如何看"四个全面"战略布局?(下)[EB/OL].[2016-06-11].http://cpc.people.com.cn/n/2015/0412/c64093-26830636.html.
③ 特别关注:外国学者如何看"四个全面"战略布局?(上)[EB/OL].[2016-06-11].http://theory.people.com.cn/n/2015/0410/c40555-26823920-2.html.
④ 特别关注:外国学者如何看"四个全面"战略布局?(下)[EB/OL].[2016-06-11].http://cpc.people.com.cn/n/2015/0412/c64093-26830636.html.
⑤ 特别关注:外国学者如何看"四个全面"战略布局?(下)[EB/OL].[2016-06-11].http://cpc.people.com.cn/n/2015/0412/c64093-26830636.html.

果。阿根廷国际战略研究所主席豪尔赫·卡斯特罗认为中国改革开放的力度正日益加大，"四个全面"是当今中国发展面临的最主要的任务，并高度肯定中国正在推进的法治建设及反腐工作。古巴经济部部长豪尔赫认为反腐已经成为中国共产党加强党内建设的突出表现，加强制度化建设、保障公民政治权利和加强经济发展规范化是惩治腐败的关键。

4. "四个全面"战略布局产生良好国际反响与效应

韩国高丽大学经济学院教授姜晟振认为"四个全面"战略布局的提出，给世界提供了实现可持续发展的"中国式"的解答。全球中小企业联盟主席、联合国工业发展组织原总干事卡洛斯·马格里诺斯认为，习近平提出的未来中国蓝图包含了一个"战略目标"和三个互相支持、互相影响的"战略举措"，除了要在国内全面建成小康社会，中国在国际上还要承担建设性角色以展示负责任的大国形象。① 英国伦敦经济与商业政策署原署长罗思义认为贯彻落实"四个全面"战略布局，将有力推动中国梦的实现，并且打破那些阻挠中华民族伟大复兴的企图，"四个全面"战略布局在中国乃至全世界引起广泛关注是理所当然的。乌兹别克斯坦总统办公厅战略研究学院美欧处研究员弗拉基米尔·巴拉马诺夫认为，"四个全面"战略布局无疑是值得高度重视的，因为这既是衡量经济发展的指标，也是衡量领导层治国理政智慧的指标，无论对中国还是对世界都非常重要。② 肯尼亚肯雅塔大学国际关系研究所非洲中心主任伊斯拉埃尔·科迪阿嘉则认为，"四个全面"战略布局具备统筹全局的战略视野和眼光，将在中国发展的历史长河中抹上浓重的一笔，也值得其他国家学习和借鉴。③

从现有的国外研究成果来看，大多数的国外专家重点从宏观方面关注和研究"四个全面"战略布局，这些研究成果呈现出几个特点：一是着眼宏观，关注目标和导向，从实现中国梦、中国社会发展目标等方面进行研究，与国内学者具有类似的观点；二是着眼前沿，高度关注经济和反腐，一方面高度关注"四个全面"战略布局将给中国经济带来什么样的新发展，另一方面高度关注和肯定执政党建设；三是着眼全球，关注国际效应，重视研究"四个全面"战略布局给全球各国带来的新机遇。

---

① 外国人这样理解"全面建成小康社会"[EB/OL].[2016-06-11].http://www.ccln.gov.cn/hotnews/164789-1.shtml.
② 特别关注：外国学者如何看"四个全面"战略布局？（下）[EB/OL].[2016-06-11].http://cpc.people.com.cn/n/2015/0412/c64093-26830636.html.
③ 四个全面统领全局的施政方略[EB/OL]. [2016-06-11].http://theory.people.com.cn/n1/2016/0126/c49150-28084888.html.

三、研究内容

（一）研究思路

本书总体上将按照"总—分—总"的逻辑展开。具体研究思路如下：对"四个全面"战略布局和高等教育综合改革的相关文献进行综述，通过比较分析提出走中国特色社会主义高等教育改革发展道路的历史必然；剖析"四个全面"战略布局下高等教育综合改革的机遇和挑战，设计"四个全面"战略布局下高等教育综合改革的内容、目标和原则，分别从功能定位、直接动力、法治支撑、组织保障论述在"四个全面"战略布局中推进高等教育综合改革，以及高等教育综合改革如何贯彻、融入、服务"四个全面"战略布局；阐明在"四个全面"战略布局中推进高等教育综合改革进程是一个有机整体，服务于全面建成小康社会，统一于实现中华民族伟大复兴的中国梦之中。

（二）研究内容

本书由绪论、主体和结论三部分构成，主体部分由七章构成。

绪论。该部分着重论述选题的时代背景和现实意义，分析和评价目前学术界对于该问题的研究现状以及有待深入之处，指出本书的研究思路和主要内容，介绍本书的研究方法和主要创新等，奠定本书的研究基础。

第一章为"高等教育改革道路选择的历史进程与经验启示"。本章从考察、分析、对比部分国家高等教育现代化进程中的改革发展道路切入，论证走中国特色道路是我国高等教育改革发展的必然选择；对马克思主义中国化理论指导下高等教育改革发展进行梳理，立足中华人民共和国成立以来高等教育改革发展的成就；并总结马克思主义理论指导下的高等教育改革发展所取得的经验——要把坚持马克思主义中国化理论成果指导和遵循高等教育规律结合起来、把牢固掌握意识形态领导权和始终坚持党的政治领导结合起来、把坚持社会主义方向和勇于借鉴先进经验结合起来、把服务社会发展大局和融入世界发展潮流结合起来、把探索改革与注重创新结合起来，以及所取得的启示——高等教育改革发展要立足"本土化"文化、扭转"同质化"倾向、回应"民生化"诉求。

第二章为"高等教育综合改革面临新的机遇和挑战"。"四个全面"战略布局不仅体现治国理政的新思路、新举措和新要求，也指引高等教育综合改革的方向和道路。本章回顾高等教育从"改革"到"综合改革"的转变，提出高等教育综合改革应贯彻、融入、服务"四个全面"战略布局，从理论层面、实践层面、空间层面分别提出遵循与引领、手段与目标、局部与整体的关系，厘清高等教育综合改革与"四个全面"战略布局两者的关系。从有利于加快高等教育综合改革速度、促进高等教育综合改革创新、提升高等教育综合改革质效、推动高等教育理论创新发展、加强党对高等教育综合改革的领导等分析"四个全面"战略布局给高等教育综合改革带来的机遇。从能否适应服务全局性、能否抓住战略机遇期、能否突破改革深水区、能否实现"双一流"目标、能否提升人民满意度，分析"四个全面"战略布局给高等教育综合改革带来的挑战。

第三章为"高等教育综合改革的顶层设计"。本章从在高等教育综合改革中服务全面建成小康社会、在全面深化改革大背景下深化高等教育综合改革、在高等教育综合改革中贯彻全面依法治国、在高等教育综合改革中落实全面从严治党等四个方面，阐述"四个全面"战略布局下高等教育综合改革的具体内容。从战略指导性、全面系统性、示范引领性阐述"四个全面"战略布局下高等教育综合改革的特征。从总目标和子目标两个方面，提出"四个全面"战略布局下高等教育综合改革的目标。从坚持凸显中国特色和遵循教育规律相结合，主动适应服务和持续改革创新相结合，围绕目标引领与突出问题导向相结合，运用系统思维与推进协同发展相结合，总结历史、立足现实、展望未来相结合，提出"四个全面"战略布局下高等教育综合改革遵循的基本原则。

第四章为"高等教育综合改革的功能定位"。本章首先回顾高等教育改革发展服务小康社会建设的历史，分析高等教育综合改革在全面建成小康社会中发挥的重要作用。从全面服务职能、人才培养质量、自主创新能力、社会服务职能、文化传承创新等五个方面分析高等教育综合改革应对全面建成小康社会中存在的不适应性。在此基础上，提出：要以提高人才培养质量为核心，服务经济发展新常态；以提高自主创新能力为突破，服务创新型国家建设；以提高人民生活水平为主旨，强化高质效社会服务；以提高传承引领能力为导向，服务文化软实力建设。

第五章为"高等教育综合改革的直接动力"。本章从全面深化改革背景下的高等教育综合改革切入，阐述高等教育综合改革是全面深化改革的重要组成部分，以及全面深化改革对高等教育综合改革提出的新目标，分析全面深化改革背景下高等教育综合改革面临的新要求。接着剖析全面深化高等教育综合改革中"融入性""治理力""全面性""协同性""价值性""国际化"等方面存在的问题。重点以具有代表性的"三校一地"综合改革方案为例，提出：要精准定位，贯彻、融入、服务全面深化改革；改变理念，推进治理体系和治理能力现代化；厘清职权，破解全面深化综合改革关键壁垒；把握全面，体现全面深化改革公平与效率的统一；突出特色，突破全面深化改革深水区和攻坚期；民生为本，办好人民满意的高等教育；与国际接轨，提高高等教育国际竞争力。

第六章为"高等教育综合改革的法治支撑"。在回顾改革开放以来高等教育改革发展贯彻依法治国历史的基础上，挖掘分析全面依法治国背景下高等教育综合改革的新契机和新要求。紧密围绕全面依法治国和高等教育综合改革实际，剖析高等教育综合改革在法治思维、法制体系、法治实践、法治教育、法治人才培养等方面存在的问题。重点提出：要全面树立法治理念，贯彻落实全面依法治国；全面加快章程建设，完善依法治校法制体系；全面落实依法行政，加快推进全面依法治教；全面创新培养机制，适应法治人才培养需求；全面推进法治教育，大力建设高校法治文化；全面融入社会发展，提升服务依法治国质效。

第七章为"高等教育综合改革的组织保障"。本章首先围绕马克思主义从严治党思想对高等教育改革发展的启发，强调全面从严治党对高等教育综合改革的战略意义，分析全面从严治党对高等教育综合改革提出的新要求。接着从高等教育综合改革在落实全面从严治党中如何与全面从严治党大局、回归学术组织、抓好重点环节、推进国际化进程、提高教育质量统一起来分析面临的现实挑战。提出：在高等教育综合改革中要坚持党建政绩和立德树人相结合，落实党要管党责任；坚持理想信念和大学精神相结合，夯实思想建设根基；坚持按照高标准和专业化相结合，切实从严管理干部；坚持创新形式和提升内涵相结合，抓好基层组织建设；坚持严明纪律和服务师生相结合，持续深入改进作风；坚持制度建设和警示教育相结合，完善反腐倡廉机制。

结论。这部分是对全书的总结。提出应遵循"四个全面"战略布局的逻辑关系，在高等教育综合改革实践中坚持长远目标和阶段目标相统一、体现改革目标和动力系统相协调、推动三大动力系统运行相促进、注重整体推进和突出重点相结合，并作为一个有机整体系统、协调、全面推进。在"十三五"开局关键时期，在高等教育综合改革中牢固树立创新、协调、绿色、开放、共享的发展理念，为确保如期全面建成小康社会，实现第二个百年奋斗目标、实现中华民族伟大复兴的中国梦作出更大贡献。

四、研究方法

本书既是"四个全面"战略布局这一马克思主义中国化最新理论成果，在高等教育综合改革中的发展与应用，也是高等教育综合改革中如何贯彻"四个全面"战略布局的实践问题。在研究过程中，将根据实际需要采用以下方法。

（一）文献分析法

一是尽可能查阅马克思主义经典作家以及毛泽东、邓小平、江泽民、胡锦涛、习近平等领导人相关文本论著，尤其是习近平系列重要讲话，掌握"四个全面"战略布局历史背景、形成过程、基本内涵、逻辑关系、主要特点、哲学方法论、战略意义等，为研究提供理论支持。二是大量查阅高等教育相关资料，尤其是高等教育改革发展基础理论、现实问题等资料。通过掌握基础研究材料,开展前期研究。

(二)系统分析法

在"四个全面"战略布局下推动高等教育综合改革是一项系统工程。"四个全面"战略布局本身就是一个有机整体,高等教育综合改革在贯彻过程中面临着关系厘清、目标设计、遵循方法、基本原则、内涵解读、问题分析、应对举措等诸多环节,研究过程中还必须注意将高等教育改革发展贯彻"四个全面"战略布局作为一个系统整体推进。因此,要站在更高视野,用更加科学、系统、全面的思维开展研究工作。

(三)多学科交叉研究方法

跨学科融合是未来科学研究的重要方法,通过跨学科交叉研究可以让不同学科理论、知识、方法通过汇流产生合力,获得更好的研究效果。本书既有基础理论研究又有应用研究,涉及哲学、政治学、教育学(高等教育学)、法学、社会学、心理学等多门学科。因此,在研究过程中要精准掌握、运用多学科交叉的研究方法。

(四)历史和逻辑相统一的方法

"四个全面"战略布局的形成发展和高等教育综合改革是一个动态的过程。在研究过程中,既要注重对"四个全面"战略布局和高等教育改革历史过程的考察,更要全面掌握分析"四个全面"战略布局和高等教育综合改革的内部逻辑,以达到客观、全面地揭示"四个全面"战略布局和高等教育综合改革的关系,促进"四个全面"战略布局的贯彻落实和高等教育的健康发展。

(五)实证分析法

为了更加全面、客观、准确地掌握高等教育综合改革中的一些问题和难题,本书将采用访谈座谈、实地调研等方式,对部分高等教育主管部门、高校等相关人员进行走访,通过对走访资料进行整理、归类及筛选,得出尽可能准确的结果。

五、研究创新

"四个全面"战略布局提出以来,对"四个全面"战略布局下高等教育综合改革的研究还未有专门的著作,对该课题也未有较为系统的研究成果。本书主要创新点体现在以下两个方面:

(一)在"四个全面"战略布局视野和框架下审视我国高等教育综合改革

在高等教育综合改革亟须取得实质性进展的形势下,"四个全面"战略布局指引着综合改革的方向和道路。本书在第二章第二节从理论层面的遵循与引领、实践层面的手段与目标、结构层面的局部与整体三个层面,厘清了高等教育综合改革与"四个全面"战略布局的关系；在第三章尝试从内容、特征、目标、原则等四个方面，对"四个全面"战略布局下推进高等教育综合改革进行顶层设计。

（二）按照"一个功能定位、三个动力系统"的有机整体，探索推进高等教育综合改革的应对举措

从功能定位的角度，本书在第四章第三节围绕高等教育的四大职能，阐述通过综合改革更好地服务于经济发展新常态、创新型国家建设、提高社会服务水平、文化软实力建设；从直接动力的角度，在第五章第三节以"三校一地"改革方案为案例，从精准定位、改变理念、厘清职权、把握全面、突出特色、民生为本、与国际接轨等角度探索在全面深化改革中加快高等教育综合改革；从法治支撑的角度，在第六章第三节探索如何完善依法治校法制体系、创新法治人才培养、建设高校法治文化、提升服务依法治国质效；从组织保障的角度，在第七章第三节提出要把党建政绩和立德树人相结合、理想信念和大学精神相结合、高标准和专业化相结合、创新形式和提升内涵相结合、严明纪律和服务师生相结合、制度建设和警示教育相结合，在全面从严治党中推进高等教育综合改革。把"一个功能定位、三个动力系统"作为有机整体系统，协调、全面推进。

高等教育改革道路选择的历史进程与经验启示

由于本书涉及的高等教育综合改革是较新的概念，在考察中华人民共和国成立以来高等教育道路选择的历史进程中，本章重点围绕这一时期高等教育的改革发展进行梳理。

教育是培养人的社会活动，而高等教育则是"建立在普通教育（或基础教育）上的专业性教育"。① 关于高等教育历史，传统观念认为"大学"最早"出现于 12 世纪欧洲的法国和意大利，中世纪后期通过各种途径逐渐传播到欧洲和其他地区"②。经过近千年的发展，高等教育在全世界"遍地开花"，在促进世界各国文明和发展中发挥了不可替代的作用。高等教育在世界各国的现代化过程中，都走过一条独具本国特色的发展道路。我国具有现代意义的高等教育起步较晚，中华人民共和国成立以来，我们紧密结合国情，以马克思主义中国化理论为指导，探索出了一条中国特色社会主义高等教育改革发展道路。

第一节 走中国特色社会主义高等教育改革发展道路的历史必然

高等教育具有悠久的历史，也是一个动态发展的概念，本书中现代高等教育泛指 20 世纪以来高等教育发展的形态。由于受到各自政治、经济、文化等不同因素影响，在不同国家、地区以及不同阶段具有不同的发展模式和表现形态，在萌芽、产生、发展中表现出明显的差异性。当前，这种差异性集中体现在追求或者实现高等教育现代化的进程中，不同国家选择了一条符合本国国情、体现本国特色、适应发展需要的改革发展道路，使高等教育在遵循教育规律"共性"的基础上凸显不同国家、地区的"个性"改革发展。本书选择美国、英国、俄罗斯、日本等四个具有代表性的国家作为样本，与我国高等教育改革发展道路进行比较。

---

① 潘懋元. 新编高等教育学 [M]. 北京：北京师范大学出版社，2009：5.
② 黄福涛. 外国高等教育史 [M]. 上海：上海教育出版社，2008：1.

一、部分国家现代高等教育改革发展道路考察

(一)美国——高等教育改革发展的"后起之秀"

美国的高等教育起步较晚。20世纪以来,随着美国成为世界上最发达的经济大国,建立起了世界上最发达的现代高等教育体系。在美国现代高等教育形成过程中,州立大学的完善、研究型大学的兴起以及社区学院的发展是其显著特征,这三者体现了美国高等教育体制、结构等方面的改革和创新,使美国的高等教育更加讲究实用,专业技术教育更加得到重视,学术性、研究性功能得到更充分的展现,服务社会功能也得到更广泛认可。例如在第二次世界大战期间,依托美国高校与政府合作设立的诸如林肯实验室、劳伦斯实验室等国家实验室,诞生了一批如原子弹、雷达等重大军事技术成果,对战争取得胜利起了关键性作用。

第二次世界大战后的30年,可以说是美国高等教育发展的"黄金时期"(Golden Age)[①]。在这一时期,美国的高等教育发展规模和质量取得巨大发展,入学率由不到10%增加到了51%。1944年5月,美国国会通过了《军人权利法案》,大批退伍军人进入高等学校,促进了美国高等教育的发展和观念的变化。1947年,美国总统高等教育委员会发表了《为美国民主社会服务的高等教育》,提出消除所有影响人民教育机会的障碍,以使"每一个公民都能得到鼓励,在他的天赋能力所允许的范围内获得最大可能的正规或非正规的教育","至少有30%的人具有完成高级的文理教育或专业教育的能力"。[②]1958年,美国还通过《国防教育法》,使高等教育与国防紧密结合,还出台一系列法案,促进高等教育的大改革和大发展。高等教育为美国经济和科技的发展作出了卓越贡献。

20世纪70年代,美国面临严重的财政危机,高等教育也进入了萧条阶段。1971年,美国学者蔡特(E. F. Cheit)在《高等教育的新萧条》中阐述了美国高等教育所面临的严峻挑战,尤其是财政条件恶化给学校发展带来的各种困难。这场危机甚至导致一些高校被迫关门。这场危机实际上是美国社会危机、经济危机以及信任危机在高等教育领域的反映。为了应对危机,很多高校采取了调整、削减、合作、挖掘资源等各种策略展开竞争,在激烈竞争之下产生了被美国学者称为"学生消费至上"的观念。这种观念视教育对象为高等教育的"消费者",由此也引起了高等教育的系列变革,高等教育不仅进一步开放,各类学生大量增加,教学形式更为灵活,职业教育也大大加强。

---

① THELIN.J. A History of American Higher Education[M].Baltimore:The Johns Hopkins University Press,2004:260-316.

② 黄福涛.外国高等教育史[M].上海:上海教育出版社,2008:329.

20世纪80年代以来，美国社会对高等教育进行改革的呼声渐高。美国高等教育也采取了一系列改革举措：一是进一步促进高等教育产业化，使高等教育走向社会中心，并发挥越来越重要的作用；二是进一步促进高等教育全面普及，美国面向21世纪的高等教育改革运动的核心是使所有年满18周岁的美国青年都能享有接受高等教育的机会；三是进一步推动高等教育信息化水平，尤其是20世纪90年代以来，依托信息和通信技术建立新的教学模式，把计算机、网络和通信技术融入高等教育；四是进一步扩展高等教育国际化水平，主要体现在学生、学者间的国际交流以及课程国际化等方面。①

（二）英国——高等教育改革发展中"独树一帜"

英国是世界上高等教育最为发达的国家之一，具有浓厚的教育文化，其高等教育理论、理念、实践等均处于世界领先水平。20世纪上半叶，英国的高等教育出现了三大发展趋势：高校规模扩张、牛津剑桥大学改革、大学与国家和社会的联系日益紧密。② 在这一时期，高等教育总体规模不断扩大，从1910年在校生2.8万人迅速增长到1938年的5万人。但毛入学率仍然低于美国和其他一些欧洲国家，1939年高校在校生仅为同龄人口的2.7%，高校规模也不大，存在着重人文、轻理工的趋向。③ 面对社会变革，在这一时期牛津大学和剑桥大学通过系列改革举措实现向现代大学的转变。同时，高等教育受到政府和社会的影响越来越大，政府加强对高等教育的干预，1919年成立大学拨款委员会，形成了政府经费支持与大学经费需求的协调机制，使政府干预和大学自治开始寻找新的平衡点。高等教育也日益走向社会中心，为国家和社会服务。

第二次世界大战以后，英国高等教育迅速发展，到20世纪70年代初毛入学率达到15%。此后，为了应对在这一时期高等教育面临的新挑战和困境，英国对高等教育进行了一系列改革：一是政府转变观念，引导高校为所在区域服务；二是改革招生制度，扩大入学机会，提高教育机会公平性；三是明确不同高校办学定位和方向，促进多样化发展，改革现有高校并增加新型高校，快速增加职业型和技术型的专科类非大学型高校，建立二元制的高等教育体系；四是开设开放大学和远程教育类课程；五是改革人才培养模式，加强在大众化模式下培养专业人才；六是推进高校内部管理体制改革，扩大师生和社会参与力度，提高民主化水平；七是加强高校与社会的联系，广泛吸收社会资源。④

由于受经济危机、政府政策、高校自身等多重原因影响，20世纪80年代英国高等教育迎来了高等教育史上的"收缩期"。在这一形势下，新一轮改革成为大势所趋。为此，

---

① 徐鸿钧. 高等教育服务经济社会的国际经验 [M]. 北京：高等教育出版社, 2014:145-146.
② 刘海峰, 史静寰. 高等教育史 [M]. 北京：高等教育出版社, 2010:455.
③ 黄福涛. 外国高等教育史 [M]. 上海：上海教育出版社, 2008:211-212.
④ 刘海峰, 史静寰. 高等教育史 [M]. 北京：高等教育出版社, 2010:462.

英国陆续发布一系列高等教育改革咨询报告,其中有《雷沃休姆报告》、《20世纪90年代英国高等教育的发展》绿皮书、《高等教育——迎接新的挑战》白皮书等,提出了增加入学途径、改革课程内容、调整学位结构、优化内部管理、加强科研联系、强化社会服务等政策建议。1988年,英国颁布的《教育改革法》以立法形式肯定了上述建议。1991年,英国发布《高等教育:新的框架》,进一步深化高等教育改革。1997年,英国又发布《学习型社会中的高等教育》咨询报告,即《迪尔英报告》,全面回顾反思英国高等教育,并系统、全面地对未来发展进行战略构思。1998年英国政府白皮书《21世纪的高等教育》充分肯定了以上构思。2003年,英国又发布《高等教育的未来》,提出了在2002年18～30岁公民的高等教育毛入学率达到43%的基础上,到2010年这一数据达到50%是"正确的",也是"非常适宜的"。事实上,1972年英国高等教育毛入学率为14.1%,到1990年就达到30.2%,到2004年达到60%,到2006年达到59.5%[①],快速实现了高等教育普及化。

随着英国高等教育改革的深入,其改革举措也展现出一系列特点,例如高等教育规模与质量并重,实行灵活的高等教育管理制度,形成英国大学独特的管理模式,在改革中高度重视科技教育,重视发挥高校为经济社会服务的职能。

(三)俄罗斯——高等教育改革发展中"改旗易帜"

俄罗斯的高等教育不同于欧洲其他国家,不仅起步发展相对较晚,而且其复杂的政治、民族、文化因素使其经历了一个复杂的发展过程。但俄罗斯的高等教育发展迅速,后来居上,如今发展水平也居于世界前列。本书主要考察20世纪以来包括苏联时期、苏联解体两个时期的俄罗斯高等教育道路。

政府出台了一系列举措(如《关于苏俄高等学校的招生问题》《关于组织大学附设工人系的决定》《关于建立高等学校和生产相结合的当前任务》《关于高等学校的工作和高等学校领导的决议》等),对旧的高等教育进行了"苏维埃化"的改造:在指导思想上转变为马克思主义信仰,树立了培养又红又专的无产阶级革命接班人的目标,使高等教育绝对地向工农开放,并变为完全公立、实行完全免费,致力于培养具有现代化技术水平的高等专门人才。这些改革举措决定了苏联高等教育的发展方向,高等教育制度逐步完善。国家重新编制了教学计划,创办了大量的专门学院,苏联高等教育的数量和结构发生了重大变化,大批工人、农民子弟进入高等学校,培养了大批高级专门人才,有力地促进了当时苏联经济社会发展。据统计,到1931年,苏联高等学校达到701所(比1922

---

① 徐鸿钧.高等教育服务经济社会的国际经验[M].北京:高等教育出版社,2014:42.

年增加了453所），在校生405900人（比1922年增加了188200人）。① 由苏维埃政权自己培养的"红色专家"在1940—1941学年就达到811700人。②

第二次世界大战期间，苏联高等教育也遭到重创。战争结束后，苏联开始了高等教育的恢复与重建，并进行了一系列改革。随着冷战的开始，苏联的高等教育发展围绕培养科学技术人才，并带有对抗性思维特点——以美国为参照、以国家安全为宗旨、以军事强势为目标、以重工业为依托、以工科专业为内容。③1958年，苏联通过了《关于加强学校同生活的联系和进一步发展全国国民教育制度的法律》，使高等教育紧贴国民经济，与生产劳动相结合，提升了专业化，并对军事工业发展发挥了重要作用。这一时期，苏联还对高等学校专业设置进行调整，对专业数目过多、划分过细进行改革。④到1970年，苏联高等学校805所，在校大学生达到458万人。20世纪70年代后到苏联解体，苏联高等教育改革并未停滞。在这一时期，高等学校的科研工作发展迅猛，很多高校根据科技发展和经济社会需求开设一些新专业，并于1972年通过《关于进一步改善高等教育措施》的决议，使综合大学得到快速发展。1973年，苏联通过《苏联各加盟共和国国民教育立法纲要》，对苏联的高等学校的主要任务做了规定。20世纪80年代中期开始，随着苏联政治发生变化，高等教育也随之受到影响，陷入困境。

苏联解体后，俄罗斯高等教育也受到了新政权政治不稳、经济衰退、社会混乱等困扰。但随着俄罗斯走出困境，高等教育也随之发展起来。这一时期，俄罗斯高等教育面临的最大挑战是如何适应市场经济的要求。为此，1992年，俄罗斯通过《关于俄罗斯联邦高等教育的决议》《俄罗斯高等教育多层次结构暂行条例》等文件，提出高等教育逐步向不完全高等教育、基础高等教育、完全高等教育三个层次过渡，培养不同层次的专门人才；在教育经费方面，为了应对市场竞争，除了国家预算，加强政府扶持力度，多方寻求资金支持，并扩大招收自费生比例等。为了进一步完善高等教育布局，1998年俄罗斯批准了颁布调整方案，并组建了10所大型综合性大学，还对高校专业设置进行重大调整，将375个专业调整合并为76个大专业。同时，根据1992年颁布的《俄罗斯联邦教育法》的规定，私立大学在俄罗斯再次兴起。21世纪初，俄罗斯的高等教育改革进一步深化，2001年俄罗斯颁布了《2001—2010年俄罗斯高等教育现代化构想》，其中对高等教育改革提出了明确要求，并于2003年9月在柏林签署《博洛尼亚公约》，成为博洛尼亚进程

---

① 徐鸿钧. 高等教育服务经济社会的国际经验[M]. 北京：高等教育出版社，2014:167.
② 叶留金. 苏联高等学校[M]. 张天恩，等译. 北京：教育科学出版社，1983:51.
③ 黄福涛. 外国高等教育史[M]. 上海：上海教育出版社，2008:306.
④ 王清华. 苏联高等教育的历史与现状[M]. 长春：吉林教育出版社，1985:20.

的新成员国①。除此,俄罗斯还提出创建"科研和教育集一体的高校综合体",2008年5月时任俄罗斯总统梅德韦杰夫签署《联邦大学》总统令,进一步推动高等教育系统的现代化进程。同年10月,又签发《实施建立国家研究型大学的计划》总统令,使俄罗斯高等教育走向多元化、国际化,促进高等教育健康、稳定发展。②

(四)日本——高等教育改革发展"大落大起"

近代以前,日本教育思想大体以中国为模板。近代以来,随着西方制度和思想的影响,到19世纪末,日本逐步仿照德国建立起二元制的高等教育体系。

在20世纪的前50年中,日本的高等教育经历第一次世界大战和第二次世界大战,在昙花一现式的快速扩张之后因战争失败又走向全面衰败。1918年,日本颁布《大学令》,包含21条内容,对大学的目的、设置、内部结构和入学条件做了详细规定。③《大学令》体现了德国模式的综合大学原则与学部中心主义思想,推动了日本高等教育规模扩大和多样化发展,特别是私立大学的发展。④20世纪20年代起,随着日本变为军国主义和法西斯主义国家,军国主义思想也渗透到高等教育发展之中,大学培养大批军国主义积极分子,并增设航空、军工等专业。在1940年颁布的《关于专科学校的纲要》提出专科学校是"贯彻军国主义思想和培养专门技术人才的机构"。⑤从1939年开始,日本扩大了在大学中的征兵人数,至1943年有60%~70%的大学生被征集,到1945年高等学校全面停课为战争劳动。⑥

第二次世界大战结束后,经历美国的短期军事占领后,日本于1945年9月颁布了《建设新日本的教育方针》,目标在于为废除基于服务战争需要的教育政策,实施培养建设文化国家、道义国家之基础为目标的文教政策而努力。⑦1946年4月,美国教育使节团发布第一本报告书,成为日本教育改革的基本文件。其中第六章阐述了高等教育发展规划,认为大学应是"一切现代教育制度的顶点",在"自由社会"中肩负着崇尚追求真理、培养领导人才、培养专业人才等三大任务,因而大学教育应包含专业、职业和通识教

---

① 博洛尼亚进程(Bologna Process),是29个欧洲国家于1999年在意大利博洛尼亚提出的欧洲高等教育改革计划,其目标是整合欧盟的高教资源,打通教育体制。"博洛尼亚进程"的发起者和参与国家希望,到2010年,欧洲"博洛尼亚进程"签约国中的任何一个国家的大学毕业生的毕业证书和成绩,都将获得其他签约国家的承认,大学毕业生可以毫无障碍地在其他欧洲国家申请学习硕士阶段的课程或者寻找就业机会,实现欧洲高教和科技一体化,建成欧洲高等教育区,为欧洲一体化进程作出贡献。
② 于翔,王建国.近十年俄罗斯高等教育改革的问题及策略[J].航海教育研究,2011(01):69-72.
③ 细谷俊夫.新教育学大事典[M].东京:第一法规出版株式会社,1990:92-93.
④ 刘海峰,史静寰.高等教育史[M].北京:高等教育出版社,2010:490.
⑤ 许庆豫.国别高等教育制度研究[M].北京:中国矿业大学出版社,2010:190.
⑥ 黄福涛.外国高等教育史[M].上海:上海教育出版社,2008:242-243.
⑦ 刘海峰,史静寰.高等教育史[M].北京:高等教育出版社,2010:492.

育等内容。① 同时，日本还出台一系列推行大学改革的政策，促进高等教育的发展。20世纪50年代后期开始，日本经济高速发展，高等教育也迎来黄金时代，实现从精英型向大众化过渡。20世纪90年代初，日本高等教育入学率已达到40%，成为仅次于美国的世界第二大规模的高等教育国家。日本在深化高等教育改革中，重视提升高等教育质量，密切关注高等教育与经济发展的联系。高等教育密切的产学研关系成为日本工业特别是制造业领先全球的重要原因。②

二、走中国特色道路是我国高等教育改革发展的必然选择

纵观以上发达国家20世纪以来的高等教育改革发展，不难发现，其改革发展具有一些普遍性，例如各国高等教育的改革发展都与国内的经济社会发展紧密联系，都经历了一个曲折发展的过程，都受到当时国际形势的深刻影响，随着时代的发展国际化程度越来越高，也都成为世界高等教育发达国家。但是这些国家在高等教育现代化过程中的最大特点，是选择了一条符合本国国情、体现本国特点、适应本国需要的高等教育发展道路。不管是美国的高等教育在改革发展中成为"后起之秀"、英国的高等教育在改革发展中"独树一帜"，还是俄罗斯高等教育改革发展经历的"改旗易帜"，日本高等教育改革发展所经历的"大落大起"，都离不开"本国特色"这一鲜明标签。

作为一个文明古国，从广义上来说，中国高等教育走过了漫长的历史。中国古代高等教育与现代意义的高等教育具有重大差异，但其具备高等教育的部分属性，从发展开始就带着浓厚的中国特色，主要形式有官学、私学、书院、科举制等，其特色主要体现在受到以儒家思想为核心的中国传统文化的深刻影响。

中国具有现代意义的高等教育开始于清末时期，对20世纪中国高等教育的发展产生了诸多影响。辛亥革命推翻了清朝统治，1912年成立了中华民国，这一时期是"中国高等教育史上的重要阶段"。在这一时期，中国的高等教育经历了两个大的转变：一是高等教育从"日本模式"向"美国模式"的转变，该转变以1922年新学制的制定为标志，并延续到1927年；二是探索建立与中国实际相符合、具有中国特点的高等教育制度。③两个转变分别代表了高等教育发展的两条不同道路：第一个转变代表国民党政府领导下三民主义教育制度，而第二个转变则代表中国共产党领导下的革命根据地的新民主主义教育制度。就新民主主义教育制度而言，中国共产党紧密配合根据地军事斗争以及经济、

---

① 胡建华. 战后日本大学史 [M]. 南京：南京大学出版社，2001:33.
② 刘海峰，史静寰. 高等教育史 [M]. 北京：高等教育出版社，2010:498.
③ 刘海峰，史静寰. 高等教育史 [M]. 北京：高等教育出版社，2010: 127.

政治和文化建设,重视教育制度与中国农村的实际结合,重视干部教育与群众教育[①],积极设立红军大学、苏维埃大学、马克思共产主义大学等,于抗日战争期间在抗日民族根据地创办大量干部学校,涌现出了如延安大学、抗日军政大学等一批著名的大学。可以说,中国共产党在革命战争中就开始积极探索适合中国实际的高等教育发展道路。

中华人民共和国成立后,中国的高等教育迎来了新的春天,高等教育事业也翻开了新的篇章。经过60多年的发展,尤其是改革开放以来的快速发展,我国的高等教育事业由弱到强,在不断借鉴和探索中逐步走出了一条中国特色的发展道路,初步形成了适应国民经济建设的高等教育体系,为中国特色社会主义建设培养了大批高级专门人才,在经济建设、科技研究、社会发展、文化传承与创新中发挥了重要作用,取得了举世瞩目的成就。教育部《2014年全国教育事业发展统计公报》公布的数据显示:全国各类高等教育在学总规模达到3559万人,高等教育毛入学率达到37.5%;全国共有普通高等学校和成人高等学校2824所,比上年增加36所,其中,普通高等学校2529所(含独立学院283所),比上年增加38所;全国共有研究生培养机构788个,其中,普通高校571个,科研机构217个;研究生招生62.13万人,在学研究生184.77万人,毕业研究生53.59万人;普通高等教育本专科共招生721.40万人,在校生2547.70万人,毕业生659.37万人。[②]这些数据与中华人民共和国刚成立时的数据相比产生了翻天覆地的变化(如表1-1所示)。

表1-1　1949年与2014年高等教育部分数据比较

年份	学校数量	增幅(倍)	在校学生(万人)	增幅(倍)
1949年	205	—	11.5	—
2014年	2529	12.33	3559	309.48

资料来源:毛礼锐,沈灌群.中国教育通史:第6卷[M].济南:山东教育出版社,1989:397;教育部.2014年全国教育事业发展统计公报[EB/OL].[2015-08-11].http://www.moe.gov.cn/srcsite/A03/s180/moe_633/201508/t20150811_199589.html.

这些惊人的数据变化体现了几代中国人在中国共产党的领导下,不畏艰险、团结奋斗所取得的成绩,也是我们借鉴各国先进经验,始终坚持以马克思主义中国化理论为指导,高举中国特色社会主义伟大旗帜,走中国特色社会主义高等教育道路,不断推进高等教育改革和发展的结果。

---

① 于述胜.中国教育制度通史[M].济南:山东教育出版社,2000: 3-5.
② 教育部.2014年全国教育事业发展统计公报[EB/OL].[2016-06-11]. http://www.moe.gov.cn/srcsite/A03/s180/moe_633/201508/t20150811_199589.html.

第二节 马克思主义中国化理论指导下的高等教育改革发展

马克思主义中国化关系着中国的前途和命运。在马克思主义中国化进程中，既要立足鲜明的时代背景，把握牢固的理论基石，还要立足具体的现实条件。正如习近平所强调："马克思主义必定随着时代、实践和科学的发展而不断发展，不可能一成不变。"[①] 在中国共产党领导中国革命、建设和改革进程中，毛泽东思想实现了马克思主义中国化的第一次历史性飞跃，而中国特色社会主义理论体系则是实现第二次飞跃的理论成果，"中国特色社会主义理论体系，是马克思主义中国化最新成果，包括邓小平理论、'三个代表'重要思想、科学发展观，同马克思列宁主义、毛泽东思想是坚持、发展和继承、创新的关系"[②]。马克思主义中国化进程中充分展示解放思想、实事求是、与时俱进、求真务实的品质，"体现了理论与实际的统一，坚持与发展的统一，在把理论'创造性运用'于化解中国问题和在实践中'运用性创造'出中国马克思主义的双向互动过程中体现着自身的历史地位"[③]。中国革命、建设和改革的不同时期，社会发展的不同行业和领域，都是在马克思主义中国化成果的指导下不断开拓前进，高等教育的改革发展亦是如此。

一、毛泽东思想指导下的高等教育改革发展

毛泽东思想是马克思列宁主义的基本原理同中国革命具体实际结合的产物，丰富和发展了马克思主义，是马克思主义中国化的第一个重大理论成果。毛泽东思想的基本内容包括新民主主义革命理论、社会主义革命和社会主义建设理论、革命军队的建设和军事战略理论、政策和策略的理论、思想政治工作和文化工作的理论、党的建设理论等。尽管在以上基本内容中没直接体现高等教育发展，但中华人民共和国成立后，在毛泽东思想的指导下，高等教育发展奠定了坚实基础，取得了大发展。

毛泽东历来重视教育和文化发展。从战争年代开始，毛泽东就开始重视高等教育工作，如亲自担任抗日军政大学教育委员会主席，并制定了"坚定正确的政治方向，艰苦朴素的工作作风，灵活机动的战略战术"的教育方针和"团结、紧张、严肃、活泼"的校风；1939年7月20日，在中国女子大学开学典礼上的讲话中，毛泽东说："女大的成立，在政

[①] 习近平. 习近平谈治国理政 [M]. 北京：外文出版社，2014:23.
[②] 习近平. 习近平谈治国理政 [M]. 北京：外文出版社，2014:9.
[③] 赵麟斌. "马克思主义中国化"研读 [M]. 上海：同济大学出版社，2009:211.

治上是有着非常重大的意义……假如中国没有占半数的妇女的觉醒，中国抗战是不会胜利的。"①中华人民共和国成立后，百废待兴，教育领域也处在"而今迈步从头越"的关键时刻。1950年4月，毛泽东在为《人民教育》创刊号题词时提出"恢复和发展人民教育是当前重要任务之一"。尽管困难重重，但这是中国高等教育史上一个伟大转折。鉴于此，以毛泽东为核心的党的第一代中央领导集体在进行社会主义改造、确立社会主义基本制度的过程中，也对高等教育发展进行了深入探索。

（一）接管、改造旧高等教育

一是有序保护、接管旧高等教育。抗战胜利到中华人民共和国成立前夕，"解放区教育的基本政策是保护教育机关不受侵犯，各级各类学校维持现状，争取教育知识分子，对学校教育逐步地加以必要的与可能的改良"②。这其中包括对高等学校的接管和保护。1949年4月25日《中国人民解放军布告》第四条提道："保护一切公私学校、医院、文化教育机关、体育场所，和其他一切公益事业。凡在这些机关供职的人员，均望照常供职，人民解放军一律保护，不受侵犯。"③在对学校进行改造中，通过动员、宣传方针政策、取消旧制度等措施，逐步探索新的教育制度。以北平市对公立高等学校的接管为例，北平市军管会于1948年12月21日成立了文化接管委员会，文化接管委员会下设教育、文艺、文物、新闻出版四部，在教育部下又设高等教育处、社教处、研究机关处等。大专学校由教育部接管，接管工作从1949年2月开始。接管过程为先召开校负责人及员生工警代表大会，由军管会代表宣布接管方针、政策，征询他们的意见；接着召开全体大会，宣布正式接管；接管以后，学校员工生活、业务即由军管会处理。接管时期，发放了生活维持费和有关经费，初步改革了课程。1949年6月1日，华北人民政府公布了《华北高等教育委员会组织规程》，规定了华北高等教育委员会的职权，所有在北平的被接管的高等学校都移交华北高等教育委员会管理，北平市军管会接管高等学校的工作至此结束。④全国其他地方的接管工作基本和北平市类似。除此，对私立高等学校进行接办改造。中华人民共和国成立前私立学校占的比例很大。据统计，1947年全国有专科以上学校，其中私立的79所，占38.16%。⑤面对这一局面，政府采取"积极维持，助"的方针，具体采取两项措施：一是改组、健全私立高等学校董事会；月14日颁布了《私立高等学校管理暂行办法》，通过重新立案，给予私立

---

① 毛泽东同志论教育工作[M].北京：人民教育出版社，1992:37.
② 高奇.中国高等教育思想史[M].北京：人民教育出版社，2001:347.
③ 毛泽东选集：第4卷[M].北京：人民出版社，1991:1458.
④ 毛礼锐，沈灌群.中国教育通史：第6卷[M].济南：山东教育出版社，1989:16-17.
⑤ 教育部教育年鉴编纂委员会.第二次中国教育年鉴[M].上海：商务印书馆，1948:1401.

位，提高其积极性，并充分发挥其在国家建设、人才培养中的作用。私立高校经过1951年、1952年的院系调整，到1952年底已全部改为公立。①

二是团结、改造高校知识分子。中华人民共和国成立前夕，中国共产党开始着手准备建设新中国，如何广泛吸收知识分子力量并使之成为社会主义建设力量是一项紧迫而重要的工作。为此，1948年7月，中共中央在《关于争取和改造知识分子对新区学校教育的指示》中提出："争取和改造知识分子是我党重大的任务，为此应办抗大式的训练班，逐批地对已有的知识青年施以短期的政治教育。"当时在各大行政区（华北、华东、西南、中南、华南、东北）分别成立了"人民革命大学"，大量吸收包括高等教育领域在内的知识分子入学，主要目的是对知识分子进行改造，课程包括马列主义基本理论、中国革命基本问题、当前各种政策、共产党的建设及其历史等内容。据不完全统计，1949—1950年间，全国共有省或行署以上单位举办的人民革命大学57所。②这些人民革命大学的创办为高校知识分子改造作出了积极贡献，使他们能更快投入社会主义建设之中，使高等学校教育秩序得以快速恢复。

（二）借鉴苏联高等教育发展模式

在中华人民共和国刚刚成立的历史条件下，借助苏联高等教育的先进经验是必要也是可行的，借鉴苏联高等教育发展是建立在当时具体国情的基础之上的。毛泽东早在1945年《论联合政府》一文中就提出："中国国民文化和国民教育的宗旨，应当是新民主主义的；就是说，中国应当建立自己的民族的、科学的、人民大众的新文化和新教育"，而"苏联所创造的新文化，应当成为我们建设人民新文化的范例"。③由此体现的是借鉴苏联而非照搬苏联模式，强调"新教育"应该是民族的、科学的、人民大众的。

借鉴苏联高等教育发展模式，落脚点是解决中国的实际问题，推动中华人民共和国的发展。主要措施体现在以下两个方面：一是聘请大批苏联高等教育专家来华。担任教育顾问，传播苏联高等教育经验。1950年5月，教育部第一次临时部务会议上首次邀请苏联专家阿尔辛杰夫列席会议，由他介绍苏联高等教育的基本任务和有关教育制度，阿尔辛杰夫此后还应邀向北京各大学教授介绍苏联高等教育研究指导组的情况。此后，我国开始陆续邀请苏联高等教育专家进入高校做报告。1951年3月，苏联高等教育专家福民成为高等教育部首席顾问，也是我国高等教育部第一任首席顾问，他对我国高等院系的院系调整、专业设置、教学计划、教学组织等的拟定起到重要作用。④在福民聘期结束

---

① 毛礼锐,沈灌群.中国教育通史：第6卷[M].济南：山东教育出版社,1989:24-28.
② 毛礼锐,沈灌群.中国教育通史：第6卷[M].济南：山东教育出版社,1989:39.
③ 毛泽东选集：第3卷[M].北京：人民出版社,1991:1083.
④ 毛礼锐,沈灌群.中国教育通史：第6卷[M].济南：山东教育出版社,1989:11.

回国后，一直到 1960 年苏联专家回国，苏联高等教育专家阿尔希波夫、格里斯谦柯、西涅茨基等相继担任顾问工作。为了更好地借鉴苏联高等教育发展经验，教育部门经常邀请苏联专家参加内部会议、专业会议，做专题报告，并就个别重大问题进行交谈，指导拟定教学计划，深入各高等学校开展调研等。二是聘请苏联专家直接指导高校建设发展。中华人民共和国刚成立时，为了培养国家建设急需专门人才，中央决定创办一所苏联式的正规大学——中国人民大学。在筹建过程中，中国人民大学借鉴了苏联大学经验，分别成立校部机构和教研室，并聘请了一批苏联高等教育专家。据统计，从 1950 年到 1957 年，中国人民大学先后共聘请苏联专家 98 人，是全国聘请苏联专家最多的高等学校。[①] 苏联专家通过指导教师科学研究、指导教师编写讲义教材、参与研究生教学、参与建立教学制度和方法等方式促进中国人民大学的发展。中国人民大学也成为全国高等学校学习苏联经验的示范，很多高等学校掀起聘请苏联专家的高潮。据统计，仅 1949—1959 年间，我国高等学校共聘请苏联专家 861 人。[②] 这些专家都是当时历史条件下高等学校教学和科研上急需的人才，他们为增强中苏人民友谊作出了巨大贡献。

（三）立足实际探索高等教育改革

中华人民共和国成立后，随着社会主义改造的进行，高等教育发展也迎来了春天，但是新中国选择什么样的高等教育发展道路仍是一个未解的难题。

中华人民共和国成立后，在《中国人民政治协商会议共同纲领》第五章的"文化教育政策"中明确规定了新中国教育的性质和任务，提出了"有计划有步骤地实行普及教育，加强中等教育和高等教育，注重技术教育……"，并成立政务院文化教育委员会指导教育部等部门开展工作。1949 年 11 月 1 日，中央人民政府教育部举行成立典礼，教育部成为政务院中管理全国教育工作的最高行政机构，下设包含高等教育司、高等教育委员会等在内的多个部门。1949 年底，中国第一次全国教育工作会议召开，会议内容包含讨论并通过创办中国人民大学的事项。1950 年 6 月，中央人民政府教育部在北京召开第一次全国高等教育会议，形成了三项会议成就："一是确定了高等教育的方针和任务；二是通过了高等学校暂行规程、课程改革的原则及领导关系的决定；三是奠定了高等教育界的初步团结基础。"[③] 会议制定中华人民共和国第一个《高等学校暂行规程》，对高等教育的宗旨、具体任务等做了阐述。1951 年下半年，全国开始有计划地对高等学校院系进行全面调整，调整总方针是："以培养工业建设人才和师资为重点，发展专门学院与专科学校，

[①] 毛礼锐，沈灌群．中国教育通史：第 6 卷 [M]．济南：山东教育出版社，1989:91．
[②] 毛礼锐，沈灌群．中国教育通史：第 6 卷 [M]．济南：山东教育出版社，1989:103．
[③] 毛礼锐，沈灌群．中国教育通史：第 6 卷 [M]．济南：山东教育出版社，1989:11．

整顿和加强综合性大学,逐步创办函授学校和夜大学,从各方面为大量吸收工农分子进入高等学校创造条件。"①1953年5月,高等教育部党组就全国高等教育的基本情况和今后方针向中共中央提交报告,并于同年9月由中共中央批准,原有的高等学校经过调整分别成为综合性大学、专门学院与专科学校,结构不断趋向合理。1953年11月,党和政府又提出把教育改革作为中心环节,推进教学课程、内容、组织、方法等方面改革。②这些举措都实事求是,立足具体国情,在当时历史条件下有力促进了高等教育的发展。

(四)重视高等教育与生产劳动相结合

在教育发展史上,教育与生产劳动相结合的思想早已有之,甚至可以追溯到文艺复兴时期。这一思想也是马克思主义教育思想的重要组成部分,马克思早在《资本论》中就提道:"正如我们在罗伯特·欧文那里可以详细看到的那样,从工厂制度中萌发出了未来教育的幼芽,未来教育对所有已满一定年龄的儿童来说,就是生产劳动同智育和体育相结合,它不仅是提高社会生产的一种方法,而且是造就全面发展的人的唯一方法。"③可见,马克思对教育和生产劳动相结合的重视程度。

就国内来看,早在农村革命根据地的创建过程中,针对苏维埃教育的总方针,毛泽东就提出要"把教育与劳动联系起来"。④1957年2月,毛泽东在最高国务会议第十一次(扩大)会议上做了题为《关于正确处理人民内部矛盾的问题》的讲话,他在讲话中指出:"我们的教育方针,应该使受教育者在德育、智育、体育几方面都得到发展,成为有社会主义觉悟的有文化的劳动者。"1958年9月19日,中共中央、国务院发布了《关于教育工作的指示》,提出:"党的教育工作方针,是教育为无产阶级政治服务,教育与生产劳动相结合。"⑤1958年1月,毛泽东在《工作方法六十条(草案)》中又进一步提出,"一切高等工业学校的可以进行生产的实验室和附属工厂,除了保证教学和科学研究的需要外,都应尽可能地进行生产","大学和城市里的中等学校,在可能条件下,可以由几个学校联合设立附属工厂或农场,也可以同工厂、工地或者服务行业订立参加劳动的合同","一切有土地的大、中、小学,应当设立附属农场;没有土地而临近郊区的学校,可以到农业合作社参加劳动"。⑥1958年5月,高等学校开启了群众性的教学改革活动,提出了教学、生产劳动、科学研究三结合的方式,并把批判资产阶级作为高等学校的一项重要任务。同月,

---

① 当代中国研究所.中华人民共和国史稿:第1卷[M].北京:人民出版社,2012:248.
② 当代中国研究所.中华人民共和国史稿:第1卷[M].北京:人民出版社,2012:249.
③ 马克思恩格斯全集:第23卷[M].北京:人民出版社,1972:530.
④ 建国以来重要文献选编:第11册[C].北京:中央文献出版社,1995:418.
⑤ 中国教育年鉴(1949—1981)[M].北京:中国大百科全书出版社,1984:688.
⑥ 中华人民共和国教育大事记[M].北京:教育科学出版社,1984:213.

刘少奇在中共中央政治局扩大会议上提出了"两种劳动制度、两种教育制度"的号召，高等学校开始组织下乡下场参加劳动。1958年8月，毛泽东在视察天津大学时说："高等教育应抓住三个东西：一是党委领导；二是群众路线；三是把教育和生产劳动结合起来"，"以后要学校办工厂，工厂要办学校"，"学生要勤工俭学，教师也要搞"。①1961年9月，中共中央批准试行教育部起草的《教育部直属高等学校暂行工作条例》（以下简称《高教六十条》），提出高等学校工作应该着重解决以下几个主要问题：（1）高等学校必须以教学为主，努力提高教学质量；生产劳动、科学研究、社会活动的时间，应该安排得当，以利教学。（2）正确执行党的知识分子政策，团结一切可以团结的知识分子，为社会主义高等教育服务。（3）实行党委领导下的以校长为首的校务委员会负责制，充分发挥校长、校务委员会和各级行政组织的作用。（4）做好总务工作，保证教学和生活的物质条件。（5）改进党的领导方法和领导作风，加强思想政治工作。其中，《高教六十条》第三章对"生产劳动"提出具体要求：学生参加生产劳动的主要目的是养成劳动习惯，向工农群众学习，同工农群众密切结合，克服轻视体力劳动和体力劳动者的观点。同时，通过生产劳动，更好地贯彻理论联系实际的原则。《高教六十条》在一定程度上纠正了当时教育改革的一些失误，对高等教育的发展起到了促进的作用。

（五）强调党对高等教育的领导

毛泽东高度重视党的领导问题，高等教育事业必须坚持中国共产党的领导，这凸显了社会主义教育的显著特征，也体现了马克思主义教育理论的指导。1958年8月，毛泽东在视察天津大学时说："高等教育应抓住三个东西：一是党委领导……"②1958年9月19日，中共中央、国务院在《关于教育工作的指示》中提出："党的教育工作方针，是教育为无产阶级政治服务，教育与生产劳动相结合；为了实现这个方针，教育工作必须由党来领导。没有党的领导，社会主义的教育是不能设想的。"还提出："教育是改造旧社会和建设新社会的强有力的工具之一。教育工作必须在党的领导之下，才能很好地为社会主义革命和社会主义建设服务，为消灭一切剥削阶级和一切剥削制度的残余服务，为建设消灭城市与乡村的差别和消灭脑力劳动与体力劳动的差别的共产主义社会服务。"并强调："必须在党的领导之下，团结全国的工农劳动群众和广大的知识分子，同'为教育而教育'、'劳心与劳力分离'和'教育只能由专家领导'的资产阶级思想进行坚决的斗争。党的教育工作方针同资产阶级教育工作方针之间的斗争，按其性质来说，是社会主义道路和资本主义道路两条道路之间的斗争。"对于高等教育，《关于教育工作的指示》指出：

---

① 中华人民共和国教育大事记[M].北京：教育科学出版社，1984:229.
② 中华人民共和国教育大事记[M].北京：教育科学出版社，1984:229.

"一切教育行政机关和一切学校,应该受党委的领导;……在一切高等学校中,应当实行学校党委领导下的校务委员会负责制;一长制容易脱离党委领导,所以是不妥当的。学校党委,应当配备党员去领导级和班的工作,配备党员去做政治思想工作、学校的行政工作和生产管理工作,党委书记和委员力求担任政治课的教学、研究工作。"[①]对于高等学校教材,《关于教育工作的指示》指出要在党委领导下采取党委、教师、学生"三结合"的办法,经过大鸣大放大争大辩,认真给予修订。1961年9月,中共中央批准试行教育部起草的《高教六十条》,明确提出高等学校要"实行党委领导下的校长负责制","改进党的领导方法和作风,加强思想政治工作"。1962年1月30日,毛泽东在扩大的中央工作会议上指出:"工、农、商、学、兵、政、党这七个方面,党是领导一切的。党要领导工业、农业、商业、文化、教育、军队和政府。"

二、中国特色社会主义理论体系指导下的高等教育改革发展

作为马克思主义中国化第二次飞跃的理论成果,中国特色社会主义理论体系包括邓小平理论、"三个代表"重要思想、科学发展观,充分体现了坚持与发展、继承与创新的统一。在中国特色社会主义理论体系的指导下,我国的高等教育改革发展发生了历史性的巨变。

(一)邓小平理论指导下的高等教育改革发展

邓小平是我国改革开放和现代化建设的"总设计师",邓小平理论是马克思主义同中国实际相结合的第二次历史性飞跃,是对我国社会主义建设规律的科学认识,也是改革开放和社会主义现代化建设的科学指南。邓小平的教育理论尤其是关于高等教育发展的思想是我国高等教育的指导思想。党的十一届三中全会以后,高等教育领域开始拨乱反正,并在邓小平理论的指导下,在高等教育的定位、任务、改革、创新等方面进行深入探索,促进了高等教育的健康发展。

1. 开展高等教育领域的拨乱反正

1977年9月,邓小平与教育部主要负责同志进行谈话,在《教育战线的拨乱反正问题》中提出"两个估计"是不符合实际的,并强调要正确执行毛泽东的"七二一"指示,针对高等教育发展存在的问题指出:"到大学以后,重点是结合学习搞对口劳动。到农村也可以搞一点,但不能太多","但是清华大学、北京大学恐怕不能这样办,并不是所有大学都要走上海机床厂的道路","不抓科学、教育四个现代化就没有希望,就成为一句空话"。并提出"重点大学教育部要管起来""师范大学要办好"等要求,对大学学制、教材、招生、

---

① 中国教育年鉴(1949—1981)[M].北京:中国大百科全书出版社,1984:688-690.

教师等也提出了一系列的指示。邓小平在教育战线拨乱反正工作中，要求教育部门要思想解放、争取主动，并提出"教育方面有好多问题，归根到底是要出人才、出成果"。[①]对高等教育领域的拨乱反正提出了既立足全面又突出重点的具体要求。

1977年，国家恢复了高等学校从应届高中毕业生中直接招生的制度。高等学校从应届高中毕业生中直接招生的制度，在"文化大革命"中被"四人帮"彻底破坏。1977年9月，教育部在北京召开全国高等学校招生工作会议，讨论制定了《关于一九七七年高等学校招生工作的意见》，并于10月12日经国务院批准转发，决定恢复全国高等学校招生考试，以统一考试、择优录取的方式选拔人才上大学。1978年6月6日，国务院又批转教育部《关于一九七八年高等学校和中等专业学校招生工作的意见》，标志着从应届高中毕业生中招收高等学校新生的制度完全恢复。这一举措在当时社会引起强烈反响，促进了广大青少年勤奋学习的良好风气，也为提高高等教育质量奠定了良好的生源基础。1978年1月，教育部发出《关于高等学校一九七八年研究生招生工作安排意见》，对研究生招生工作进行了部署安排。1978年3月，国务院批转了教育部《关于高等学校恢复和提升职务问题的请示报告》，对稳定和提高教师队伍水平起到了关键作用。1978年12月，教育部发出通知，恢复和增设169所普通高等学校。[②]

通过一系列的举措，高等教育恢复了正确办学方针，为高等教育在改革开放中的腾飞奠定了坚实基础。

2. 提出高等教育改革发展"三个面向"目标

经过拨乱反正，我国高等教育逐步走上正常轨道，对于如何定位和办好高等教育这个根本问题，邓小平作出了战略性的回答。1983年10月，邓小平在给景山学校的题词中，站在国家发展和民族未来的战略高度，提出了"教育要面向现代化，面向世界，面向未来"。[③]"三个面向"成为我国教育改革和发展的指导思想，也是我国高等教育改革和发展战略方针。"三个面向"是一个有机的统一体，其核心就是要为社会主义现代化建设培养德智体全面发展的合格人才。

高等教育要面向现代化，一方面是要培养坚持社会主义方向、适应经济建设和社会发展需要的高素质专门人才，为社会主义现代化建设服务，另一方面，高等教育本身在教育理念、教育制度、课程设计、教学方法、教学过程等方面也要现代化，要随着时代的变化不断发展完善，适应培养现代化人才的要求。

---

① 邓小平文选：第2卷[M]. 北京：人民出版社，1994:66-71.
② 刘光. 新中国高等教育大事记[M]. 长春：东北师范大学出版社，1990:340.
③ 邓小平文选：第3卷[M]. 北京：人民出版社，1994:35.

高等教育要面向世界，就要求具有更高更宽的视野，把高等教育工作与世界发展联系在一起，广泛吸收世界高等教育范围内对我们有用的先进经验，由此来缩小和世界的差距。"我们国家要赶上世界先进水平，从何着手呢？我想，要从科学和教育着手。"① 还要"使受教育者具备走向世界的又红又专的素质，能运用马克思主义基本原理批判地对待世界上的各种思潮，善于抵制形形色色的错误思潮和资产阶级生活方式的污染"，"使我国的教育达到世界先进水平，向世界传播中国的社会主义文明，对人类的进步、世界的发展作出应有的贡献"。② 既要缩小与世界的差距，还要主动为人类发展作贡献。

高等教育要面向未来，是指高等教育所培养的专门人才不仅要适应当前社会主义现代化建设的需要，还要有未雨绸缪的眼光，着眼于未来的发展和需求。因此，高等教育必须进行超前规划，人才培养应走在经济发展的前头，要建立适应未来发展的新学科，培育能适应未来社会发展需要的新型人才，更要培养为实现共产主义事业而奋斗的一代新人。

"三个面向"体现了邓小平具有世界眼光的战略性教育思想，对于深化我国高等教育改革，发展具有中国特色的社会主义高等教育事业，有着非常重大的指导意义。

3. 重视发挥高等学校的科研职能

邓小平高度重视科学技术的发展。他指出："四个现代化，关键是科学技术的现代化。"③ 中国要实现现代化，关键就是科学技术要发展。而发展科学技术，高等学校承担着义不容辞的历史任务。1977年7月，邓小平在对教育工作的一次谈话中说："重点大学既是办教育的中心，又是办科研的中心。"④1977年8月，邓小平在参加科学与教育工作座谈会上中指出："高等院校，特别是重点高等院校，应当是科研的一个重要方面军，这一点要定下来。它们有这个能力，有这方面的人才。事实上，高等院校过去也承担了不少科研任务。随着高等院校的整顿，学生质量的提高，学校的科研能力会逐步增强，科研的任务还要加重。朝这个方向走，我们的科学事业的发展就可以快一些。"他又指出："我们现在还不能让所有的高等院校普遍加重科研的分量，但是重点大学都要逐步加重科研的分量，逐步增加科研的任务。"⑤邓小平认为高等学校有能力也应该承担科研工作，但是对不同性质、层次的高校提出了不同要求。对于高等学校来说，理科、工科、农科、医科等各个领域都有要研究的问题，文科要突出理论研究，主要是要用马克思主义的观点研

---

① 邓小平文选：第2卷[M]. 北京：人民出版社，1994:48.
② 毛礼锐，沈灌群. 中国教育通史：第6卷[M]. 济南：山东教育出版社，1989:309.
③ 邓小平文选：第2卷[M]. 北京：人民出版社，1994:86.
④ 邓小平文选：第2卷[M]. 北京：人民出版社，1994:423.
⑤ 邓小平文选：第2卷[M]. 北京：人民出版社，1994:53.

究经济、历史、政法、哲学、文学等等。邓小平重视高等学校科学研究职能,是遵循高等教育规律的体现,也符合当时社会发展的需要。

为此,国家科委、教育部和农林部联合于1979年1月在北京召开了全国高等学校科学研究工作会议。会议初步总结了中华人民共和国成立以来高等学校发展的历史经验,并根据全党工作重点转移,讨论如何把高等教育办成既是教育中心又是科研中心的问题。① 会议形成的《高等教育科学研究工作会议纪要》提出,高等教育是我国文化和科学水平的重要标志,担负着培养专门人才、发展科学技术的双重任务,它在很大程度上决定了生产力发展的水平和现代化建设的速度;要针对高等学校进行整顿,提出高等教育必须把工作重心转移到教学和科研上来,要全面贯彻党的教育方针,坚持又红又专的社会主义方向,坚持质量第一的方针,大力开展科学研究工作,认真贯彻执行党的知识分子政策,虚心学习外国有益经验,整顿学习后勤工作,加强党的领导等。

4. 加快高等教育改革步伐

邓小平十分重视我国高等教育领域改革发展。首先,既要抓好高等教育,又要突出重点大学建设。1977年5月,邓小平和中央两位同志谈话时指出:"抓科技必须同时抓教育。从小学抓起,一直到中学、大学。……办教育要两条腿走路,既要注意普及,又注意提高。要办重点小学、重点中学、重点大学。要经过严格考试,把最优秀的人集中在重点中学和大学。"② 其次,重视高等教育的改革探索。1977年8月,邓小平在参加科学与教育工作座谈会时指出:"高等学校的专业,哪些要合,哪些要分,哪些要增加,哪些要减少,哪些要取消,也要有一个统一的规划。"③ 对高等教育专业发展提出具体要求。1978年4月的全国教育工作会议上,邓小平又提出提高教育质量、教育事业必须与国民经济发展的要求相适应等要求,时任教育部部长刘西尧则提出要充分发挥高等教育在提高教育质量和培养人才中的重要作用。④

高等教育改革的基础是教育结构调整。1978年开始,国务院相继批转了教育部《关于恢复和办好全国重点高等学校的报告》《关于大力开展高等学校函授教育和夜大学的意见》《关于高等教育自学考试施行办法的报告》等文件,还制定了《关于自费出国留学的暂行规定》,使高等教育的结构在改革开放的大背景下不断趋于合理。

高等教育的改革还体现在各个环节之中。1978年,教育部相继发出《高等学校理工科教学工作若干问题的意见》《关于加强和发展师范教育的意见》等文件,并于1978年

---

① 刘光. 新中国高等教育大事记[M]. 长春:东北师范大学出版社,1990:342.
② 邓小平文选:第2卷[M]. 北京:人民出版社,1994:40.
③ 邓小平文选:第2卷[M]. 北京:人民出版社,1994:53.
④ 刘光. 新中国高等教育大事记[M]. 长春:东北师范大学出版社,1990:328.

底试行《高等学校学生学籍管理的暂行规定》，不断规范高等教育运行机制。除此，高等教育宏观规划、教学工作、科学研究、学位工作、研究生工作、思想政治教育等方面的改革也都有序开展。

1985年，中共中央、国务院召开了全国教育工作会议，讨论教育体制改革问题。会议出台了《中共中央关于教育体制改革的决定》，其中对高等教育改革作出了详细部署，强调了高等学校担负着培养高级专门人才和发展科学技术文化的重大任务，制定了到20世纪末的目标，并提出了高等教育改革举措：一是对教育体制的改革，改变政府对高等学校管得过多的管理体制，扩大办学自主权，加强高等学校与生产、科研和社会的联系，主动适应经济和社会发展需要；二是改革大学招生的计划制度和毕业分配制度；三是扩大高等学校办学自主权，实行校长负责制；四是实行中央、省（自治区、直辖市）、中心城市三级办学的体制；五是改变高等教育科类比例不合理的状况；六是改进和完善研究生培养制度；七是改革教学内容、方法、制度，提高教学质量。《中共中央关于教育体制改革的决定》的出台，是邓小平理论尤其是教育思想在高等教育发展中的充分体现，也是建立中国特色社会主义高等教育的关键文件。

此外，高等教育理论研究也取得了新发展。中华人民共和国成立以来，高等教育理论研究严重滞后。20世纪70年代末开始，高等教育理论开始被作为专门学科进行系统研究，学术界也开始探讨高等教育新思想、新问题。这些都得益于邓小平理论的科学指导。

5.加强思想政治工作培育"四有"新人

邓小平历来重视教育发展的社会主义方向。我国高等教育人才培养必须坚持又红又专，邓小平指出"学校是为社会主义建设培养人才的地方"，"学校应该永远把坚定正确的政治方向放在第一位"[①]，揭示了社会主义高等教育和资本主义高等教育的本质区别在于培养具有社会主义觉悟、拥护共产党领导、热爱社会主义祖国、努力为人民服务、刻苦钻研业务、为建设社会主义现代化强国奋斗的人才。他强调："要加强各级学校的政治教育、形势教育、思想教育，包括人生观教育、道德教育"[②]，"要特别教育我们的下一代下两代，一定要树立共产主义的远大理想。一定不能让我们的青少年作资本主义腐朽思想的俘虏，那绝对不行"[③]。同时，邓小平还强调必须处理政治与业务、红与专的关系，提到如何处理两对关系时他指出："但这并不是说要把大量的课时用于思想政治教育。学生把

---

① 邓小平文选：第2卷[M].北京：人民出版社，1994:103-104.
② 邓小平文选：第2卷[M].北京：人民出版社，1994:369.
③ 邓小平文选：第3卷[M].北京：人民出版社，1994:111.

坚定正确的政治方向放在第一位，这不仅不排斥科学文化，相反，政治觉悟越是高，为革命学习科学文化就应该越加自觉，越加刻苦。"① 这一论述阐释了思想政治工作与学习科学文化知识之间的辩证关系，对做好高等学校思想政治工作具有重要的指导意义。在思想政治工作方式上，邓小平强调："学校要把学生的思想工作做到家。对表现不好的要多做工作，对屡教不改的处理也要谨慎。要找出各种方式，多做转化工作，把不好的转变为好的或者比较好的。"② 在邓小平关于思想政治思想的指导下，1980 年 4 月，教育部、共青团中央印发了《关于高等学校学生思想政治工作的意见》的通知，提出要从实际出发，切实改进和加强马列主义基本理论教育，着重进行坚持四项基本原则教育，要坚持正确的方针，建立一支坚强的、有战斗力的政治工作队伍，其中特别强调了党委要加强对学生思想政治工作的领导。③

高等教育的基本任务是培养满足社会主义建设需要的，有理想、有道德、有文化、有纪律的人才。加强高等学校思想政治工作，就是为了更好地培养"四有"新人。邓小平提出，广大青少年既要学习丰富的科学文化知识，还要做到有理想、有道德、有纪律，成为"有理想、有道德、有文化、有纪律"的人才。在"四有"中，邓小平尤其强调理想和纪律的重要性，"现在中国提出'四有'，有理想、有道德、有文化、有纪律。其中我们最强调的，是有理想"④，"我们历来提倡有理想、有道德、有文化、有纪律，其中最重要的是要有理想、有纪律"⑤，"我们一定要经常教育我们的人民，尤其是我们的青年，要有理想"⑥。但"有了理想，还要有纪律才能实现"⑦，"在军队里要讲信念，在人民中间，在青年中间也要讲信念。首先要向青年进行有理想、有纪律的教育"⑧。可见邓小平提出的"四有"新人不仅注重整体、系统、协调发展，同时又突出强调理想和纪律的重要性。

（二）"三个代表"重要思想指导下的高等教育改革发展

"三个代表"重要思想也是马克思主义中国化的重要理论成果，"反映了我国最广大人民的共同意愿，体现了当今世界和中国发展的时代精神，显示了马克思主义科学理论的强大力量，是全党全国人民在新世纪新阶段继续团结奋斗的共同思想基础"⑨。"三个代

---

① 邓小平文选：第 2 卷 [M]. 北京：人民出版社，1994: 104.
② 邓小平文选：第 2 卷 [M]. 北京：人民出版社，1994:56.
③ 刘光. 新中国高等教育大事记 [M]. 长春：东北师范大学出版社，1990:379-384.
④ 邓小平文选：第 3 卷 [M]. 北京：人民出版社，1994:190.
⑤ 邓小平文选：第 3 卷 [M]. 北京：人民出版社，1994:209.
⑥ 邓小平文选：第 3 卷 [M]. 北京：人民出版社，1994:110.
⑦ 邓小平文选：第 3 卷 [M]. 北京：人民出版社，1994:111.
⑧ 邓小平文选：第 3 卷 [M]. 北京：人民出版社，1994:191.
⑨ 十六大以来重要文献选编：上 [C]. 北京：中央文献出版社，2005:360.

表"重要思想是我国高等教育发展的重要指南和思想武器。伴随着"三个代表"重要思想的形成与发展，在这一重要思想的指导下，我国的高等教育改革发展在这一历史阶段取得了巨大成就。

1.高等教育是科教兴国战略的"强大生力军"和"重要方面军"

十三届四中全会以来，以江泽民为核心的党的第三代中央领导集体在继承和发展马克思主义、毛泽东思想和邓小平理论教育思想的基础上，在教育领域提出了一系列重要论述。1995年，面对当今世界科技发展突飞猛进、综合国力竞争日趋激烈的新形势，在总结历史经验和分析现实情况的基础上，党中央、国务院作出了实施科教兴国的战略部署。"科教兴国，是指全面落实科学技术是第一生产力的思想，坚持教育为本，把科技和教育摆在经济社会发展的重要位置……"[①]科教兴国战略的提出，是落实教育优先发展战略地位的充分体现。

江泽民重视高等教育的改革发展，对新时期高等教育改革发展工作提出了一系列要求。1996年3月，他在与上海交通大学等4所交通大学负责人的座谈会上指出："高等教育在整个教育事业中处于龙头地位，高等教育的发展程度和质量，不仅影响整个教育事业，而且关系到社会主义事业的未来。"[②]强调了高等教育发展的重要战略意义。1998年5月，江泽民在庆祝北京大学建校100周年大会讲话中指出："我们的大学应该成为科教兴国的强大生力军。教育应与经济社会发展紧密结合，为现代化建设提供各类人才支持和知识贡献。这是面向二十一世纪教育改革和发展的方向。"[③]提出了高等教育发展的方向。1999年5月，江泽民在第三次全国教育工作会议上又强调："高等教育要积极面向经济建设主战场，研究解决经济社会发展中的重大理论和实践问题，促进科技成果向现实生产力转化，成为知识创新、技术创新和高新技术产业化的重要方面军。"[④]阐述了高等教育在时代发展中的社会职能。总之，高等教育在科教兴国战略中起着关键作用，这不仅是我国经济社会发展对高等教育改革发展提出的必然要求，也反映了高等教育自身改革发展的规律，充分体现了高等教育的社会功能。"强大生力军"和"重要方面军"论述体现了高等教育在科教兴国战略中的强大性和重要性，也是这一时期"三个代表"重要思想在高等教育改革发展中的要求和体现。

在这一时期，高等教育改革发展面临新的机遇和挑战。1993年，党中央、国务院印发了《中国教育改革和发展纲要》，对高等教育发展提出具体的要求。1998年8月29日，

---

① 江泽民文选：第1卷[M].北京：人民出版社，2006:428.
② 江泽民.接见四所交通大学负责人时的谈话[N].人民日报，1996-03-28.
③ 江泽民文选：第2卷[M].北京：人民出版社，2006:123.
④ 江泽民文选：第2卷[M].北京：人民出版社，2006:336.

《中华人民共和国高等教育法》颁布，并于 1999 年 1 月 1 日正式实施，将高等教育发展以法律条文的形式确定下来。1999 年 1 月，国务院批转了教育部制定的《面向 21 世纪教育振兴行动计划》，提出积极稳步发展高等教育，到 2000 年高等教育入学率达到 11%左右，到 2010 年高等教育规模有较大扩展，入学率接近 15%，并提出加强科学研究并使高校高新技术产业为培育经济新的增长点作贡献。国家还在 1995 年启动"211 工程"，为国家创新人才的培养和创新体系的建设奠定了重要基础。同时，国家还积极应对知识经济、信息化发展、加入 WTO 等给高等教育带来的新挑战，高等教育在国际化、大众化中快速发展。

2. 创新是高等教育发展的灵魂和动力

创新是人类的希望和未来，也是一个国家发展的动力和源泉。面对科学技术突飞猛进和知识经济迅速兴起，中国共产党人深刻揭示了创新对于国家和民族发展的重要意义。1995 年 5 月，江泽民在全国科学技术大会上指出："创新是一个民族进步的灵魂，是一个国家兴旺发达的不竭动力"，"一个没有创新能力的民族，难以屹立于世界先进民族之林"。[1]1998 年 11 月在新西伯利亚科学城演讲中，江泽民进一步强调了教育在创新中的重要性，他指出："创新的关键在人才，人才的成长靠教育。教育水平提高了，科技进步和经济发展才有后劲。科学技术实力和国民教育水平，始终是衡量综合国力和社会文明程度的重要标志，也是每个国家走向繁荣昌盛的两个不可缺少的飞轮。"[2]在 1999 年 6 月召开的第三次全国教育工作会议上，江泽民又提出："教育是知识创新、传播和应用的主要基地，也是培育创新精神和创新人才的重要摇篮。"江泽民充分意识到创新的关键是依靠教育培养出的人才，而高等教育是人才培养中最关键的环节。创新不仅是一种理念，更是一种行动。创新不仅于科学技术，更涉及各个领域，也是高等教育发展的灵魂和动力。为此，江泽民指出高等教育要"成为知识创新、技术创新、高新技术产业化的重要方面军"[3]，"带动和促进民族科技水平和创新能力的提高"[4]。由此可见，江泽民对高等教育创新的目标就是要服务和统一于科教兴国战略。对于如何实现高等教育的创新，江泽民指出："每一所学校，都要爱护和培养学生的探索精神、创新思维，营造崇尚真知、追求真理的氛围，为学生的禀赋和潜能的充分开发创造一种宽松的环境。"[5]这里自然包含对高等教育人才培养的要求。同时，"这就要求我们必须改变那种妨碍学生创新精神和创

---

[1] 江泽民文选：第 1 卷 [M]. 北京：人民出版社，2006:432.
[2] 江泽民文选：第 2 卷 [M]. 北京：人民出版社，2006:237.
[3] 江泽民文选：第 2 卷 [M]. 北京：人民出版社，2006:336.
[4] 江泽民文选：第 2 卷 [M]. 北京：人民出版社，2006:335.
[5] 江泽民文选：第 2 卷 [M]. 北京：人民出版社，2006:334.

新能力发展的教育观念、教育模式，特别是有教师单向灌输知识，以考试分数作为衡量教育成果的唯一标准，以及过于划一呆板的教育教学制度"①。除此，还对教师等提出了具体要求。高等教育的创新，既是"三个代表"重要思想对高等教育发展的要求，也应在"三个代表"重要思想指导下进行创新。2002年，江泽民在庆祝北京师范大学建校一百周年大会上再次强调必须不断推进教育创新，"只有按照'三个代表'要求，大力推进教育创新"②。对于进行教育创新，江泽民提出"要坚持和发展适应国家和社会发展要求的教育思想"，"关键是通过深化改革不断健全和完善与社会主义现代化建设要求相适应的教育体制"，"根本目的是要推进素质教育，全面提高教育质量"，"必须充分利用现代科学技术手段，大力提高教育的现代化水平"，"必须面向现代化、面向世界、面向未来，加大教育对外开放的力度"。

2002年，《全国教育事业第十个五年计划》在对改革开放以来高等教育取得的成就进行总结时提道："高等学校在推动科技工作面向经济建设主战场，发展基础研究、应用研究、高新技术及其产业化等方面取得了显著成绩，成为推动科技进步的重要方面军。建成了一批国家级科研基地，取得了一系列重大科研成果，为国民经济建设解决了一批带有全局性的重大关键技术问题，科技成果转化和推广应用取得明显成效。近些年来，高等学校获得的国家发明奖、科技进步奖分别占全国的三分之一和四分之一左右，得到自然科学基金资助的科研项目达到二分之一左右。高等学校人文社会科学研究领域大大拓宽，完成了一批重大课题研究，在马列主义、毛泽东思想和邓小平理论研究与宣传方面取得了丰硕成果，为发展社会主义文化事业和学术繁荣作出了突出贡献。"③在总结成绩的同时，还对下一阶段的教育发展提出加强产学研结合的要求，不断实现发展创新。这些凸显了这一时期我国高等教育在创新领域取得的巨大成就。

3. 高等教育要建设世界先进水平的一流大学

江泽民认为一个国家的大学水平反映了国家科技文化发展水平，也从某种程度上反映出一个国家的综合国力，因此他把建设若干所具有世界先进水平的一流大学作为高等教育发展的重点。1998年5月，江泽民在庆祝北京大学建校一百周年大会上指出："为了实现现代化，我国要有若干所具有世界先进水平的一流大学"。④2001年4月，他在庆祝清华大学建校九十周年大会上的讲话中再次提出："要继续提高高等教育质量，加快高

---

① 江泽民文选：第2卷[M].北京：人民出版社，2006:334.
② 江泽民文选：第3卷[M].北京：人民出版社，2006:499.
③ 全国教育事业第十个五年计划[EB/OL].[2016-06-11]. http://www.moe.gov.cn/jyb_sjzl/moe_177/tnull_2486.html.
④ 江泽民文选：第2卷[M].北京：人民出版社，2006:123.

等教育的发展,努力在全国建设若干所具有世界先进水平的一流大学。"①这是在处理中国高等教育质量和规模关系中的重要论述,也是高等教育发展和提升的必然要求,更是在新形势下高等教育实现社会功能的迫切要求。对于什么是具有世界先进水平的一流大学,江泽民指出:"这样的大学,应该是培养和造就高素质的创造性人才的摇篮,应该是认识未知世界、探索客观真理、为人类解决面临的重大课题提供科学依据的前沿,应该是知识创新、推动科学技术成果向现实生产力转化的重要力量,应该是民族优秀文化与世界先进文明成果交流借鉴的桥梁。"②在庆祝清华大学建校 90 周年大会上的讲话中,江泽民又对什么是一流大学做了进一步阐释:"应该坚持正确的办学思想,注重形成优秀的办学传统,形成鲜明的办学风格,发展优势学科,努力建设一支高素质、高水平的教师队伍,为国家和民族的兴旺发达作出贡献。应该站在国际学术的最前沿,紧密结合先进生产力的发展要求,依托多学科的交叉优势,努力进行理论创新、制度创新、科技创新,特别要抓好科技的源头创新,并推动科技成果加速转化为现实生产力。应该成为继承传播民族优秀文化的重要场所和交流借鉴世界进步文化的重要窗口,成为新知识、新思想、新理论的重要摇篮,努力创造和传播新知识、新理论、新思想,不断促进社会主义文化的发展。应该成为培养人才的重要基地,不断为祖国为人民培养出具有正确的世界观、人生观、价值观,具有创造精神和实践能力的全面发展的人才。"③

建设一流大学必须对高等教育进行改革。早在 1994 年全国教育工作会议上,江泽民就指出:"高等教育要通过改革,进一步提高教育质量和办学效益。"④1999 年 6 月,在第三次全国教育工作会议上,江泽民指出:"象牙塔式的教育,不能适应当今时代的需要。教育与经济、科技、社会实践越来越紧密地结合,正在成为推动科技进步和经济社会发展的重要力量。……这就要求必须改变脱离社会实际的教育思想和教育模式,通过经济体制、科技体制和教育体制的配套改革,尽快建立教育与经济、科技密切结合的新机制。"⑤

为了推进教育领域的改革,1999 年 6 月,中共中央、国务院印发了《关于深化教育改革,全面推进素质教育的决定》,其中针对高等教育的教育观念、教育体制、教育结构、人才培养模式、教育内容和教学方法等方面的改革提出一系列举措。在《全国教育事业第十个五年计划》中针对高等教育改革与发展提出了一系列措施,例如"实施二期'211 工程'","重点支持若干所大学进入国际先进行列,重点建设一批能够达到国际先进水平的

---

① 江泽民.在庆祝清华大学建校九十周年大会上的讲话[N].人民日报,2001-04-30.
② 江泽民文选:第 2 卷[M].北京:人民出版社,2006:123.
③ 江泽民.在庆祝清华大学建校九十周年大会上的讲话[N].人民日报,2001-04-30.
④ 江泽民文选:第 1 卷[M].北京:人民出版社,2006:373.
⑤ 江泽民文选:第 2 卷[M].北京:人民出版社,2006:335.

重点学科和人才培养基地","全面完成高等教育管理体制改革和布局结构调整","深化办学体制改革,拓宽办学渠道,增加新的教育资源,以各种形式扩大办学规模","改革考试评价和招生选拔制度,基本完成毕业生就业制度改革","遵循教育规律,适当运用市场手段,引入竞争激励机制"①等,为高等教育内涵式发展奠定了坚实基础。

(三)科学发展观指导下的高等教育改革发展

党的十六大以来,以胡锦涛为总书记的党中央领导集体深入研究国内外形势的新变化、新要求,不断深化对共产党执政规律、社会主义建设规律和人类社会发展规律的认识,不断推进理论创新和实践创新,形成了科学发展观这一中国特色社会主义理论体系的最新成果。②"科学发展观,第一要义是发展,核心是以人为本,基本要求是全面协调可持续,根本方法是统筹兼顾。"③科学发展观是马克思主义中国化的又一次飞跃,是我国经济社会发展的重要指导方针,也是重大战略思想。"我们要坚持党的教育方针,坚持以科学发展观统领教育发展全局"④,科学发展观创造性地回答了在高等教育领域"实现什么样的发展,怎样发展"的问题。

1. 高等教育要坚持以人为本,全面实施素质教育

胡锦涛指出:"全面实施素质教育,核心是要解决好培养什么人,怎样培养人的重大问题,这应该成为教育工作的主题。"⑤在高等教育中,同样也要"坚持育人为本、德育为先,把立德树人作为教育的根本任务,努力培养德智体美全面发展的社会主义建设者和接班人"⑥。在2010年9月召开的全国教育工作会议上,胡锦涛又指出:"推动教育事业科学发展,必须坚持以人为本。坚持以人为本、全面实施素质教育是教育改革和发展的战略主题,是贯彻党的教育方针的时代要求,核心是解决好培养什么人、怎样培养人的重大问题,重点是面向全体学生、促进学生全面发展,着力提高学生服务国家服务人民的社会责任感、勇于探索的创新精神、善于解决问题的实践能力。"⑦高等教育要坚持以人为本,不仅是科学发展观的要求,也是社会发展的要求。高等教育坚持以人为本,就要从我国的国情出发,坚持以"学生和教师"为本,在高等教育改革发展中立足于全面提高大学生综合素质,促进大学生的全面成长。

---

① 全国教育事业第十个五年计划[EB/OL]. [2016-06-11]. http://www.moe.gov.cn/jyb_sjzl/moe_177/tnull_2486.html.
② 周忠高. 科学发展观重大战略思想概述[N]. 光明日报, 2012-10-19.
③ 十七大以来重要文献选编:上[C]. 北京:中央文献出版社, 2009:11-12.
④ 十六大以来重要文献选编:下[C]. 北京:中央文献出版社, 2008:616.
⑤ 十六大以来重要文献选编:下[C]. 北京:中央文献出版社, 2008:617.
⑥ 十六大以来重要文献选编:下[C]. 北京:中央文献出版社, 2008:617.
⑦ 十七大以来重要文献选编:中[C]. 北京:中央文献出版社, 2011:879.

坚持以人为本的重要着眼点是全面提高国民素质。胡锦涛指出："这就需要全面实施素质教育。实施素质教育不仅涉及教育各个阶段和领域，更涉及文化传统、经济发展、社会结构、用人制度等方方面面，必须统筹兼顾、协调推进，切实把实施素质教育这件大事抓紧抓好、抓出成效。"① 在高等教育中实施素质教育，首先要坚持以教师为主导，学生为主体，把发挥学生主动性、尊重教育规律、尊重学生身心发展规律结合起来，为学生提供多样化、个性化成长的环境和机制。其次要通过教育教学改革优化大学生的知识结构，强化大学生社会实践和劳动教育，重点提高学习、实践、创新能力。最后要突出创新教育，"更加重视打牢创新基础、倡导创新精神、激发创新活力，更加重视发展创新文化、完善创新机制、营造创新氛围，大幅提高教育培养创新人才能力和水平"②。党的十六大以来，高等教育发展中坚持以人为本成为一种共识，全面推进了大学生的素质教育，有效提升了新时期大学生的综合素质。

2. 不断提高质量是高等教育改革发展的生命线

21世纪以来，是我国高等教育走向大众化发展的重要阶段。高等教育大众化让更多人能够接受高等教育，对提高国民素质具有重要意义。但在大众化过程中也给高等教育发展带来一系列的问题。对此，胡锦涛强调："高等教育作为科技第一生产力和人才第一资源的重要结合点，在国家发展中具有十分重要的地位和作用。"针对当前高等教育存在的问题，胡锦涛敏锐地指出："我国高等教育还不完全适应经济社会发展和人民群众接受良好教育的要求，同国际先进水平相比还有明显差距。"③ 因此，他明确提出："不断提高质量，是高等教育的生命线，必须始终贯穿高等学校人才培养、科学研究、社会服务、文化传承创新各项工作之中。……坚持走内涵式发展道路"，"我国高等学校要把提高质量作为教育改革发展最核心最紧迫的任务，完善中国特色现代大学制度"。④ 这些论述指明了高等教育改革发展的中心工作和核心任务。对于如何全面提高高等教育质量，胡锦涛在庆祝清华大学建校100周年大会上提出了"四个必须"——必须大力提升人才培养水平、必须大力增强科学研究能力、必须大力服务经济社会发展、必须大力推进文化传承创新。"四个必须"围绕大学功能展开，充分尊重高等教育发展规律，强调高等教育要走全面、协调、可持续的内涵式发展道路。

在江泽民提出"建设若干所具有世界先进水平的一流大学"的基础上，胡锦涛进一

---

① 十七大以来重要文献选编：中 [C]. 北京：中央文献出版社，2011:880.
② 十七大以来重要文献选编：中 [C]. 北京：中央文献出版社，2011:880.
③ 胡锦涛. 在庆祝清华大学建校100周年大会上的讲话 [N]. 人民日报，2011-04-25.
④ 胡锦涛. 在庆祝清华大学建校100周年大会上的讲话 [N]. 人民日报，2011-04-25.

步提出"建设若干所世界一流大学和一批高水平大学"[①],并"建成一批国际知名、有特色、高水平的高等学校,加快建设世界一流大学和一流学科,显著增强高等教育国际竞争力"[②]。这些论述阐明了我国高等教育发展的梯队思维,把一流大学和高水平大学建设结合起来,把一流大学和一流学科结合起来,使结构更加优化合理。为此,在《2003—2007年教育振兴行动计划》中"把重点推进高水平大学和重点学科建设"作为高等教育改革和发展的关键举措。

全面提高高等教育质量,要加快高等教育体制改革和创新。要加大对高等教育的投入,健全高等教育管理体制,推进建立中国特色现代大学制度,促进高等教育公平,加强领导班子建设,创新教育教学方法,强化实践教学环节,形成人才培养新优势等。2010年,《国家中长期教育改革和发展规划纲要（2010—2020年）》在确定优先发展、育人为本、改革创新、促进公平、提高质量等工作方针的基础上,针对高等教育发展改革提出了全面提高高等教育质量、提高人才培养质量、提升科学研究水平、增强社会服务能力、优化结构办出特色的要求。

3. 大力推进思想政治教育工作

开展深入细致的思想政治工作是中国共产党的优秀传统。加强大学生思想政治教育工作关系人才培养的性质,也关系社会主义的办学方向。中华人民共和国成立以来,党和政府始终重视做好高校的思想政治工作,尤其是20世纪80年代思想政治教育工作作为一门学科发展后,在理论和实践上都取得了丰硕成果。

党的十六大以来,面对国内外形势的深刻变化,为了提高大学生的思想政治素质、促进大学生的全面发展,中共中央、国务院于2004年8月印发了《关于进一步加强和改进大学生思想政治教育的意见》。文件总结了改革开放以来加强大学生思想政治教育工作取得的实效,深刻分析了面临的机遇、挑战和存在的不足,进一步明确了大学生思想政治教育的指导思想和基本原则,提出了加强和改进大学生思想政治教育的四大主要任务,有针对性地提出了科学、系统、全面的工作举措,成为十几年来高校思想政治教育的指导性文件。2005年1月,全国加强和改进大学生思想政治教育工作会议在北京召开,胡锦涛在会上发表重要讲话,要求切实提高对加强和改进大学生思想政治教育工作重要性的认识,进一步深刻阐述加强和改进大学生思想政治教育工作的四大任务,突出与时俱进,体现时代性,把握规律性,增强实效性,创造性地开展大学生思想政治教育工作。强调加强党对大学生思想政治教育的领导,把大学生思想政治教育工作摆在更加突出的位置,

---

① 胡锦涛. 在庆祝清华大学建校100周年大会上的讲话[N]. 人民日报,2011-04-25.
② 十六大以来重要文献选编：下[C]. 北京：中央文献出版社,2008:618.

努力形成合力,营造良好的社会环境。①

第三节 马克思主义中国化理论指导下的高等教育改革发展经验及启示

中华人民共和国成立60多年来,在马克思主义中国化理论的科学指导下,我国高等教育遵循教育发展规律,经过改革发展,规模由小到大,结构日趋合理,质量不断提升,培养了大批专门人才,在科学研究和社会服务中发挥着举足轻重的作用,有力推动了国家文化传承与创新,取得了巨大成就。回首改革发展道路,一些经验值得我们思考。

一、马克思主义中国化理论指导下的高等教育改革发展经验

(一)把坚持马克思主义中国化理论成果指导和遵循高等教育规律结合起来

实践证明,马克思主义中国化理论成果是指导开创和发展中国特色社会主义事业的科学思想体系,它随着实践的发展而不断发展,并不断解决新问题,开拓新境界。中华人民共和国成立以来,高等教育的改革发展伴随着马克思主义中国化进程,从中华人民共和国成立之初接管、改造旧教育,到20世纪70年代末高等教育的拨乱反正,到20世纪80年代高等教育的改革探索,再到新世纪高等教育的创新与质量提升,都是在不同时期马克思主义中国化理论成果的指导下完成的,从而才有了今天的成就。可以说,科学理论的指导造就了我国高等教育发展的丰碑。"高等教育总要深化改革,高等教育事业总要向前发展;而改革与发展,就要理论指导。"②

纵观中华人民共和国高等教育的改革发展历史,与坚持马克思主义中国化理论成果指导紧密相结合的是遵循高等教育发展规律。潘懋元把教育的基本规律分为外部关系的规律和内部关系的规律。前者指"教育同社会关系的规律,就是教育必须同社会发展相适应"③。后者指教育自身的规律,即"社会主义教育,必须培养全面发展的人,或者说社会主义教育必须通过德育、智育、体育、美育,培养全面发展的人"④。二者互相作用。在高等教育改革发展中,我们既充分考虑到内部规律的运用要受到外部规律制约的因素,正确处理好高等教育人才培育与具体历史条件下社会发展的关系,实现与社会发展相适应,还充分认识到高等教育的外部规律必须通过内部规律来实现,把坚持社会主

---

① 十六大以来重要文献选编:中[C].北京:中央文献出版社,2006:631-646.
② 潘懋元.潘懋元论高等教育[M].福州:福建教育出版社,2007:53.
③ 潘懋元.潘懋元论高等教育[M].福州:福建教育出版社,2007:113.
④ 潘懋元.潘懋元论高等教育[M].福州:福建教育出版社,2007:121.

方向和人的全面发展有机统一起来。

（二）把牢固掌握意识形态领导权和始终坚持党的政治领导结合起来

牢牢掌握意识形态工作的领导权，是高等教育始终沿着社会主义办学方向前进的根本保证。把握意识形态工作领导权，关键是确保高等教育在发展过程中坚持正确的观念、理念和导向。我党始终高度重视高等教育发展进程中的意识形态工作，坚持和巩固马克思主义在意识形态领域的指导地位，把马克思主义立场、观点、方法贯穿于高等教育领域的意识形态工作之中，体现了人民性和党性的高度统一，一刻也不放松或削弱意识形态工作。2013年，习近平在全国宣传思想工作会议上强调，经济建设是党的中心工作，意识形态工作是党的一项极端重要的工作。"我们必须把意识形态工作的领导权、管理权、话语权牢牢掌握在手中，任何时候都不能旁落，否则就要犯无可挽回的历史性错误。"① 把握意识形态工作的领导权，就要始终坚持党的领导。

60多年来，高等教育的发展始终离不开党的领导。从应对中华人民共和国成立伊始百废待兴的起步阶段，到面临各种艰难险阻的发展时期；从面对改革开放的新环境新探索，到迎接全球化、信息化等新形势、新挑战，我国的高等教育取得的发展得益于始终坚持党的政治领导。毛泽东在20世纪50年代视察天津大学时就强调党的领导地位，几十年来在涉及高等教育发展的政策法规、重要讲话、计划规划中，都始终强调要坚持党对高等教育事业的政治领导。高等教育领域是高级知识分子集中的地方，并日益成为社会发展中心，在社会发展中发挥着越来越重要的作用。始终坚持党对高等教育事业的领导，是我国高等教育发展的一条宝贵经验，也是高等教育坚持社会主义方向的重要保证。

（三）把坚持社会主义方向和勇于借鉴先进经验结合起来

我国的高等教育坚持社会主义方向，突出中国特色，《中华人民共和国高等教育法》明确规定："国家坚持以马克思列宁主义、毛泽东思想、邓小平理论为指导，遵循宪法确定的基本原则，发展社会主义的高等教育事业。"高等教育要为社会主义现代化建设服务，要培养德、智、体、美等方面全面发展的社会主义事业的建设者和接班人，明确规定了人才培养方向。我国60多年来的高等教育发展始终坚持走社会主义方向，尽管在一些特殊历史时期遭遇挫折，但在历史潮流中通过不断拨乱反正，最终走在发展的正轨上。

高等教育坚持社会主义方向，不是闭门造车，也不是故步自封，而是要在独立自主的前提下借鉴世界各国高等教育发展的先进经验，紧密结合中国发展实际，为我所用。高等教育在西方尤其是一些发达资本主义国家有较长的发展历史，形成了较为完善的教育

---

① 王伟光.牢牢掌握意识形态工作领导权管理权话语权[N].人民日报,2013-10-08.

理论和实践体系。在坚持社会主义方向的大前提下，我国高等教育发展从中华人民共和国成立初借鉴苏联高等教育模式，到进入 21 世纪在全球化潮流中提升高等教育国际化办学水平，都始终坚持广泛借鉴、吸收世界先进水平的办学经验，充分展现我们借鉴、学习的态度和不断发展、创新的视野。

（四）把服务社会发展大局和融入世界发展潮流结合起来

对于高等教育的社会职能，传统观点认为有三个职能——人才培养、科学发展、社会服务。但随着高等教育理论的发展和社会进步，有学者提出第四个职能——文化传承与创新。但无论是三种还是四种职能，归根到底，高等教育都要融入、服务社会发展，适应、引领社会发展需求。"第三职能（指社会服务）的基本意义在于把培养人才、科研成果，迅速地转化为生产力。"① 二战结束以后，第三职能开始受到认可并得到世界各国的关注。中华人民共和国高等教育发展史也是一个逐步凸显高等教育社会职能的过程。从 20 世纪 50 年代毛泽东提出高等教育要和生产劳动相结合，到 20 世纪 80 年代邓小平提出要重视发挥高等教育科学研究功能，到 20 世纪 90 年代江泽民提出高等教育是科教兴国战略的"强大生力军"和"重要方面军"，到新世纪胡锦涛提出"高等教育是国家创新体系的重要组成部分"，都反映了高等教育服务社会、引领社会发展的强大功能。

高等教育在发挥社会职能、服务社会发展的同时，不能井底观天，应积极融入世界发展潮流。和平与发展仍然是当今时代的主题，也是人类共同的梦想。随着世界多极化、经济全球化、文化多样化、社会信息化的发展，各国高等教育的交流和融合将日趋紧密，高等教育国际化成为发展潮流和趋势。在此形势下，一个国家的高等教育不可避免地要主动迎接挑战，在国际化进程中整合社会职能，不断扩大交流合作。60 多年来，我国高等教育发展也经历了在不断满足社会发展的基础上融入世界发展潮流的过程。不久的未来，随着国际化进程的加快和"一带一路"倡议的推进，世界范围内的高校在"地球村"通过交流合作共同实现社会服务职能将成为现实。

（五）把探索改革与注重创新结合起来

高等教育的改革既是理论问题，也是实践问题。推进高等教育改革就是主动迎接国内外形势的挑战，摒弃不符合时代发展的体制机制，不断完善中国特色社会主义高等教育体系。"20 世纪 50 年代以来，中国的高等教育体制，是在集中统一的计划经济体制下形成与发展的。"② 这在特定历史时期起到了积极作用，但是随着国内外形势的发展，特别是在计划经济向市场经济体制转变过程之中，高等教育也要进行改革调整。中华人民共

---

① 潘懋元. 潘懋元论高等教育 [M]. 福州：福建教育出版社，2007:249.
② 潘懋元. 潘懋元论高等教育 [M]. 福州：福建教育出版社，2007:269.

和国成立以来，尤其是20世纪80年代以后，我国高等教育的改革探索就从未停止，并随着时代变化，结合时代主题不断推进，随着改革开放的深入而不断深化。当前，深化高等教育综合改革，推进世界一流大学和一流学科建设，推动高等教育内涵式发展，建设高等教育强国，办好人民满意的高等教育是高等教育改革的目标。

在改革中突出创新，把两者统一起来。中华人民共和国成立以来，高等教育的发展从不缺少创新，即使是在借鉴苏联发展模式的年代，也始终坚持立足具体国情的创新。不管是毛泽东、邓小平在高等教育发展中创新思想，还是江泽民提出的关于教育创新论述，以及胡锦涛提出的"不断提高质量是高等教育的生命线"等，都是对高等教育的创新。只有把高等教育改革和创新有机结合起来，在改革中注重创新，在创新中推进改革，才能让高等教育改革发展更显特色与活力。

二、马克思主义中国化理论指导下的高等教育改革发展启示

（一）高等教育改革发展要立足"本土化"文化

文化是一个复杂的概念，现代高等教育在中国的发展始于近代，是一颗来自西方的种子在中国几千年文化的土壤中生根、发芽、开花、结果的过程。尽管如此，中国古代也早已有太学、国子监等高等教育的萌芽形态。正如霍尔斯所言："教育作为抽象概念在本质上就是一种文化现象，每种教育制度都源于它得以生存的文化环境。"[①]毫无疑问，作为一种制度形态的高等教育，即便是一种舶来品，也不得不植根于本土文化，而对我国而言主要则是在中华大地上沉淀几千年的优秀传统文化。中华优秀传统文化中讲仁爱、重民本、守诚信、崇正义、尚和合、求大同的价值表达充分展现了中华民族的魅力，也反映了中国人民的国民性格。这种文化的传承与创新深刻影响着高等教育的改革发展。

在高等教育改革发展中，既要坚持马克思主义中国化理论的指导，更要立足于中华优秀传统文化。纵观60多年来高等教育的改革发展道路，我们强调意识形态，重视学习借鉴，深入探索创新，但从一个民族最深层次的文化角度审视、挖掘、探索高等教育改革是远远不够的，对中西方因文化差异所导致的教育观差异比较分析也是不足的。因此，在未来的高等教育改革中，必须更多地统筹考虑中华优秀传统文化因素。只有在高等教育改革中更精准地把握并运用一个民族的文化之"根"与"魂"，才能让作为文化现象的高等教育办出中国特色，体现民生需求。

（二）高等教育改革发展要扭转"同质化"倾向

"同质化"是改革的"拦路虎"。"同质化"源于长期以来高等教育改革发展中指导思

---

① 项贤明.比较教育学的文化逻辑[M].哈尔滨：黑龙江教育出版社，2000:30.

想与改革理念的高度统一，由此带来的高校之间在改革举措与追求目标上的大致趋同。高等教育的改革目标不是"千校一面"，也不是"狭隘盲目"地奔向世界一流，更不是各类层次高校都走扩招合并、规模求大、专业求全、目标趋同之路。在 60 多年高等教育改革发展中，尤其是高等教育进入大众化时期，"同质化"已经成为高等教育改革中典型的普遍现象，影响着高等教育改革的成效与进度，成为改革进程中亟须扭转的重点和难点问题。

与"同质化"相反的是"特色化""个性化""优质化"，即高等教育改革应在遵循相关法律和教育规律的基础上，注重高等教育改革的整体顶层设计，站在实现中国梦及整个国家教育体制改革的战略高度，避免就高等教育领域自身规划、推进综合改革的短浅思维；不同区域、层次高校应在坚持社会主义办学方向的前提下，在发展中精准定位，结合区域特点，运用治理思维，倡导百花齐放，突出办学特色，切实提高质量。

（三）高等教育改革发展应回应"民生化"诉求

在不同的历史时期，面临不同的历史条件和时代背景，高等教育改革重点也不同。从中华人民共和国成立之初的起步奠基，到改革开放之初的改革探索，再到 20 世纪末走向大众化，我国的高等教育改革发展在数量规模上基本满足了人民群众的需求，很多适龄青年实现"能上学"的梦想。但由此矛盾也集中转移到对高等教育质量的要求上来，集中体现为社会对高等教育发展的满意度、人们接受高等教育过程中的幸福度上。

为了适应人民群众对高等教育质量的要求，使高等教育改革实现满足国家、社会需要和个体、个性发展的均衡，高等教育改革应更加注重"民生"，确保高等教育改革目标的实现，促进个体全面发展，从而提高人民满意度。另外，在改革过程中应更多关注人民群众对高等教育普遍聚焦的诸如机会公平、资源公平等重点、难点问题，把这些问题作为改革的突破口和衡量改革成效的标尺，使改革成果落地生根，更加惠及人民群众。

高等教育综合改革面临新的机遇和挑战

"四个全面"战略布局关键在落实贯彻,用它来指导和引领政治、经济、文化、社会、生态等各个领域的发展。当前,我国的高等教育承担着更加繁重的人才培养、科学研究、服务经济社会发展、推进文化传承创新等重要任务,应坚持以"四个全面"战略布局为指导,把握机遇,迎接挑战,深化高等教育综合改革,走内涵式发展道路,不断提升办学质量。

第一节 "四个全面"战略布局是高等教育综合改革的战略指引

"四个全面"战略布局,不仅坚持了问题导向和科学思维,也充分展现了全局视野和战略眼光,是马克思主义中国化最新理论成果,也是立足中国实际、总结中国经验、针对中国难题、应对未来挑战的新思路,是坚持和发展中国特色社会主义道路、理论、制度的战略举措,也是实现中华民族伟大复兴的关键抉择。

一、"四个全面"战略布局是治国理政的新思路、新举措和新要求

"四个全面"战略布局的提出具有深刻的历史背景,其"集中回答了在建设中国特色社会主义道路上,应该建立一个什么样的国家治理体系,怎样治理国家这一根本问题"[①]。"四个全面"战略布局也是习近平站在历史和时代的高度,不断坚定中国自信,完善发展中国道路,推进优化中国模式,善于总结中国经验,为推进中国特色社会主义事业而作出的全新布局。[②]从我国国情来看,党的十八大报告明确指出,我国仍处于并将长期处于社会主义初级阶段的基本国情没有变,我国是世界最大发展中国家的国际地位没有变。在这一国情下,中国还面临着三个"前所未有",习近平指出,"我们前所未有地靠近世界舞

---

① 李君如.论"四个全面"战略布局——学习习近平总书记系列重要讲话体会之八十一[J].前线,2015(04):6.
② 许耀桐."四个全面":习式治国理政的重大战略布局[J].人民论坛,2015(05):53.

台中心，前所未有地接近实现中华民族伟大复兴的目标，前所未有地具有实现这个目标的能力和信心"。从经济社会发展来看，我国经济社会发展处于重要战略机遇期，经济发展进入新常态，正处在增长速度换挡期、结构调整阵痛期、前期刺激政策消化期"三期叠加"阶段。从所处国际环境来看，习近平在2014年11月出席中央外事工作会议时深刻指出："要充分估计国际格局发展演变的复杂性，更要看到世界多极化向前推进的态势不会改变。要充分估计世界经济调整的曲折性，更要看到经济全球化进程不会改变。要充分估计国际矛盾和斗争的尖锐性，更要看到和平与发展的时代主题不会改变。要充分估计国际秩序之争的长期性，更要看到国际体系变革方向不会改变。要充分估计我国周边环境中的不确定性，更要看到亚太地区总体繁荣稳定的态势不会改变。"①可见，"四个全面"战略布局的提出，不仅是从我国基本国情的现实出发，也是基于对国际形势的客观认识，更是为切实推进解决当前突出的矛盾和问题。

"四个全面"战略布局是在中国特色社会主义实践中逐步提出并形成的。2012年11月，习近平在党的十八大上提出了"全面建成小康社会"；2013年11月，在党的十八届三中全会上提出了"全面深化改革"；2014年10月，在党的十八届四中全会上提出了"全面推进依法治国"；2014年10月8日，在党的群众路线教育实践总结大会上，提出了"全面从严治党"。至此，"四个全面"已经基本具备，不过还没有连为一体，成为布局。②2014年11月16日，习近平在福建考察调研时提出了"三个全面"，即"协调推进全面建成小康社会、全面深化改革、全面推进依法治国进程"。2014年12月13日，习近平在江苏调研时增加了"全面从严治党"，提出"协调推进全面建成小康社会、全面深化改革、全面推进依法治国、全面从严治党，推动改革开放和社会主义现代化建设迈上新台阶"。至此，"四个全面"的概念正式形成，并且连为一个整体。2015年2月2日，习近平在省部级主要领导干部学习贯彻十八届四中全会精神全面推进依法治国专题研讨班开班式上的重要讲话中，更加明确地指出："党的十八大以来，党中央从坚持和发展中国特色社会主义全局出发，提出并形成了全面建成小康社会、全面深化改革、全面依法治国、全面从严治党的战略布局。这个战略布局，既有战略目标，也有战略举措，每一个'全面'都具有重大战略意义，全面建成小康社会是我们的战略目标，全面深化改革、全面依法治国、全面从严治党是三大战略举措，要把全面依法治国放在'四个全面'的战略布局中来把握，深刻认识全面依法治国同其他三个'全面'的关系，努力做到'四个全面'相辅相成、相互

---

① 习近平出席中央外事工作会议并发表重要讲话[EB/OL].[2016-06-11]. http://news.xinhuanet.com/2014-11/29/c_1113457723.htm.

② 秦正为."四个全面"：习近平治国理政的全新战略布局[J].青海社会科学，2015(04)：16.

促进、相得益彰。"在此,习近平不仅完整提出了"四个全面"的概念,而且论述了它们之间的关系。至此,"四个全面"的全新战略布局最终形成。

毫无疑问,"四个全面"战略布局对推进中国特色社会主义实践、实现中华民族伟大复兴具有重要的战略意义。"四个全面"战略布局"开拓了中国共产党治国理政的新视域、新境界,廓清了治国理政的全貌,阐发了治国理政的精义,抓住了治国理政的关键,拎起了治国理政的总纲,集中展现了我们党治国理政的新思路、新方略"[1]。其立足中国当代发展的现实需要,从坚持和发展中国特色社会主义大局出发,着眼突出问题和主要矛盾,将马克思主义与中国实际相结合并进行新探索和新发展,重视民生问题,关注人民福祉,既体现全面性又凸显系统性,既体现顶层设计又不失整体把握,"是我们党治国理政方略与时俱进的新创造,反映了中国特色社会主义发展规律的科学内涵,是对中国特色社会主义理论与实践的丰富和完善,是引领和发展中国特色社会主义的根本遵循"[2]。

二、"四个全面"战略布局指引高等教育综合改革的方向和道路

在高等教育发展中,对"改革"的呼声和践行从未停止。改革开放以来,尤其是1985年《中共中央关于教育体制改革的决定》的颁布,开启了我国高等教育改革的大门。1988年开始,国家教委先后在浙江大学、清华大学、南开大学等6所部属高校和西北大学进行综合改革试点。1991年4月,国家教委又把东南大学、南京大学确定为校内管理体制改革试点高校;1992年4月,该项改革试点扩大到清华大学、浙江大学等6所不同类型的高校,高等教育的综合改革逐步深入。这一时期的高等教育综合改革强调的是培养更多、更好的社会主义建设者和接班人,把综合改革当作一项全面、系统的工程,要注意改革措施的配套、协调,形成优化的运行机制,达到整体优化的效果,认为综合改革不只是学校内部的改革,也要注意争取外部条件,积极主动地"适应"和"服务"于社会发展。[3]

2012年11月,党的十八大报告提出要"深化教育领域的综合改革"的要求。2013年1月,教育部印发了《关于2013年深化教育领域综合改革的意见》,对深化教育领域综合改革的重要意义、总要求、突破口、推进机制等作出了具体部署。2013年11月,党的十八届三中全会通过了《中共中央关于全面深化改革若干重大问题的决定》,再次强调深化教育领域综合改革。从教育改革到高等教育综合改革,反映了对高等教育改革本

---

[1] 许耀桐."四个全面":习式治国理政的重大战略布局[J].人民论坛,2015(05):53.
[2] 张明."四个全面":中国特色社会主义的战略布局[J].中国井冈山干部学院学报,2015(02):13-17.
[3] 沈广斌.高校综合改革综述[J].江苏高教,1992(06):23.

质的深刻把握，也凸显了高等教育综合改革作为全面深化改革重要组成部分的意义，更体现了高等教育作为民生事业的深刻内涵。

30多年来，高等教育改革和发展大致经历了恢复调整、改革发展、深化改革等几个重要历程，国内不同学者对此作了翔实研究，大致阶段和情况如表2-1所示。

表2-1 改革开放以来中国高等教育改革和发展历史进程

观点代表者	改革发展的领域	阶段划分及其主题表述
周远清	高等教育改革与发展	1. 改革阶段（改革开放以后） 2. 大改革阶段（三大改革：开放、体制改革、教学改革）（1985年或1992年以后） 3. 大发展阶段（扩大规模、高水平大学建设）（1999年以后） 4. 大提高阶段（提高质量）（2007年以后）
应望江	高等教育领域改革	1. 恢复调整阶段（1978—1985年） 2. 全面改革阶段（1985—1993年） 3. 重点改革阶段（1993—1998年） 4. 深化改革阶段（1998年以后）
应望江	高校内部管理体制	1. 酝酿改革阶段（1978—1985年） 2. 探索改革阶段（1985—1993年） 3. 深化改革阶段（1993—1998年） 4. 突破重点阶段（1998—2008年）
杨泉明	高等教育改革发展	1. 恢复建设（党的十一届三中全会到1989年） 2. 改革发展（党的十三届四中全会到2002年） 3. 跨越提高（党的十六大至今）
王英杰、刘宝存等	中国高等教育理念的变革	1. 改革开放之初的高等教育理念（1978—1990年） 2. 高等教育理念的分化和多元化发展（1990—2000年） 3. 现代高等教育理念的逐步形成（2000年以后）
中国高等教育学会	高等教育管理体制改革	1. 恢复与调整（1977—1984年） 2. 改革思路的酝酿起步（1985—1992年） 3. 改革实践的积极探索（1993—1997年） 4. 改革目标的突破实现（1998—2000年） 5. 改革成果的巩固深化（2001年以后）

资料来源：周元宽. 改革开放以来中国高等教育变迁的主题变奏与时代特征[J]. 北京大学教育评论，2012（04）：53-56.

这些改革涉及高等教育的方方面面，例如教育理念、不同层次、管理体制、科研体制、师资建设、法制建设、招生制度、就业制度、社会服务、国际交流。从总体来看，高等教育改革的设计和路线是依据并适应具体历史时期的时代发展特征和需要展开的。但在这些改革进程中，不同具体时期呈现出以突出某一方面或某几方面的重点改革（如表2-2所示），改革的目标也凸显适应这一阶段经济社会发展的要求。

表 2-2　改革开放以来中国高等教育改革主要内容一览表

时间	文件、会议、讲话	主要内容
1985年	《中共中央关于教育体制改革的决定》	提出将我国高等教育建成科类齐全，层次、比例合理的体系，总规模达到与我国经济实力相当的水平
1993年	《中国教育改革和发展纲要》	"高等教育内涵发展"的提法正式为国家政策所认同，同一年启动了"211工程"
1999年	《面向21世纪教育振兴行动计划》	提出到2010年高等教育毛入学率达到15%，招生规模连年大幅增长。同一年，国家启动了"985工程"
2004年	《关于进一步加强和改进大学生思想政治教育的意见》	以理想信念教育为核心，以爱国主义教育为重点，以思想道德建设为基础，以大学生全面发展为目标，解放思想、实事求是、与时俱进，坚持以人为本，贴近实际、贴近生活、贴近学生，努力提高思想政治教育的针对性、实效性和吸引力、感染力，培养德智体美全面发展的社会主义合格建设者和可靠接班人
2010年	《国家中长期教育改革和发展规划纲要（2010—2020年）》	把提高质量作为教育改革发展的核心任务，注重教育内涵发展，鼓励学校办出特色、办出水平，出名师，育英才
2011年	《胡锦涛在庆祝清华大学建校100周年大会上的重要讲话》	要把提高质量作为最核心最紧迫的任务
2012年	《坚定不移沿着中国特色社会主义道路前进　为全面建成小康社会而奋斗——在中国共产党第十八次全国代表大会上的报告》	推动高等教育内涵式发展，努力办好人民满意的教育
2012年	《关于全面提高高等教育质量的若干意见》	大力提升人才培养水平，增强科学研究能力，服务经济社会发展，推进文化传承创新，全面提高高等教育质量
2013年	《关于2013年深化教育领域综合改革的意见》	全面落实教育规划纲要，以加快推进教育现代化、努力办好人民满意的教育为目标，以破解制约教育科学发展的关键领域和薄弱环节为突破口，以加快转变教育发展方式、完善推进教育改革的体制机制为着力点，深化教育领域综合改革
2013年	党的十八届三中全会	深化教育领域综合改革
2015年	《统筹推进世界一流大学和一流学科建设总体方案》	按照"四个全面"战略布局和党中央、国务院决策部署，坚持以中国特色、世界一流为核心，以立德树人为根本，以支撑创新驱动发展战略、服务经济社会发展为导向，坚持"以一流为目标、以学科为基础、以绩效为杠杆、以改革为动力"的基本原则，加快建成一批世界一流大学和一流学科

可见，高等教育综合改革并不是一个新课题，但其在不同历史时期侧重点不同，所承担的历史任务也各异。在任何形势下，高等教育的改革只有坚持正确理论的指导，并把改革置于一个国家经济社会发展的全局之中，才能保证改革的正确方向和道路，也才能使改革取得实质性进展。当前，如何在"四个全面"战略布局背景下推动深化综合改革，

不仅是改革取得实质性突破的关键,也是破解改革进入深水区、攻坚期难题的重点,更是办好人民满意高等教育的要求。

第二节 "四个全面"战略布局与高等教育综合改革的关系辨析

厘清"四个全面"战略布局与高等教育综合改革的关系是本书的基础。从表面上看,"四个全面"战略布局与高等教育综合改革似乎没有直接的联系。但事实并非如此,两者不仅存在着"千丝万缕"的联系,处理好两者的关系还将影响高等教育发展的方向,也将关系中国特色社会主义事业的大局。

一、理论层面的遵循与引领:高等教育综合改革始终贯彻"四个全面"战略布局

"四个全面"战略布局是马克思主义中国化的理论成果,也是治国理政的方略,既是科学理论又是行动指南。从理论的层面来看,既要善于用"四个全面"战略布局引领当前高等教育综合改革,又要在推进综合改革中积极主动贯彻、遵循"四个全面"战略布局的要求,用"四个全面"战略布局指导高等教育综合改革。

(一)"四个全面"战略布局作为科学理论引领高等教育综合改革

马克思说过:"理论在一个国家实现的程度,总是决定于理论满足这个国家需要的程度。"[①] "四个全面"战略布局的理论创新产生于中国特色社会主义伟大实践之中,又为不断推动中国特色社会主义实践发展、实现中华民族复兴服务。科学的理论应指引伟大的实践,而实践是包括高等教育事业在内的社会发展方方面面的整体。在中华人民共和国成立60多年来的高等教育改革发展中,其中一条宝贵的经验就是在不同的历史时期,党和政府审时度势,用在特定历史时期形成的马克思主义中国化理论成果来指导高等教育改革发展。毛泽东思想、邓小平理论、"三个代表"重要思想、科学发展观等科学理论都在不同阶段指导引领这一时期的高等教育改革发展理念,并持续发挥指导作用,形成了在各个不同时期具有鲜明时代特征的高等教育改革发展成就。

首先,"四个全面"战略布局引领高等教育综合改革理念。高等教育的改革未曾停止,但对综合改革的呼声和关注从未如此强烈。高等教育综合改革,既是对原有改革的深化,侧重改革方式的综合性、系统性、协同性,也是立足于中国特色社会主义事业"五位一体"总体布局下的改革,更是作为民生工程、关注个体发展的改革。在"四个全面"

---

① 马克思恩格斯选集:第1卷[M].北京:人民出版社,1995:11.

战略布局的引领下，高等教育综合改革要抓住质量这根生命线，推进高等教育在理念、机制、方式等方面的改革创新，加快建设高等教育强国，从而为创新型国家提供智力支持和人才支持。其次，"四个全面"战略布局引领高等教育综合改革方向。当前，高等教育综合改革如何站在更高更广的视野，综合分析国内外复杂形势，总结高等教育发展的成就与经验，精准剖析高等教育发展中存在的不足与原因，在遵循教育规律的基础上，围绕"四个全面"战略布局进一步强化顶层设计、突出整体规划、围绕重点难点、探索形式创新、注重提升内涵，充分发挥高等教育人才培养、科学研究、社会服务、文化传承创新的社会职能。通过深化综合改革，推进"双一流"建设，提升教育质量，实现教育公平，办好人民满意的高等教育，到21世纪中叶建成高等教育强国。最后，"四个全面"战略布局引领高等教育综合改革实践。在新形势下，要充分认识高等教育综合改革与作为整体的"四个全面"战略布局的关系，也要正确处理好高等教育综合改革与全面建成小康社会、全面深化改革、全面依法治国、全面从严治党等"四个全面"之间的关系。在处理好关系的基础上，深化高等教育的体制机制改革，不断调整优化高等教育的结构，创新教育内容与方法，加强对高等教育的质量评估，加快高等教育国际化发展。

（二）高等教育综合改革主动贯彻"四个全面"战略布局科学理论

高等教育是学校教育系统中最高层次的教育。"它的主要任务是为国民经济和社会各部门培养专门人才，直接输送到社会主义现代化建设的各个领域从事专门性的工作，并起着骨干作用。"[①] 高等教育承担着重要的社会职能，我国的高等教育在发展过程中始终坚持以马克思主义理论为指导，生动阐释了马克思主义关于人的全面发展学说，为社会主义现代化建设服务。

高等教育综合改革主动遵循、贯彻"四个全面"战略布局科学理论，主要表现在各级教育部门治理教育、各高校的科学发展过程之中。一是如何加强宣传教育，让"四个全面"战略布局深入人心，并倡导尊重教育规律，把高等教育的综合改革统一到贯彻"四个全面"战略布局上来。二是按照"四个全面"战略布局要求，结合高校的具体实际，精准定位、适当调整高校发展的战略，立足历史，办出特色，如一所"985工程""211工程"高校和一所地方高职院校在贯彻"四个全面"战略布局中，所体现的定位和特色必然是有差别的。三是要把"四个全面"战略布局各项要求贯彻落实到高等教育综合改革全过程，从各级党委、政府各项政策的制定，到各高校人才培养、科学研究、社会服务、文化传承创新各个过程，都要深入贯彻"四个全面"战略布局的具体要求。

---

① 潘懋元.新编高等教育学[M].北京：北京师范大学出版社，2009:56.

二、实践层面的手段与目标：高等教育综合改革全力服务"四个全面"战略布局

从实践层面来看，高等教育综合改革是推进"四个全面"战略布局的重要手段，焦点在于高等教育综合改革如何服务于"四个全面"战略布局。

（一）高等教育综合改革服务全面建成小康社会

党的十八大报告提出了全面建成小康社会的目标，并从经济、政治、文化、社会、生态等五方面提出具体要求。高等教育综合改革服务全面建成小康社会主要体现在以下几个方面：一是通过综合改革，为全面建成小康社会培养更加"匹配"的高级专门人才，应根据全面建成小康社会的需要对人才培养的目标、规模、质量等作出适时调整。二是为全面建成小康社会提供自然科学、社会科学等研究服务。高等教育领域不仅拥有一支高学术水平的教师队伍，还具备开展科学研究的各种资料和设备仪器，通过科学研究形成科学成果并直接转化为社会生产力，服务于全面建成小康社会。三是为全面建成小康社会直接提供更高质的各类直接服务，例如通过培训、研讨、函授等立体化方式面向全社会提供各种培训以传播科学知识，通过联合攻关、成果转化、技术推广等全方位方式为全面建成小康社会服务，通过高校教师队伍参与到社会建筑、医疗、生活各个领域直接提供服务，并为社会发展提供政策咨询等。四是为全面建成小康社会提供文化传承与创新服务，党的十八大报告强调"文化软实力"建设，高等教育领域不仅是文化的创造者，每所高校都有独特的校园文化，通过在学术、艺术等方面的创作成为文化的创造者，并引领社会文化发展，同时也是文化传承者，是传承中华优秀传统文化、吸收外来先进文化的重要力量。可见，高等教育综合改革服务全面建成小康社会呈现全方位、立体化的特点。

（二）高等教育综合改革服务全面深化改革

党的十八届三中全会对全面深化改革作了部署和规划，涵盖15个领域、60项具体任务、330多项举措，围绕经济、政治、文化、社会、生态、党的建设等六个方面展开。在全面深化改革中，高等教育领域大有可为。一是高等教育发展是国家创新体系的重要组成，通过探索创新人才培养模式、完善知识创新体系、提升技术创新能力等自身改革直接为创新驱动战略做贡献。二是不同高校的相应学科可以通过教学、科研、研讨等活动为全面深化改革提供政策咨询和决策参考。三是高等教育通过人才培养改革，以满足社会需求和引领经济发展为导向，主动对接产业结构调整与升级，使人才培养不仅覆盖战略性新兴产业，也能符合全面深化改革的迫切需要。

（三）高等教育综合改革服务全面依法治国

全面依法治国是贯彻"四个全面"战略布局的法治保障。高等教育综合改革为依法

治国服务主要体现在：一是为全面依法治国输送大量更专业的法治人才，成为法治工作队伍的最重要来源，在国家法律体系建设、司法建设、法治政府建设、法治社会建设等领域发挥重要作用。二是通过加强对全体大学生的法治教育，增强大学生法治意识，推动社会主义法治文化建设，为培养服务社会主义现代化建设高素质人才奠定基础。三是为推进法治领域改革提供智力支撑，通过加强法律体系研究，为立法提供决策参考等。

（四）高等教育综合改革服务全面从严治党

全面从严治党是"四个全面"战略布局的关键一环，也是组织保障。高等教育综合改革中落实好从严治党是服务全面从严治党的前提。主要体现在：一是要把好大学生党员入口关。高校是党的建设的重要阵地，也是发展党员的重要渠道，大学生党员是大学生群体中的精英和榜样，在未来的职业生涯中将成为各个行业的骨干，提升大学生党员发展质量意义重大。二是通过党的建设等专业培养研究生、本科生等各类专业人才，为开展从严治党理论建设培养研究人才，也为推进从严治党实践输送专门人才。

三、结构层面的局部与整体：高等教育综合改革更好融入"四个全面"战略布局

从空间层面来看，"四个全面"战略布局是整体、全局、统领、"龙头"，而包括高等教育在内的政治、经济、文化、社会、生态各个领域则是局部、部分。高等教育综合改革不仅是民生工程，改革成效也是衡量全面建成小康社会的重要指标。唯物主义辩证法深刻揭示了任何一个事物都是由分散的各个局部构成，并形成一个有机联系的整体。在处理整体和局部的关系时，应把握好整体高于局部，清醒认识到整体的性能状态会影响到局部的性能状态，而局部也离不开整体，会制约着整体的发展，甚至可能在一定条件下决定整体的性能状态。总之，整体起着统率和主导的作用，二者不可分割，相互影响，相互作用。

（一）"四个全面"战略布局是包含高等教育综合改革的整体

"四个全面"战略布局既是科学理论，也是行动指南。一方面，"四个全面"战略布局本身是一个有机整体。全面建成小康社会是这个整体的总目标，全面深化改革、全面依法治国、全面从严治党是手段和举措，总目标与举措互相促进，互相作用。同时，用"全面"二字作为修饰也凸显整体性、全局性和系统性。

另一方面，相对政治、经济、文化、社会、生态等某一侧面，"四个全面"战略布局是整体，也是全局。这个整体和全局包含高等教育这个重要组成部分。从古希腊时期的高等教育萌芽，到中世纪的大学，再到近现代大学，纵观国内外高等教育的改革发展，不难发现高等教育正逐步成为社会发展的中心。高等教育作为"四个全面"战略布局的组成，

不仅体现在全面建成小康社会包含高等教育领域的全面建成小康、全面深化改革包含深化高等教育综合改革、全面依法治国包含高等教育领域如何推进依法治教和依法治校、全面从严治党包含高等教育领域如何加强和改进党的建设等内容上，更体现在高等教育综合改革如何落实"四个全面"战略布局也是一个"小整体"，并包含在"四个全面"战略布局"大整体"之中。

（二）高等教育综合改革是融入"四个全面"战略布局的局部

对于社会这个整体来说，高等教育作为一个局部，是通过教育实践活动，对青年一代传授价值观念、专业知识、综合能力来发挥作用。而高等教育综合改革作为"四个全面"战略布局的局部，在发展过程中要融入"四个全面"战略布局。融入集中体现在要摆正高等教育综合改革在全局中的位置，不仅体现在形式上融入，更要凸显在内容上的耦合，既要杜绝简单机械的表面融入，更要追求内在机制的深度交融。

在全面建成小康社会中，高等教育领域不仅需要通过深化综合改革实现自身"全面建成小康"的标准，更重要的是服务于整体的全面建成小康社会。高等教育要通过综合改革，适应经济社会发展要求，为全面建成小康社会提供更高质量的人才支持、更高水平的智力支撑及更全面高效的社会服务。在全面深化改革中，全面深化高等教育综合改革不仅要遵循全面深化改革的总体部署和要求，还要突出自身领域特点，通过深化改革提高教育质量，进而服务于改革全局。在全面依法治国中，依法治校是依法治国在高等教育领域的集中体现：一方面要遵守宪法和相关法律法规要求，完善高等教育领域的法制，全面推进依法治教、依法治校，致力于建设现代大学制度；另一方面还要从加快法治人才培养改革、推进法治研究、当好"参谋"等服务于全面依法治国。在全面从严治党方面，全面推进高等教育党的建设工作有两个重点：一是高校如何坚持完善党委领导下的校长负责制，这决定了社会主义办学方向和培养什么样的人才问题；二是高校担负着培养和发展大学生党员的重要任务，这个特殊而重要的群体将分布在未来社会发展中的各个领域，并发挥重要作用。这两个重点也决定了其融入全面从严治党的重要性。

（三）"四个全面"战略布局和高等教育综合改革相互作用

在处理"四个全面"战略布局和高等教育综合改革关系时，既要树立全局观念，从把握"四个全面"战略布局着眼，认真推进"四个全面"战略布局在社会发展各个领域的贯彻落实，早日实现"两个一百年"奋斗目标和中华民族伟大复兴的中国梦；还要注意搞好局部，通过社会各个领域的全面发展使"四个全面"战略布局整体正向功能得到最好发挥。高等教育是培养高级专门人才的社会活动，其产生、发展和壮大是社会发展的需要，表现出极强的社会性。我国的高等教育经历了60多年的发展，在教育规模、质量、结构、效益等方面取得了巨大成就，但也存在一系列问题。高等教育综合改革应围绕"四个全面"战略布局的要求，通过发现问题、分析原因，不断改革、创新，提升质量。高等教育发展得越好，越有利于推进"四个全面"战略布局的贯彻落实。

第三节 "四个全面"战略布局下高等教育综合改革的机遇和挑战

"四个全面"战略布局的提出，为经济和社会发展注入新的活力，也给高等教育综合改革带来了新的机遇和挑战。"四个全面"战略布局不仅是高等教育综合改革的思想指引，也是当前高等教育综合改革的行动指南，为促进高等教育综合改革提供了有利契机。同时，"四个全面"战略布局下高等教育综合改革也面临一些严峻挑战，在现实中如何应对这些挑战将直接影响高等教育改革发展的质效，进而影响"四个全面"战略布局的贯彻落实。

一、"四个全面"战略布局下高等教育综合改革的机遇

（一）"四个全面"战略布局有利于加快高等教育综合改革速度

深化高等教育综合改革是我国高等教育在新形势下的必然要求和重要举措，是高等教育大国走向高等教育强国的必经之路，也是世界高等教育发展的普遍经验。党的十八大报告提出要努力办好人民满意的教育，深化教育领域综合改革，推动高等教育内涵式发展。党的十八届三中全会把深化教育领域综合改革作为全面深化改革的重要内容，要求创新高校人才培养机制，促进高校办出特色、争创一流。近年来，教育部直属高校工作咨询委员会均把推进高等教育综合改革作为主题，教育部把推进高等教育综合改革作为高等教育发展的重中之重，体现在每年的工作要点之中。当前，"四个全面"战略布局在引领高等教育发展中，也为高等教育综合改革带来了新的动力和契机。"四个全面"战略布局要求高等教育在深化综合改革的基础上要努力实现"全面"，把综合改革置于当前国内外发展的总态势、大背景下，围绕全面建成小康社会这个总目标，从站在实现好、维护好、发展好最广大人民利益诉求的基础上，解决好高等教育面临的矛盾和问题，促进高等教育公平，推动高等教育内涵式发展。

（二）"四个全面"战略布局有利于促进高等教育综合改革创新

在高等教育综合改革中要取得实质性突破，要立足协同，更要注重创新。在"四个全面"战略布局大背景下，高等教育综合改革要按照党中央、国务院的决策部署，增强使

命感和责任感，充分认识到高等教育综合改革的核心是全面提升创新能力，走内涵式发展道路，为实施创新驱动发展战略和建设创新型国家贡献力量。高等教育作为国家创新体系的重要组成部分，提升创新能力也是内涵式发展的重要体现，更是高等教育强国的重要标志。在贯彻"四个全面"战略布局中，高等教育将在自身融入全面建成小康社会、全面深化改革、全面依法治国、全面从严治党的过程中不断激发内在动力，也将在为服务全面建成小康社会、全面深化改革、全面依法治校、全面从严治党中强化外在动力。在这一过程中，高等教育综合改革立足国家发展和战略需求，增强使命感和责任感，加强高等教育与社会经济的联系和融合，探索创新人才培养模式，调整学科和专业结构，推进创新创业创意教育，主动适应高等教育国际化浪潮，引领科学技术发展和社会经济发展，不断提高高等教育的创新能力。

（三）"四个全面"战略布局有利于提升高等教育综合改革质效

高等教育承担着的人才培养、科学研究、社会服务和文化传承创新四大社会职能逐渐为社会所认可。高等教育的社会功能将随着社会发展以及社会发展对高等教育的需求增量而不断拓展，例如文化传承创新功能是在进入21世纪以后才被人们广为认可。高等教育综合改革的质效集中体现在社会职能的发挥之中。在贯彻"四个全面"战略布局中，将进一步发挥和拓展高等教育的社会职能。例如，"四个全面"战略布局对高等教育人才培养职能的要求将更具针对性和专业性，促进专业结构调整、人才培养模式创新、人才培养质量提升在高等教育发展中更加得到重视，尤其是加快培养一批在节能环保、新一代信息技术、生物、高端装备制造、新能源、新材料和新能源汽车等战略性新兴产业的高级专门人才，适应"四个全面"战略布局发展需要。"四个全面"战略布局对高等教育科学研究职能的要求将更具高端性和创新性，促进高等教育人才培养和科学研究更好融合，创造自然科学领域世界一流水平尖端技术，也让社会科学紧密围绕研究破解"四个全面"战略布局中的突出问题。"四个全面"战略布局对高等教育社会服务职能的要求将更具全面性和系统性，有利于促进高等教育在综合改革中调适与社会发展的契合度，增强与社会发展的耦合度，提升服务社会发展的自觉性。"四个全面"战略布局对高等教育文化传承创新职能的要求将更具凸显性和重要性，不仅为高等学校校园文化建设提供了契机和载体，也为高等教育在服务文化产业、推进文化创作、扩展文化辐射、发挥文化引领等方面提供了更广阔的空间。

（四）"四个全面"战略布局有利于推动高等教育理论创新发展

高等教育理论研究主要是通过对学科建设、教育改革、教学理论、教学改革等的探讨来促进高等教育发展。在我国，对高等教育理论的研究起步较晚，和世界先进水平还有差距。高等教育研究具有描述、解释、预测、批判、创新等功能。①在贯彻推动"四个全面"战略布局中,也为加强高等教育研究提供了有利契机。首先,高等教育理论研究既要遵循教育基本规律,也要始终坚持以马克思主义中国化理论为指导,当前尤其是要以"四个全面"战略布局为指导,开展改革发展过程中重点难点研究工作。其次,在实现中国梦的进程中,随着高等教育在经济社会发展中发挥越来越重要的作用,高等教育越走向社会发展中心,对其的研究也将越来越重视。再次,随着高等教育贯彻、融入、服务全面建成小康社会、全面深化改革、全面依法治国、全面从严治党越来越深入,也要求把高等教育置于"四个全面"战略布局下进行研究,用理论研究指导实际工作,充分发挥高等教育在"四个全面"战略布局中的作用。

(五)"四个全面"战略布局有利于党对高等教育综合改革的领导

中华人民共和国成立以来,党和国家对高等教育领域党的建设工作始终高度重视。近年来,高校党的建设受到世界多极化、经济全球化、文化多元化以及社会信息化等的影响,面临着各种不利因素的挑战。为此,习近平在2014年12月召开的第二十三次全国高等学校党的建设工作会议上强调:"加强党对高校的领导,加强和改进高校党的建设,牢牢把握高校意识形态工作领导权,是办好中国特色社会主义大学的根本保证。"②在贯彻落实"四个全面"战略布局中,加强和改进高校党的建设也迎来了新的契机。"四个全面"战略布局中的全面从严治党包括了对高校党的建设工作的具体要求,高校在落实全面建成小康社会、全面深化改革、全面依法治国中并不是孤立地推进某一项工作,而是在推进这些工作的同时落实党要管党、从严治党。

二、"四个全面"战略布局下高等教育综合改革的挑战

(一)高等教育综合改革面临能否适应服务全局性的挑战

"四个全面"战略布局作为一个整体战略,充分体现全局性,关系到"两个一百年"奋斗目标和中国梦的实现。当前,各行业、各领域都把贯彻落实"四个全面"战略布局作为一项重要的政治任务,在推进学习入脑的同时,与自身实际工作紧密结合起来,用"四个全面"战略布局指导各项工作的开展。高等教育相比其他行业和领域来说具有特殊性,高等教育综合改革能否积极主动,尽快适应,贯彻、融入、服务"四个全面"战略布局是对自身的极大挑战。一方面,各教育主管部门、高校如何统一思想、深刻领悟,使"四个

---

① 潘懋元. 新编高等教育学[M]. 北京:北京师范大学出版社,2009:549-551.
② 习近平就高校党建工作作出重要指示 强调坚持立德树人思想引领 加强改进高校党建工作[EB/OL]. [2016-03-20]. http://www.moe.gov.cn/jyb_sjzl/moe_177/tnull_2486.html.

全面"战略布局在部门、全校上下入心入脑是一个挑战。各高校应系统部署学习"四个全面"战略布局精神，让全体教职员工深刻领会"四个全面"战略布局的提出背景、科学内涵、内在逻辑、哲学基础、现实根据、实践指向、价值依归等，真正入脑内化，在全校形成共识。另一方面，各教育主管部门、高校如何主动融入服务"四个全面"战略布局这个整体是另一个挑战。各高校应根据自身定位，发挥自身优势，从学校战略发展、人才培养、科学研究、社会服务等方面进行调整、挖掘、提升，通过在高校发展中强化顶层设计、注重全面推进以适应全局性的要求和挑战。

（二）高等教育综合改革面临能否抓住战略机遇期的挑战

"四个全面"战略布局将为中国的发展带来一个新的机遇期。2014年5月，习近平在考察河南时指出："中国发展仍处于重要战略机遇期，我们要增强信心，从当前中国经济发展的阶段性特征出发，适应新常态，保持战略上的平常心态。"[①] 新常态下的中国经济正处于增长速度换挡期、结构调整阵痛期和前期刺激政策消化期"三期叠加"的状态。能否适应并抓住这个重要战略机遇期，也是当前高等教育综合改革面临的巨大挑战。一方面，经济新常态下"三期叠加"状态将影响社会生活的各个领域，包括影响高等教育综合改革，因此要抓住这个战略机遇期，通过主动调整发展定位、人才培养、社会服务等举措积极适应新常态发展，更好地服务经济新常态，才能真正融入"四个全面"战略布局之中。其次，高等教育自身要通过综合改革在战略机遇期实现跨越式发展，必须树立整体思维，在服务全面建成小康社会、全面深化改革、全面依法治校、全面从严治党中，把这四个方面作为一个整体推进，不断提高质量，办出特色，切实走内涵式发展道路。

（三）高等教育综合改革面临能否突破改革深水区的挑战

"改革开放是决定当代中国命运的关键一招。"全面深化改革是一场伟大的革命，是实现全面建成小康社会目标的战略举措，不管是在改革的方向目标上，还是在把握改革的规律中，以及在创新改革方法上，都为中国特色社会主义事业带来强大动力。中华人民共和国成立以来的高等教育发展成就是巨大的，也是主要的，但在发展的过程中不可避免地产生一些诸如协调、公平、质量等问题，同时在面临国内外发展新形势下也要迎接一些新的挑战。高等教育综合改革不能回头，迫在眉睫，必须随着社会发展而发展，也必须随着社会改革而改革，保持与社会发展相适应，从而不断促进自身发展，服务社会。在当前高等教育全面深化综合改革中，面临的一个重要挑战就是如何完善科学顶层设计、协同推进、调整利益来突破改革深水区、攻坚期难题，冲破思想观念束缚，破解深层次矛

---

① 深化改革 发挥优势 创新思路 统筹兼顾 确保经济持续健康发展社会和谐稳定[N].人民日报,2014-05-11.

盾和问题，突破利益固化藩篱，提升高等教育质量，推进高等教育公平，全力保障民生，服务融入"四个全面"战略布局。在贯彻"四个全面"战略布局中，高等教育尤其在考试招生、课程内容、培养途径等人才培养方面，在办学环境、办学自主权、对外开放等办学体制方面，在教育统筹、教育督导、评价机制、治理结构等管理体制方面，在教师管理、投入保障、信息化等保障机制方面，要切实推进深化综合改革，统筹兼顾，形成合力，努力突破改革深水区的挑战和障碍。

（四）高等教育综合改革面临能否实现"双一流"目标的挑战

2015年11月，国务院印发《统筹推进世界一流大学和一流学科建设总体方案》，提出按照"四个全面"战略布局和党中央、国务院决策部署，坚持以中国特色、世界一流为核心，以立德树人为根本，以支撑创新驱动发展战略、服务经济社会发展为导向，坚持"以一流为目标、以学科为基础、以绩效为杠杆、以改革为动力"的基本原则，加快建成一批世界一流大学和一流学科。实现"双一流"既是"四个全面"战略布局对高等教育的要求，更是建设高等教育强国的必经之路。在贯彻"四个全面"战略布局中，高等教育综合改革能否顺利实现这一目标主要面临以下几个挑战：一是能否把办学理念转变到提升质量上来，这是观念的革命，也是由高等教育大国向强国转变的关键，更是高等教育应对大众化、国际化的重要举措；二是能否围绕人才培养这个中心，坚持以人为本，避开改革中同质发展错位、片面追求科研、体制机制落后、偏离人才培养中心等不良趋向，回到人才培养这个根本任务上来；三是能否构建起中国特色的现代大学制度，通过理顺调整高校与政府、高校与社会、高校内部结构等各方关系，找准大学与社会的边界，主动适应、服务"四个全面"战略布局；四是能否突出办学特色，提升核心竞争力，各高校如何在发展过程中根据历史、定位、区位、资源等不同因素办出不同特色，服务于"四个全面"战略布局；五是能否凸显文化传承与创新的作用，在文化软实力建设方面发挥重要作用；六是能否主动适应国际化潮流带来的各种挑战。

（五）高等教育综合改革面临能否提升人民满意度的挑战

党的十八大提出，努力办好人民满意的教育，这也是全面建成小康社会的重要指标。"四个全面"战略布局彰显立党为公、执政为民的价值理念，其价值依归是最广大人民的根本利益，而办好人民满意的高等教育是民生的重要体现。办好人民满意的高等教育有三个重要的衡量维度——公平、质量、就业。一是如何在全面建成小康社会中实现高等教育的公平公正，涉及入学机会、招生考试、培养过程等各个环节，重点实现从"上得起学"到"上好学"的质的提升；二是如何在全面深化改革中提升质量，尤其是人才培养质量，让用人单位、家长、大学生满意，同时消除社会对高等教育领域的不同声音，不断增强社会对高等教育发展的信心;三是如何站在促进民生的角度推进毕业生就业,前提是如何保证充分就业,在此基础上促进高质量就业,这是重大的民生工程,关系到每个大学生家庭的切身利益。在高等教育综合改革中推进"四个全面"战略布局,提升人民满意度不仅是价值依归,也是重要的衡量尺度。

高等教育综合改革的顶层设计

一个国家高等教育的发展，不仅受到政治、经济、文化等因素的制约，同时也对政治、经济、文化等发展起作用。当前，在高等教育综合改革中，如何贯彻"四个全面"战略布局，要明确贯彻"四个全面"战略布局的内容、所要达到的目标以及在这一过程中应该遵循的基本原则。

第一节 "四个全面"战略布局下高等教育综合改革的内容

在高等教育综合改革中贯彻"四个全面"战略布局，首先要明确"贯彻什么、如何融入、怎么服务"，也就是贯彻、融入、服务的具体内涵。只有在目标明确的基础上，清晰定位具体内容，才能取得良好效果。

把握在高等教育综合改革中贯彻"四个全面"战略布局内涵，应建立在对"四个全面"战略布局全面、科学、系统的理解之上。"四个全面"战略布局，"既是重大战略思想，又是重大战略布局，涵盖治国理政、管党治党的各个方面和环节，体现了目标和举措的内在统一、内容与手段的内在统一、当前与长远的内在统一，构成了一个有机整体"[①]。高等教育综合改革应该在"四个全面"战略布局的指导下，按照系统性要求，形成与"四个全面"战略布局相对应的内容体系。

这一内容体系主要包含三层含义：一是在高等教育综合改革中如何贯彻"四个全面"战略布局，促进自身发展；二是在高等教育综合改革中如何服务"四个全面"战略布局，发挥服务职能；三是在高等教育综合改革中如何更好地融入"四个全面"战略布局，统一于实现中国梦进程中。

---

① 罗志军."四个全面"战略布局研究丛书·总论[M].南京：江苏人民出版社，2015:14.

一、在高等教育综合改革中服务全面建成小康社会

全面建成小康社会突出"全面",包含了经济持续健康发展、人民民主不断扩大、文化软实力显著增强、人民生活水平全面提高、资源节约型环境友好型社会建设取得重大进展等全方位的内容,落脚点在于广大人民,充分体现以人为本理念,着眼于"五位一体"的发展目标,关键在于人民幸福,反映了人民对美好生活的向往。

把高等教育置于全面建成小康社会之中,首先面临的是自身如何通过综合改革实现全面建成小康的问题,包含以下方面:加强高等教育发展投入,加快高等教育内涵式发展,教职员工生活水平全面提高,学生幸福感和满意度全面提升,基础设施建设更加完善,文化传承与创新能力显著增强,高等教育质量全面提升等等。

高等教育综合改革中更重要的是要体现如何服务全面建成小康社会。主要包括以下内容:一是要围绕全面建成小康社会的需要,更好地贯彻党的教育方针,把全面提升人才培养质量作为攻坚方向,更好地促进经济持续健康发展,改善民生福祉;二是提升以创新能力为核心的科学研究能力,服务国家创新驱动发展战略;三是为全面建成小康社会提供更有针对性的知识传播、科技创新、智力支持、文化传承创新、直接社会服务等,作为提升国家文化软实力、人民生活水平、资源节约型环境友好型社会建设中的重要助推器;四是在国家文化软实力建设中,尤其是中华优秀传统文化传承与创新中发挥中心作用,繁荣人民精神家园,引领社会文化发展。

二、在全面深化改革大背景下深化高等教育综合改革

深化高等教育综合改革是当前高等教育改革的方向和共识。在贯彻"四个全面"战略布局中,特别是在全面深化改革的全局中,深化高等教育综合改革的内容主要有以下三个方面。

一是在全面深化改革大背景下推进高等教育综合改革,在改革的方向目标、规律把握和方法运用上要有新的认识和高度,加强顶层设计,突出综合改革目标的明确性、内容的全面性、方式的系统性、推进的协调性、成效的综合性,提升治理体系和治理能力现代化水平,建立中国特色现代大学制度。

二是把优先解决师生关心的突出问题摆在突出位置,抓住发展理念、教育公平、办学特色、制度结构、教学方法、人才培养、招生就业等关键环节,统筹推进,协同创新,提高教育质量,办好人民满意的高等教育。

三是从单项改革转变为综合改革、从表层改革转变为深层改革,履行强校建设使命,

当好教育领域改革排头兵和示范者,致力于建设中国特色社会主义高等教育强国的目标,为全面深化改革大局和实现中国梦作出更大贡献。

三、在高等教育综合改革中贯彻全面依法治国

在高等教育综合改革中落实全面依法治国,核心是解决法治保障问题。要从推进高等教育治理体系和治理能力现代化的内在需求出发,全面系统推进依法治教和依法治校,致力于建立中国特色社会主义现代大学制度。具体包括:

一是通过加快章程建设,健全依法办学、自主管理的制度体系;二是完善治理结构,健全科学决策、民主管理机制;三是依法办学,以人为本,营造自由、平等、公正、法治的育人环境;四是加强法制教育,建设浓厚的校园法治文化;五是按照全面依法治国要求,推进法治人才培养改革;六是构建起科学化、规范化、人性化的现代大学制度体系,建设有特色、现代化、高水平的不同层次高校。

四、在高等教育综合改革中落实全面从严治党

"加强党对高校的领导,加强和改进高校党的建设,是办好中国特色社会主义大学的根本保证。"[①]在高等教育综合改革中落实从严治党,本质上解决的是综合改革过程中的组织保障问题。高等教育领域贯彻从严治党,要立足"全面",重在"从严",关键在"治"。

一是立足"全面",即对象应覆盖教育主管部门、高等学校教职员工、学生等各个部门和群体的全体党员,做到思想建设、组织建设、作风建设、反腐倡廉建设和制度建设等全覆盖,还要从教育主管部门党组织、高等学校党委及基层党组织各个不同主体实现全覆盖,在教学、科研、学习、生活、工作等环节中实现全覆盖。

二是重在"从严",要确保和强化党组织在高等教育领域的领导作用;要把"从严"落实到高等教育发展各个环节,尤其突出如何从严要求党员、从严发展党员、从严规范党员;要从严把好思想、组织、作风、廉洁、制度关,从严落实管党治党的责任,从严拧紧思想建设"总开关",从严管理要求干部,严肃党内政治生活,从严强化作风建设,从严开展反腐斗争,全方位加强制度建设。

三是关键在"治",高等教育发展从严治党必须坚持把抓好党建作为最大的政绩。首先强调管治结合、突出治党。其次强调双向展开、落实主体。再次强调对症下药,治出成效。

---

① 董洪亮.坚持立德树人思想引领 加强改进高校党建工作[N].人民日报,2014-12-30.

第二节 "四个全面"战略布局下高等教育
综合改革的特征和目标

相比"四个全面"战略布局全局所呈现出来的特征,以及在社会其他领域发展过程中呈现的不同特点,高等教育发展贯彻"四个全面"战略布局具有其特征和目标体系。

一、"四个全面"战略布局下高等教育综合改革的特征

高等教育萌芽和产生以来,就随着社会的发展而不断发展,并在发展过程中主动适应社会发展需求,不断拓展其社会职能,从而进一步促进社会发展。在高等教育综合改革中贯彻"四个全面"战略布局,从每一个"全面"来看并不是新生事物,也不是高等教育的衍生功能。但在"四个全面"战略布局背景下,在服务实现中国梦的进程中,其作为一个整体具有几个突出的特征。

(一)战略指导性

"四个全面"战略布局是当前高等教育综合改革的指导思想,体现了战略思维和战略布局的统一。在高等教育综合改革中贯彻"四个全面"战略布局也具有战略性特点。所谓战略性,就是指其具有指导当前高等教育综合改革全局的作用。近年来,高等教育综合改革不断深化,但在"四个全面"战略布局背景下,不仅仅是在综合改革前面冠以"全面"二字,更关键的是使综合改革在方式上更加综合,在内容上更加深刻,并凸显"四个全面"战略布局在高等教育综合改革中的战略指导作用。战略性体现在以下几点:一是目标的战略指导性,明确提出了中国特色高等教育发展的阶段目标和长远目标的统一。阶段目标是通过综合改革更好地服务全面建成小康社会,长远目标是通过综合改革到21世纪中叶建成高等教育强国,更好地服务于中国梦的实现。二是举措的战略指导性,全面深化高等教育综合改革、全面依法治教、全面从严治党是高等教育发展问题意识和问题导向的要求,每项举措都体现高等教育发展中的历史、现实和未来的统一,是指导某一方面发展的重要遵循。三是整体的战略指导性,从深化高等教育综合改革到贯彻落实"四个全面"战略布局,充分体现了高等教育改革发展的重要性和整体性,作为一个系统工程,需要全社会协同创新、共同推进,并用高等教育的发展成果促进社会发展。

(二)全面系统性

"作为一个系统性的理论形态,'四个全面'理论体系的逻辑结构由一个目标系统、三

个支撑系统所组成。"①在高等教育综合改革中贯彻"四个全面"战略布局呈现出两个层面的全面系统性。一是在高等教育综合改革中如何贯彻"四个全面"战略布局作为大系统,体现了目标和举措、目标和重点的统一。四个要素共同构成一个有机整体,在高等教育综合改革中缺一不可,互相配合,互相促进。在实际工作中切忌片面突出某一方面,或者忽略某一方面,否则都会引起这个系统的失调与偏向,从而影响综合改革成效,进而影响其功能发挥。二是在高等教育综合改革中贯彻"四个全面"战略布局的每个"全面"作为一个小系统,都是由很多要素组成的、相对独立的复杂整体。在服务全面建成小康社会中,服务内容、方式、机制等构成一个有机整体;在如何贯彻全面深化改革中,高等教育综合改革的目标和方向、内容和维度、重点和难点等也构成了一个有机整体;在推进全面依法治教中,高等教育的制度体系、治理结构、育人环境、法治文化等也形成一个有机整体;在全面从严治党中,强化思想引领、党委领导下的校长负责制、党的建设各项工作等也是一个有机整体。可见,全面系统性既突出全面,更强调系统,落脚点是促进高等教育综合改革取得实效。

（三）示范引领性

高等教育综合改革在整个国家教育体系改革中具有"龙头"和"排头兵"的地位。2014年5月4日,习近平在北京大学师生座谈会上的讲话明确要求,"全国高等院校要走在教育改革前列,紧紧围绕立德树人的根本任务,加快构建充满活力、富有效率、更加开放、有利于学校科学发展的体制机制,当好教育改革排头兵"②。党的十八大报告明确指出,到2020年要"基本实现教育现代化",这也是全面建成小康社会的重要内容。教育现代化要走在国家发展的前面,是因为其具有基础性、先导性、全局性作用,而高等教育处于"龙头"和"排头兵"的地位作用尤为突出,具有极强的示范引领性。在高等教育综合改革中贯彻"四个全面"战略布局是其发挥基础、先导、全局作用示范性的集中体现。在这一过程中,不仅可以促进高等教育自身的发展和服务全面建成小康社会,也可以为教育体系中的学前教育、初等教育、中等教育、成人教育等领域提供示范,甚至可以为社会其他领域发展提供示范。这种示范引领性集中体现在符合自身定位的目标确立、实事求是的举措运用以及全面协调的整体推进之中。

---

① 罗志军."四个全面"战略布局研究丛书·总论[M].南京：江苏人民出版社,2015:70.
② 青年要自觉践行社会主义核心价值观：在北京大学师生座谈会上的讲话[EB/OL].[2017-10-15].http://www.zgdsw.org.cn/n/2014/0505/c218988-2497.

二、"四个全面"战略布局下高等教育综合改革的目标

"四个全面"战略布局下高等教育综合改革既有总目标也有子目标,总目标中既有长远目标也有阶段性目标,各个目标构成了一个完整的目标体系。

(一)"四个全面"战略布局下高等教育综合改革的总目标

在"四个全面"战略布局下推进高等教育综合改革的总目标由阶段目标和长远目标构成。在高等教育综合改革中贯彻、服务、融入"四个全面"战略布局,紧密围绕全面建成小康社会、全面深化改革、全面依法治国、全面从严治党,不断提高教育质量,统筹推进世界一流大学和一流学科建设,致力于办好人民满意的高等教育。到2020年基本实现高等教育现代化的阶段目标,全方位提升服务全面建成小康社会的能力;到21世纪中叶实现建设高等教育强国的长远目标,为中华民族伟大复兴的中国梦作出贡献。

(二)"四个全面"战略布局下高等教育综合改革的子目标

1. 高等教育综合改革服务全面建成小康社会的目标

这一目标是全面建成小康社会内涵与高等教育社会职能耦合的产物。具体包含:

一是通过综合改革进一步发挥高等教育人才培养、科学研究、社会服务的职能,促进经济在新常态下可持续发展,重点提高创新服务能力,促进创新型国家建设,提升服务工业化、信息化、城镇化、农业现代化和区域协调发展的能力。

二是通过综合改革进一步发挥高等教育人才培养、科学研究、社会服务的职能,促进人民生活水平全面提高。重点是为基本公共服务均等化、收入分配改革、社会保障、住房保障等提供决策咨询;提高创新人才培养水平,为进入人才强国和人力资源强国行列贡献力量;推进高等教育领域教育公平,促进教育现代化基本实现;促进高校毕业生就业更加充分。

三是通过综合改革进一步发挥高等教育人才培养、科学研究、社会服务的职能,促进资源节约型、环境友好型社会建设。重点是培养大批适应战略性新兴产业发展需要的高级专门人才,结合专业优势开展主体功能区布局、资源循环利用体系研究,服务增强生态系统稳定性和人居环境明显改善。

四是通过综合改革进一步发挥高等教育人才培养、科学研究、社会服务的职能,促进人民民主不断扩大。重点是培养一批高级专门法律人才,为民主制度、法律制度、法治政府、司法公信力、人权等发展提供人才支持和智力支撑。

五是通过综合改革进一步发挥高等教育文化传承与创新职能,提升国家文化软实力建设水平。重点是培育和践行社会主义核心价值观;传承、弘扬和创新中华优秀传统文

化；生产大量符合广大人民精神生活需要的高质量文化产品，促进文化产业发展；深入开展公共文化服务体系研究，服务社会主义文化强国建设。

2. 高等教育综合改革贯彻全面深化改革的目标

全面深化高等教育综合改革要立足全面，重在深化，关键在综合。党的十八大报告、《中共中央关于全面深化改革若干重大问题的决定》、《国家中长期教育改革和发展规划纲要（2010—2020年）》、《统筹推进世界一流大学和一流学科建设总体方案》以及教育部《关于2013年深化教育领域综合改革的意见》对全面深化高等教育综合改革目标作出了明确规定。

一是要通过综合改革，全面提高高等教育整体质量。以全面深化改革为契机，加快考试招生制度探索与改革，探索推进招生和考试相对分离、学生通过考试多次选择、学校依法实施自主招生等工作，建立由专业机构实施、政府宏观管理、社会参与监督的运行机制；遏制高等教育同质化倾向，使高等教育结构进一步得到优化；通过推进管办评分离，使高等学校内部治理结构不断趋向完善；通过强化国家教育督导，实现社会组织开展教育评估监测；社会力量兴办高等教育得到进一步加强。

二是要通过综合改革，高等教育办出特色，争创一流。以全面深化改革为契机，以支撑创新驱动发展战略、服务经济社会为导向，推动一批高水平大学和学科进入世界一流行列或前列，提升我国高等教育综合实力和国际竞争力，培养一流人才，产出一流成果。高等学校学科结构得到优化，学科发展方向得到凝练，内生动力和活力得到激发。

三是通过综合改革，人才培养质量显著提高。以全面深化改革为契机，人才培养在高校工作中的中心地位牢固树立并落实；立足学生个性发展，深入探索改革人才培养模式，创新高校人才培养机制，探索创新人才培养新途径；围绕创新、创业教育推进教学改革，取得更好实效；创立高校与科研院所、行业企业联合培养人才的新机制；高校本科教学质量与教学改革工程全面落实；研究生培养机制改革取得实效；大学生创业教育得到加强。

四是通过综合改革，努力实现高等教育公平。以全面深化改革为契机，促进公共教育资源得到合理配置，高等教育均衡发展，实施招生向中西部、农村倾斜，健全家庭经济困难学生资助体系，实现教育权利、教育机会、教育过程和教育效果公平。

五是通过综合改革，实现高校毕业生充分就业创业。以全面深化改革为契机，创造更多适合高校毕业生的就业岗位，高校毕业生自主创业政策进一步完善，实现特殊困难毕业生就业全程服务。

3. 高等教育综合改革贯彻全面依法治国的目标

《中共中央关于全面推进依法治国若干重大问题》提出了完善教育、就业法律法规的要求。此前,教育部还相继于2003年、2012年发布了《关于大力加强依法治校工作的通知》《全面推进依法治校实施纲要》。在"四个全面"战略布局下高等教育综合改革落实全面依法治国的目标是:

一是树立全面法治理念,严格遵循《中华人民共和国宪法》《中华人民共和国教育法》《中华人民共和国高等教育法》等法律法规要求,全面深化高等教育综合改革。

二是全面推进依法行政,全面落实依法治教,加快建设高等学校章程,健全依法治教、依法治校的法制体系,建立中国特色的现代大学制度。

三是全面加强法治教育,引导师生树立法治观念,全面推进高校法治文化建设,提升师生法治意识和法治水平。

四是全面创新培养机制,为全面依法治国培养一批高级专门人才,提高人才培养质量。

五是全面融入社会发展,为推进全面依法治国中法律体系建设提供研究、咨询服务,提升服务依法治国质效。

4. 高等教育综合改革贯彻全面从严治党的目标

加强党的领导是高等教育综合改革坚持社会主义方向的保证。长期以来,在不断总结经验和教训的基础上,党和国家不断强化对高等教育的领导。在"四个全面"战略布局下推进在高等教育综合改革中从严治党的目标是:

一是在高等教育综合改革中以抓好党的建设作为最大的政绩和立德树人相结合为导向,落实党要管党责任。加强党委对高校的领导,完善党委领导下的校长负责制,把握高等教育领域意识形态工作领导权;围绕管党治党责任,突出高校立德树人的责任担当;建立健全问责追责制度,不断提高高等教育质量。

二是在高等教育综合改革中以理想信念和大学精神相结合为根本,夯实思想建设根基。坚定理想信念,锻造思想建设之魂;传承大学精神,弘扬思想建设之光;坚持整体推进,健全思想建设之体。

三是在高等教育综合改革中以高标准和专业化相结合为重点,坚持从严管理干部。按照德才兼备、以德为先的要求,提高干部人职匹配;走专业化道路,以提高思想政治素质、增强办学治校能力为重点,提升干部综合水平;用全覆盖管理,加强干部责任担当;重全方位视野,强化干部教育引导;以多元化指标,严格干部考核工作。

四是在高等教育综合改革中以创新形式和提升内涵相结合为切入,抓好基层组织建设。创新基层服务型党组织建设,重点提高党员发展的质量,探索基层组织应对挑战的新举措,有效发挥基层党组织的战斗堡垒作用和共产党员的先锋模范作用。

五是在高等教育综合改革中以严明纪律和服务师生相结合为关键,持续深入改进作风。围绕中心任务改进作风,深化密切联系师生路线,以作风建设促良好校风、学风建设。

六是在高等教育综合改革中以制度建设和警示教育相结合为保证,完善反腐倡廉机制。健全与落实制度体系建设,强化风险防控体系建设,充分发挥警示教育作用。

这些目标立足于"四个全面"战略布局和高等教育综合改革的实际,从高等教育综合改革以及高等教育综合改革如何服务"四个全面"战略布局出发,形成了一个完整、系统的目标体系。这些目标体系互相依存、不可分割。总目标是每个子目标的方向和指南,同时总目标又依靠其他四个子目标才能实现。每个子目标互相促进,互相制约,共同为总目标服务。

第三节 "四个全面"战略布局下高等教育综合改革的基本原则

"四个全面"战略布局是具有深刻哲理的治国理政思想,体现了辩证唯物主义的世界观和方法论。在高等教育综合改革中贯彻"四个全面"战略布局,也应遵循辩证唯物主义的世界观和方法论,根据高等教育发展领域的具体特点,探索贯彻落实的基本原则。

一、坚持凸显中国特色和遵循教育规律相统一

在对我国高等教育的研究中,高等教育发展重"政治性"一直是学者们争论的焦点之一。甚至有学者用高等教育政治化、大学管理行政化、资源分配等级化、大学文化粗鄙化、大学学者犬儒化、大学学术数字化来概括高等教育发展的特征。[①]尽管这些观点反映了高等教育发展中的一些问题,但总的来看,对于不同的国家,必须走符合自己国家特点和特色的高等教育改革发展道路是一条亘古不变的规律,对我国来说就是要坚持社会主义方向,凸显中国特色。《中华人民共和国高等教育法》明确指出:"高等教育必须贯彻国家的教育方针,为社会主义现代化建设服务,与生产劳动相结合,使受教育者成为德、智、体等方面全面发展的社会主义事业的建设者和接班人。"在贯彻、服务、融入"四个全面"战略布局中,高等教育综合改革不管是在服务全面建成小康社会中,还是在全面深化

---

① 刘晖.高等教育发展的"中国模式"[M].北京:中国社会科学出版社,2013:33.

改革、全面依法治教、全面从严治党中都不能偏离这个方向和特色。

同时,在贯彻"四个全面"战略布局中,要把坚持社会主义方向、凸显中国特色和遵循高等教育发展规律有机结合起来。高等教育发展的外部规律要求高等教育综合改革必须保持和社会经济发展相适应,就当前而言就是要与服务全面建成小康社会结合起来,适应全面建成小康社会的各项要求。在这一过程中,高等教育综合改革必然受到经济、政治、文化、社会、生态等发展的影响与制约,并对经济、政治、文化、社会、生态等起到服务促进作用。高等教育发展的内部规律反映了教育功能、人的发展、教育过程、学校管理等视角中的矛盾和关系。在"四个全面"战略布局中,高等教育综合改革应立足于培养全面发展、具有创新精神和创造能力的高级专门人才这个基本职能,以质量为核心,对人才培养模式、招生考试、内部治理、办学模式等方面进行改革,切实提高人才培养质量,并促进高等教育更好发挥其他功能。由此形成内外规律的统一,并和坚持社会主义方向、凸显中国特色统一起来。

二、坚持主动适应服务和持续改革创新相统一

高等教育发展贯彻、服务、融入"四个全面"发展布局作为一个总体要求,紧密围绕、主动服务全面建成小康社会是其职能的时代体现。因此,应坚持在高等教育综合改革中突出主动性,在办学定位、人才培养、教学组织、科研管理、学校治理等方面紧密围绕"四个全面"战略布局要求,全面学习贯彻领会,凸显服务理念,提高服务能力,创新服务形式,深化服务实效,使高等教育综合改革在"四个全面"布局中发挥更重要的作用。

高等教育综合改革还要把自身发展和主动服务紧密结合起来,"打铁还需自身硬"。高等教育主动适应服务全面建成小康社会的能力取决于自身发展实力。在高等教育综合改革过程中,如何站在从高等教育发展大国向强国转变的视野,坚持重在改革创新,持续改革创新,突出创新型人才培养,强化学术组织功能,建立中国特色的大学制度,形成主动引领服务国家发展、国际化潮流的多元化高等教育体系,是重点和难点问题。现代大学制度在我国起步较晚,中华人民共和国成立以来,高等教育经历计划经济时代和社会转型期发展的实践证明,高等教育综合改革只有激发内在原动力,充分调动自身积极性,才能取得更好的成效,也才能更好地服务社会经济发展。

三、坚持围绕目标引领与突出问题导向相统一

"四个全面"战略布局具有全局性,突出导向性,呈现战略性。高等教育综合改革作为"四个全面"战略布局中的一个组成部分,在"四个全面"战略布局思想的指引下,既

要围绕服务全面建成小康社会这个阶段性目标,还要朝着实现中华民族伟大复兴的中国梦的长远目标奋进。全面建成小康社会和实现中华民族伟大复兴在高等教育综合改革中具有战略统领和目标牵引的重要作用,呈现出清晰的目标导向。高等教育综合改革在贯彻、服务、融入"四个全面"战略布局中不能偏离这一目标。

在坚持目标引领的同时,还必须树立问题意识,坚持问题导向。"四个全面"战略布局是为了破解现阶段社会经济发展中的突出矛盾和问题而提出来的,这些矛盾和问题与"四个全面"战略布局的目标引领形成了更加清晰、明确的呼应。在高等教育综合改革中,不仅要明确目标,还要认清问题,更要敢于面对矛盾。如高等教育与社会发展外部的突出矛盾、高等教育内部改革"深水区"的矛盾等,要及时化解矛盾,在化解矛盾中解决问题,在解决问题中不断服务全面建成小康社会。

四、坚持运用系统思维与推进协同发展相统一

"四个全面"战略布局体现了深刻的治国理政思想,是一项宏大的系统工程。在高等教育综合改革中贯彻"四个全面"战略布局,应把握系统思维。在高等教育综合改革中坚持全局观,不仅要全面理解把握"四个全面"战略布局的系统性,更要系统、全面贯彻好、服务好、融入好"四个全面"战略布局。不仅要在高等教育自身发展中按照"四个全面"战略布局指导和要求,抓紧有利机遇,促进高等教育在新常态下实现健康可持续发展,更要凸显高等教育综合改革作为一个"小系统",如何服务、支撑、融入"四个全面"战略布局这个"大系统"。运用系统思维就要求不能在现实中片面重视某一方面工作,要时刻具有全局意识和宽阔的视野,既不能有本位主义更不能有形式主义,既要包罗万象又要突出重点,既要注重整体规划又要牵住"牛鼻子"。

高等教育综合改革贯彻"四个全面"战略布局涉及方方面面的问题,把握系统、全局的同时,还要抓住重点,做到两点论和重点论的统一。要注重运用协同配合的方法防止和克服工作中的片面性,在协调推进高等教育综合改革中贯彻好、服务好"四个全面"战略布局。一方面,在高等教育综合改革中既要根据"四个全面"战略布局要求全方位推进各个领域的发展,也要抓住全面深化综合改革、依法治教、从严治党等重点领域以及这些重点领域中每一个问题的主要方面;另一方面,高等教育综合改革服务融入"四个全面"战略布局既要立足全面发挥高等教育的社会职能,还要注意重点抓住创新型人才培养,科学研究的创新能力,更系统、全面、深刻的社会服务,在社会发展中的文化引领传承与创新等。

五、坚持总结历史、立足现实、展望未来相统一

"四个全面"战略布局的提出符合时代发展的要求,是对共产党执政规律、社会主义建设规律、人类社会发展规律和使命意识、问题意识、担当意识认识的进一步深化。[①] "四个全面"战略布局不仅体现了全局与重点的辩证统一,也体现系统性、整体性、协同性的辩证统一,更体现历史、现实、未来的辩证统一。在高等教育综合改革中贯彻"四个全面"战略布局,要把总结历史、立足现实、展望未来结合起来。

总结高等教育改革发展历史是为了以史为鉴。经过60多年的发展,我国高等教育不仅成为世界高等教育发展史的组成部分,也是对高等教育理论和实践的创新和发展。在当今时代必须把它置于世界高等教育改革发展的视野和布局之中,全面总结经验,系统吸取教训。随着社会的进步和发展,尤其是在多极化、全球化、信息化的背景下,总结将更具意义。在贯彻"四个全面"战略布局中,对高等教育改革发展的全面总结和背景分析是一项基础的工作。

立足高等教育改革发展现实要客观认识当前世界各国尤其是我国高等教育改革发展的实际,敢于面对存在的突出矛盾和问题,充分学习借鉴世界其他国家和地区高等教育发展的先进经验,重点审视在"四个全面"战略布局中高等教育综合改革的机遇和挑战,努力把使命意识、问题意识和担当意识统一起来。

展望未来是高等教育改革发展的落脚点。要不断适应社会基本矛盾运动对高等教育改革发展的要求,把高等教育综合改革放在"四个全面"战略布局视野之中,把切实保障人民群众根本利益、实现伟大复兴的中国梦作为价值依归。在高等教育综合改革中以"四个全面"战略布局为指导,并不断提高服务"四个全面"战略布局的能力和成效。

---

① 刘洋,李洋."四个全面"战略思想的哲学释义[J].党政干部论坛,2015(05):15-18.

第四章 高等教育综合改革的功能定位

高等教育改革发展必须与一个国家具体历史时期的社会经济发展相适应，并主动服务于社会经济发展。当前，我国高等教育已经进入大众化后期，面临的一个最大的现实问题就是如何通过深化综合改革，实现从高等教育大国向高等教育强国的转变，适应当前全面建成小康社会战略需要。

第一节 全面建成小康社会中高等教育综合改革新展望

高等教育本身所具有的社会功能和发展规律，决定了其在国家教育体系中处于"龙头"地位。因此，高等教育的综合改革不仅要在教育领域起示范作用，更要凸显其服务经济社会发展职能。当社会经济发展进入一个新的阶段，对高等教育综合改革自然也会提出新的要求。当前，如何适应、服务全面建成小康社会是高等教育综合改革中一个崭新和重要的课题。

一、高等教育改革发展服务小康社会建设回顾

"小康"这个词曾在《诗经·大雅·民劳》中就出现过："民亦劳止，汔可小康，惠此中国，以绥四方。"在中国历史发展进程中，对"小康"的追求成为一代代中国人美好的理想和不懈的奋斗目标。尤其是改革开放以来，从提出"小康之家""小康水平""总体小康"到"全面小康"的演变过程，体现了中国式现代化的进程，也充分展现了中国人民在追求小康目标与时俱进、日臻完善的过程。在这一过程中，高等教育也根据时代发展要求和自身发展需要，不断调整适应，服务于小康社会建设。

1979年12月6日，邓小平在会见日本首相大平正芳时曾明确提出："我们要实现的四个现代化，是中国式的四个现代化。我们的四个现代化的概念，不是像你们那样的现代化的概念，而是'小康之家'。到本世纪末，中国的四个现代化即使达到了某种目标，

我们的国民生产总值人均水平也还是很低的。要达到第三世界中比较富裕一点的国家的水平,比如国民生产总值人均一千美元,也还得付出很大的努力。就算达到那样的水平,同西方来比,也还是落后的。"①1984 年 3 月 25 日,邓小平在会见曾根康弘时明确提出"小康社会",并称之为"新概念"。他预言:"翻两番,国民生产总值人均达到八百美元,就是到本世纪末在中国建立一个小康社会。这个小康社会,叫做中国式的现代化。翻两番、小康社会、中国式的现代化,这些都是我们的新概念。"②1987 年 4 月,邓小平在会见西班牙工人社会党副总书记、政府副首相格拉时指出:"我们原定的目标是,第一步在八十年代翻一番。以一九八〇年为基数,当时国民生产总值人均只有二百五十美元,翻一番,达到五百美元。第二步是到本世纪末,再翻一番,人均达到一千美元。实现这个目标意味着我们进入小康社会,把贫困的中国变成小康的中国。……"③党的十三大以文件形式对这些论述进行了正式表达——"三步走"发展战略:"第一步,实现国民生产总值比一九八〇年翻一番,解决人民的温饱问题。这个任务已经基本实现。第二步,到本世纪末,使国民生产总值再增长一倍,人民生活达到小康水平。第三步,到下个世纪中叶,人均国民生产总值达到中等发达国家水平,人民生活比较富裕,基本实现现代化。"高等教育改革发展在这一阶段服务小康社会建设主要体现在以下几个方面:一是在党的十一届三中全会以后,高等教育开始拨乱反正并快速走上发展正轨,为小康社会建设奠定了基础。二是在邓小平提出"教育要面向现代化,面向世界,面向未来"成为高等教育改革发展指导方针的背景下,高等教育发展把面向"中国式的现代化"作为服务方向,为适应当时社会经济发展需要培养了一批高级专门人才,适应了当时社会发展的需要。三是由于邓小平高度重视科学技术在现代化中关键作用,提出"四个现代化,关键是科学技术的现代化"④。因此,这一阶段高等教育的科学研究职能得到了高度重视并在小康社会建设中发挥重要作用。四是高等教育改革发展中根据社会经济发展尤其是小康社会建设需要在专业、结构、质量等方面进行了改革探索。

  2002 年,江泽民在党的十六大上宣布:"我们胜利实现了现代化建设'三步走'战略的第一步、第二步目标,人民生活总体上达到小康水平。"⑤达到总体小康是"低水平的、不全面的、发展很不平衡的小康,人民日益增长的物质文化需要同落后的社会生产之间的矛盾仍然是我国社会的主要矛盾"。基于这些认识,早在 2000 年 10 月,党的十五届五

---

① 邓小平文选:第 2 卷 [M]. 北京:人民出版社,1994:237.
② 邓小平文选:第 3 卷 [M]. 北京:人民出版社,1994:54.
③ 邓小平文选:第 3 卷 [M]. 北京:人民出版社,1994:226.
④ 邓小平文选:第 2 卷 [M]. 北京:人民出版社,1994:86.
⑤ 十六大以来重要文献选编:上 [C]. 北京:中央文献出版社,2005:14.

中全会提出了"全面建设小康社会"的新目标,并于2002年召开的党的十六大上作出了全面建设小康社会的重大决策,提出到2020年,即"在本世纪头二十年,集中力量,全面建设惠及十几亿人口的更高水平的小康社会,使经济更加发展、民主更加健全、科教更加进步、文化更加繁荣、社会更加和谐、人民生活更加殷实"。2007年,胡锦涛在党的十七大报告中提出了"实现全面建设小康社会奋斗目标的新要求"——"到二〇二〇年全面建设小康社会目标实现之时,我们这个历史悠久的文明古国和发展中社会主义大国,将成为工业化基本实现、综合国力显著增强、国内市场总体规模位居世界前列的国家,成为人民富裕程度普遍提高、生活质量明显改善、生态环境良好的国家,成为人民享有更加充分民主权利、具有更高文明素质和精神追求的国家,成为各方面制度更加完善、社会更加充满活力而又安定团结的国家,成为对外更加开放、更加具有亲和力、为人类文明作出更大贡献的国家"①。从"总体小康水平"到"全面小康社会"转变,高等教育改革发展在其中起到重要的促进作用。主要体现在:一是在高等教育大众化过程中,招生规模逐渐满足人民群众对高等教育的需求,为适应社会经济发展培养了大批高级专门人才,成为世界高等教育大国,有力促进了国民素质提升。以2012年为例,据教育部《2012年全国教育事业发展统计公报》公布数据,2012年全国各类高等教育总规模达到3325万人,高等教育毛入学率达到30%,毕业研究生48.65万人,毕业本专科生624.73万人,这些人才在小康社会建设各个领域发挥着重要作用。二是推进高等教育改革发展,在科教兴国战略中发挥着"强大生力军"和"重要方面军"的重要作用。科教兴国战略也是推进小康社会建设的重要举措,高等教育作为国民教育体系的"龙头",以提升创新能力为灵魂和动力,在面向社会经济建设主战场中解决了系列重大理论和实践问题。三是为了适应全面建成小康社会需要,党和国家不断深化高等教育自身领域改革,并把提升高等教育质量作为生命线,致力于走内涵式发展道路,建设世界先进水平的一流大学。

二、高等教育综合改革与全面建成小康社会互相促进

2012年,党的十八大在十六大、十七大的基础上,结合经济社会发展的实际情况,提出了"为全面建成小康社会而奋斗","确保到二〇二〇年实现全面建成小康社会宏伟目标"②。对于全面建成小康社会的提出,习近平在十八届中央政治局第一次集体学习时指出:"党的十八大根据国内外形势新变化,顺应我国经济社会新发展和广大人民群众新期待,对全面建设小康社会目标进行了充实和完善,提出了更具明确政策导向、更加针对发

---

① 十七大以来重要文献选编:上[C]. 北京:中央文献出版社,2009:16.
② 十八大以来重要文献选编:上[C]. 北京:中央文献出版社,2014:13.

展难题、更好顺应人民意愿的新要求。这些目标要求，与党的十六大提出的全面建设小康社会奋斗目标和党的十七大提出的实现全面建设小康社会奋斗目标新要求相衔接，也与中国特色社会主义事业总体布局相一致。"① 全面建成小康社会是"四个全面"战略布局中的战略目标，也是一个立足于经济、政治、文化、社会、生态文明等"五位一体"总体布局的有机整体。在这一背景下，全面建成小康社会战略目标对高等教育发展提出了更高的要求，应加快推进高等教育综合改革，充分发挥和扩展其特有的社会职能，为全面建成小康社会提供更全面的支撑服务。

（一）高等教育综合改革为全面建成小康社会提供重要支撑

从横向来看，全面建成小康社会对高等教育综合改革提出的新要求体现在三个方面：其一，在综合改革中凸显全面服务。全面建成小康社会，"其根本问题和工作重点，一是'全面性'，二是'完成性'"②。高等教育通过综合改革，在服务全面建成小康社会中要突出全面、重在实效。做好全面服务就应从服务重点、服务领域、服务内容、服务途径、服务成效等方面深入拓展，使高等教育实现全方位的服务，覆盖更全面的区域、更全面的人群。其二，在综合改革中凸显创新服务。高等教育综合改革在服务全面建成小康社会中，应突出"创新"这一核心，如果说质量是生命线，那么创新就是其灵魂。创新不仅体现在改革之中，更要体现在用改革的成果服务全面建成小康社会之中。其三，在综合改革中凸显高质服务。要立足全面建成小康社会，通过深化综合改革，突破陈旧思维和陈规方式，在综合改革中增强服务耦合度，实现自身发展、服务质量和服务成效三者的互相统一。

从纵向来看，高等教育综合改革应全面协调、突出重点，为全面建成小康社会提供全面支撑。

第一，高等教育综合改革为全面建成小康社会提供更精准的高级人才支撑。中华人民共和国成立以来，尤其是改革开放以来，高等教育为我国经济社会发展培养了大量的高级专门人才。面对全面建成小康社会的战略目标，尤其在经济新常态下，高等教育综合改革必须抓住这个重要战略机遇期，根据全面建成小康社会重要指标，对人才培养进行适时调整、深化改革，满足全面建成小康社会各个领域对高级人才的需要。在实现高等教育大众化的基础上，高等教育综合改革要致力于提升服务国家现代化建设大局的意识、能力、水平，围绕全面建成小康社会的经济发展指标、民主法治指标、文化建设指标、人民生活指标、资源环境指标等，重视顶层设计，调整人才培养结构，提高人才培养质

---

① 十八大以来重要文献选编：上 [C]. 北京：中央文献出版社，2014:77-78.
② 宋林飞. "四个全面"战略布局研究丛书·全面建成小康社会 [M]. 南京：江苏人民出版社，2015:30.

量,尤其要针对战略性支柱产业着力培养急需的人才,针对区域发展培养引领行业发展的人才,针对"互联网+"培养创业型人才等,使人才培养主动适应全面建成小康社会的需要。

第二,高等教育综合改革为全面建成小康社会提供更直接的智力决策支撑。在当今信息化社会中,教育、科技、经济一体化的趋势越来越明显,三者之间互相依赖、互相联系越来越紧密。全面建成小康社会对高等教育的社会服务功能拓展要求更高,并充分体现在智力决策服务上。从服务内容来看将更加交融,在人才培养、科学研究、文化传承与创新的基础上,重点突出决策咨询服务,尤其是根据高等学校自身定位和特色,在服务不同区域全面建成小康社会中,围绕地方发展热点、难点问题献计献策;从服务范围来看将全面覆盖,囊括并深入经济、政治、社会、文化、生态等各个领域以及每个领域的各个子系统之中,呈现出更强的渗透性和交叉性;从服务形式来看将日益多样,从教学科研成果直接转化为生产力、承担各类培训和横向课题、选派挂职干部、担任各级政府顾问到参与区域经济社会发展规划,甚至直接参与到推动战略性新兴产业发展和区域协调发展之中。

第三,高等教育综合改革为全面建成小康社会提供更高质的科技创新支撑。在全面建成小康社会中,党中央和国务院提出,着眼于保持经济中高速增长和迈向中高端水平的"双目标",打造大众创新、万众创业和增进公共产品、公共服务的"双引擎"。"以速度换挡、结构优化、动力转换为基本特征的经济发展新常态,无疑是我国经济迈向更高水平的必经阶段。"①在这一过程中,关键取决于改革创新。而高等教育发展在调结构、转方式、惠民生中发挥了越来越突出的作用,在科技创新中扮演着越来越重要的角色。因此,必须持续推进高校创新能力提升计划,促进高校与科研机构、企事业单位协同创新,使产学研用紧密结合,加快科技成果转换和产业化步伐,使大量科技创新研究成果直接服务于全面建成小康社会的重大经济和社会需求。

第四,高等教育综合改革为全面建成小康社会提供更强大的文化引领支撑。"从推动城市和地区发展机构的角度来看,高校已经成了关键性资源。它们能为地区发展提供的最明显的帮助是为本地知识产业和人力资本储备积累竞争优势,但除此之外还有帮助创造新的行业、提高税收收入以及为当地文化类项目提供内容和观众。"②在全面建成小康社会中,随着人们物质生活的不断丰富,对精神文化生活的需求必将大幅提升,因此建设社会主义文化强国、提升文化软实力显得尤其重要,而高等教育通过综合改革,将进一

---

① 宋林飞."四个全面"战略布局研究丛书·全面建成小康社会[M].南京:江苏人民出版社,2015:37.
② 经济合作与发展组织.高等教育与区域:立足本地制胜全球[M].北京:教育科学出版社,2012:2.

步激发其文化传承与创新作用,引领社会文化发展方向。在高等教育综合改革中,文化领域也是重点,除了建设好自身文化、充分发挥文化育人的功能,关键在于其要作为引领培育和践行社会主义核心价值观的榜样,成为弘扬中华优秀传统文化的楷模,成为提升中华民族文化创造力的示范,担当提高中华文化国际传播力的先锋。通过综合改革,一方面要传承好中华民族所拥有的文明财富,另一方面还要不断创造出反映时代发展的文化产品,更要为建立健全现代公共文化服务体系、现代文化市场体系提供智力服务。

(二)全面建成小康社会有利于促进高等教育综合改革

高等教育通过深化全面综合改革,提升服务全面建成小康社会的同时,自身也将在这一进程中不断实现跨越,形成良性互动。

首先,高等教育通过综合改革在全面建成小康社会进程中实现自身全面发展。全面建成小康社会包括高等教育领域,高等教育在服务全面建成小康社会中也要推进自身达到这一目标。全面建成小康社会进程中,经济社会发展成果也将反哺、促进高等教育综合改革。在推进全面建成小康社会中,将大大增加对高等教育的投入,进一步改善高等学校的办学条件以及办学环境,营造良好的办学氛围,提高高校教职员工的生活水平;将进一步推进以人为本理念在高等教育领域的践行,"倒逼"人才培养结构调整,促进人才培养质量提升;将加快推进依法治教和依法治校进程,建立完善的现代大学制度;将加快推进高等教育国际化进程,提高高等教育国际化水平;也将加强和改进高等教育中党的建设工作。

其次,全面建成小康社会有利于突破高等教育综合改革重点、难点。全面建成小康社会的其中一大举措是全面深化改革,党的十八届三中全会通过了《中共中央关于全面深化改革若干重大问题的决定》。在全面建成小康社会进程中,全面深化高等教育综合改革将迎来重大的新契机和新挑战。无论机遇还是挑战,都将成为高等教育全面深化改革的动力。坚定不移地走中国特色社会主义高等教育发展道路,探索中国特色的现代大学制度,使高等教育发展更好地适应经济社会发展的需要,在多样化教育体系的探索、大学精神的重构、人才培养质量的提升、高等教育国际化水平的提高等重点领域取得突破,朝着高等教育强国迈进。

最后,全面建成小康社会有利于促进高校毕业生实现更加充分、更高质量就业创业。实现全面建成小康社会之际,高等教育发展必须基本实现现代化。作为民生工程的高校毕业生就业创业工作既是综合改革的重点,也是敏感的难点,成为衡量和制约综合改革成效的一个重要因素。在历届党代会报告等重要文献中,高校毕业生就业问题通常置于"社会建设"部分,并融入全社会就业工作中进行论述。应该说,高校毕业生就业工作有其鲜明的群体特殊性。相比计划经济时代而言，高等教育大众化背景下的高校毕业生就业拥有更多的自主选择权，可以释放更多的个性，但面临着更多的不确定因素，也意味着接受更多的挑战。党的十八大报告提出推动实现更高质量的就业，出台了一系列推动高校毕业生就业的政策，鼓励高校毕业生到基层就业，鼓励高校毕业生自主创业，并完善了扶持创业的优惠政策。随着全面建成小康社会的推进，也将进一步推动高校毕业生更加充分、更高质量就业。

第二节 高等教育综合改革应对全面建成小康社会的现实审视

中华人民共和国成立60多年来，高等教育经历了曲折发展，并在改革发展中不断适应具体历史时期经济社会发展的需要。尤其进入21世纪以来，高等教育大众化进程使我们走上高等教育大国的舞台，高等教育发展在小康社会建设中的作用日益凸显。随着全面建成小康社会的推进，高等教育综合改革也存在一些不适应的问题。

一、全面服务职能在全面建成小康社会中还不够凸显

服务全面建成小康社会，体现了社会发展的必然要求和高等教育综合改革的价值取向。全面服务突出强调高等教育综合改革对社会的价值和功能，能否在理念和实践上实现全面服务，直接影响到服务全面建成小康社会的成效。当前，高等教育综合改革在全面服务方面还存在着以下几方面问题。

一是全面服务理念有待确立。"全面服务"和高等教育本身所具有的社会服务职能不是等同概念。在综合改革中，全面服务应强化与经济社会发展的黏合对接，并体现在高等教育的四大社会职能中，是基于四大社会职能的全面服务。因此，在综合改革中树立全面服务理念解决的是思想观念层面的问题。一些高校在学习、领会、贯彻"四个全面"战略布局中重形式、走过场、不深刻，当作"政治任务"，未能把战略布局融入学校发展规划，片面重视自身发展、轻社会使命，也就不能树立全面服务理念。办学理念是大学精神在一所高校的具体体现，高校能否根据自身的办学定位、办学特点、办学特色树立起自身独特的全面服务理念，将决定其在全面建成小康社会中所发挥的作用和成效。

二是全面服务定位有待明晰。一方面，部分高等教育主管部门在顶层设计和工作指导中缺乏长远规划和视野，用"行政命令"简单代替、抹杀"教育规律"，致使部分高校在改革中"唯命令"，"听指挥"，导致全面服务定位不清。另一方面，部分高校在全面建成

小康社会发展机遇期所追求和确立的发展战略"同质化""浮夸化"倾向严重,不同定位、不同层次、不同区域的高校在体现全面服务职能上应有所区别,而非统一、简单的模式。"985工程"高校和地方职业技术院校在全面建成小康社会中所提供的全面服务从内容、层次、效果上必然也应有所区别。除此,全面服务在突出服务区域经济发展这一重点上还未凸显,其核心的问题就是如何让地方高校引领区域产业发展,走上该区域的社会中心。例如一所地方省属高校,若在全面服务定位上脱离地方发展,很显然不合实际。

三是全面服务内容有待深化。除了在深化改革中为全面建成小康社会培养专门人才,提供科技成果及转化、技术咨询等,高等教育还要引领思想传播和文化交融等。当前,部分高校在应对全面建成小康社会过程中因循守旧、封闭发展,缺乏与社会深层需求相结合的动力,也缺乏创新和改革的勇气,使学校发展难以真正融入经济社会发展大潮。在传统大学向现代大学的过渡中,"社会适应性是现代大学制度的核心特征"[①]。这种适应性的关键是全面服务在内容上要根据全面建成小康社会实践需求不断深化。

除此,部分高校在全面服务形式上也有待创新,应更注重探索更直接、更有效与全面建成小康社会直接对接服务的方式方法。部分高校在全面服务成效上也有待强化,切忌停留在服务的形式上,对服务的实效缺乏客观、及时、有效的评估和反馈。

二、人才培养质量与全面建成小康社会要求不够匹配

提高人才培养质量是高等教育综合改革的重中之重。全面建成小康社会对高等教育人才培养质量提出更精细的标准,针对性更强,契合度、匹配度要求更高。高等教育现有的人才培养在结构、模式、能力、层次、适应性上还不能完全满足全面建成小康社会的需求。

一是在人才培养专业结构上,专业结构的设置还不能完全和社会需求建立及时的良性循环,一些战略性新兴产业发展中人才培养数量和规模不能满足全面建成小康社会各个领域发展的需要,专业结构迫切要求调整。部分高校在设置战略性新兴产业、发展相关专业中,存在通过简单的校内学科整合与更名,片面追求学科发展形式,内涵提升不够,从学科本质上体现不出新兴产业对人才的核心要求,部分高校甚至为了吸引考生,出现校内二级院(系)出现战略性新兴产业相关专业重复设置等尴尬问题。

二是在人才培养模式改革上,近年来由教育部牵头,在推进人才培养模式改革方面做了深入探索,相继实施了基础学科拔尖学生培养试验计划,推出了卓越工程师、卓越农林人才、卓越法律人才、卓越医生、卓越教师等教育培养计划,探索高端技能型人才系统

---

① 王洪才. 中国大学模式探索[M]. 北京:教育科学出版社, 2013:90.

培养模式。很多高校也因校制宜,以社会发展需求为导向,探索建立校企、校地等人才联合培养模式。这些举措取得了一定成效,也起到很好的示范作用。但总体来看,这些人才培养创新模式创新覆盖面不广,所涉及的对象不多,人才培养模式还不能完全促进大学生的全面发展,尤其在人才培养方案、教育教学方式方法、学生的自主学习模式、学生成长评价体系等方面还不能完全适应当前全面建成小康社会的要求。

三是在人才培养创新能力上,大学生群体创新品质总体较为缺乏。创新的关键靠人才,创新对一个个体来说,其核心是创新品质和意识的培养和积累,通过激发内在动力和运用外在动力相结合,通过大学生自我启发、思维训练、创新实践等方式,贯穿在专业学习、科技活动、社会实践、课外活动、日常生活的各个环节,使之成为大学生的一种价值塑造和生活方式。全面建成小康社会对人才的创新能力的需求尤为突出,在人类从工业文明向生态文明进军的大背景中,赋予了科技与创新更深层的内涵。

四是在人才培养的层次上,高等教育在人才培养层次结构上总体合理。近年来发展过程中出现了追求学术型人才培养、技术技能型人才偏少、缺少以产业需求为导向的现代职业教育体系的态势,而这恰恰是全面建成小康社会中产业转型升级对人才的一大需求。在2014年中国发展高层论坛上,教育部副部长鲁昕明确提出,2000年后近700所"专升本"的地方本科院校将逐步转型,致力于开展现代职业教育,重点培养工程师、高级技工、高素质劳动者等。

五是在人才培养的适应性上,高等教育综合改革中面临着消解、衔接、弥补基础教育给大学生带来的一些客观不利影响的问题以"90后""95后"为主体的教育对象,他们中的绝大部分选择高校、专业主要由高考成绩决定,而非个体理想、兴趣、爱好使然,因而呈现出根据高考成绩"一个萝卜一个坑"的分布,这是一个无法回避的尖锐问题。那么如何把促进人的全面发展和适应社会需要作为衡量人才培养水平的根本标准,对高等教育综合改革是一个更大的挑战。这种适应性应建立在教育对象从进入大学的适应、转变、规划开始,重点是要引导他们正确处理好仰望星空与脚踏实地的关系,学会思维与学习知识的关系,全面发展与个性发展的关系,智商和情商的关系,价值塑造、能力培养与知识学习的关系等,以此来促进大学生全面发展。

三、自主创新能力与全面建成小康社会要求不够适应

提高自主创新能力是高等教育综合改革的重点之一。高等教育科技创新服务能力除了体现在创新型人才培养上,也体现在直接服务全面建成小康社会各个领域的科研创新之中。据有关部门2012年统计,党的十六大以来,高校承担了60%以上的"973计划"

和重大科学研究计划项目，80%以上的国家自然科学基金面上项目。国家科技三大奖中一半出自高校，人文社会科学领域三分之二成果由高校完成，产生了一批代表国家水平的重大成果。[①] 尽管如此，在全面建成小康社会形势下，高等教育科研创新能力仍然存在不适应的方面。

一是科研成果转化为现实生产力的比例有待提高。科技成果转化的目的是应用于生产活动以提高效益和效率。从目前情况来看，尽管高等教育领域有很多高水平研究成果，但是和高等教育的发展总量相比，比例仍然不高，和一些发达国家高等教育对比，科研成果转化为现实生产力有待加强。

二是人文社会科学领域百花齐放、百家争鸣，但研究过程中出现片面追求数量与规模的不良态势，服务全面建成小康社会的问题意识和问题导向亟须加强。对前沿问题研究有待突出，提升理论研究和指导实践耦合度有待加强，对研究成果缺乏更为科学、客观的评价标准和体系，研究成果的实践指导意义有待进一步提升。

三是自主创新能力出现瓶颈。自主创新能力是影响经济方式发展的关键因素之一，当前部分高校在自主创新方面原动力不足，创新科技领军人物偏少，创新团队建设机制不够完善，协同创新能力不强，产学研相结合黏合度不高，由此导致高等教育在服务经济增长、结构优化、创新驱动上成效一般，尤其在高等教育服务区域经济发展方面无法充分发挥引领和带动作用。

四、社会服务职能与全面建成小康社会要求不够契合

高等教育服务经济社会发展职能在社会进步、国家建设和民族复兴中发挥着不可替代的作用。在全面建成小康社会背景下，高等教育社会服务应更全面、更直接、更高效。当前高等教育在这一职能发挥中存在以下几方面问题。

一是适应经济发展新常态能力不足。经济发展新常态表现出三个鲜明特征：经济增速将从高速增长变为中高速增长，经济结构也将不断优化升级，逐步从要素驱动、投资驱动向创新驱动转变。这些变化反映到高等教育综合改革上，要求高等教育在服务经济社会发展中，必须主动了解、适应、融入经济发展新常态给全面建成小康社会带来的新机遇和新挑战。现实中有的高校对经济发展新常态认识不足，与学校科学发展融入不够，直接影响其服务经济社会发展职能的发挥。

二是社会服务全面融入不足。当前，很多高校通过开展产学研结合、校地校企合作

---

① 高等教育：迈上由大国向强国的新征程——十六大以来高等教育改革发展成就综述[N].中国教育报，2012-09-12.

办学、共享实验室、共建技术平台、建设大学科技园、选派挂职干部等多种方式为全面建成小康社会服务,越来越多的高校及其科研人员直接参与到经济社会建设中。但按照全面建成小康社会的内涵和指标,高等教育服务职能所覆盖的内容和领域不够全面,当前尤其要抓住新型城镇化建设、科技文化自主创新、推进生态文明等重点领域的重点问题,实现全面服务与重点突破相结合;在服务形式上也面临着突破传统思维,探索更直接、更高效的方式途径的挑战。

三是服务区域经济发展能力不足。服务引领本区域经济发展是高等教育服务全面建成小康社会的重要体现。服务区域经济发展要求本区域的高校要加强协同、合作,根据不同高校定位、学科、优势、特色,立足地区经济社会发展现状,主动引领区域经济发展。

五、文化传承创新与全面建成小康社会要求不够同步

文化建设是全面建成小康社会的重要组成,实现中华民族伟大复兴不仅需要物质力量,更需要文化、精神力量。随着高等教育发展走入社会中心,文化传承与创新职能日益凸显其重要性。这一职能在全面建成小康社会中也存在不够同步的问题。

一是文化传承创新的原动力不足。在探索现代大学制度建设中,尽管高等教育综合改革对文化传统和遗产的传承发挥着重要作用,但受传统体制束缚的阴影依然存在。文化的生命在于创造与创新,创造与创新不仅来自时代的呼唤,更源于内在动力。如果高校不能在全面建成小康社会中利用其优势创造出符合时代发展需要的文化,那是远远不够的。

二是文化传承创新重点内容不突出。一个社会文化发展最重要的功能是构筑起国民丰富的精神家园,一个社会的主流文化往往代表社会发展的方向标。当前,高等教育在文化传承创新中围绕培育与践行社会主义核心价值观、弘扬中华优秀传统文化、引领生态文化等方面还不能适应社会发展需要,未能完全发挥在全社会的影响力、凝聚力和感召力,也还未凸显在全社会的引领性、示范性、带动性,在促进国家文化软实力建设上贡献度不够。

三是文化创造力有待提升。党的十八大报告指出,建设社会主义文化强国,关键要提升全民族文化创造力。"中华民族的文化创造力具有深厚的现实基础。"[①] 当前,部分高校对高校文化建设的社会功能的重要性和紧迫性认识不足,认为文化传承尤其是文化创造是"锦上添花",忽略文化创造力在全社会的引领和示范作用。

四是服务现代文化市场体系建设能力有待增强。高校为公共文化提供产品供给和宣

---

① 宋林飞. "四个全面"战略布局研究丛书·全面建成小康社会[M].南京:江苏人民出版社,2015:213.

传咨询服务能力参差不齐,促进完善国家文化管理与生产机制服务能力有待提升,在构建现代文化产业体系中贡献力需进一步加强。

五是在提高中华文化国际传播能力中的作用有待发挥。高校应深入探索类似举办孔子学院的模式,积极参与中华文化国际话语体系构建,通过加强国际文化交流,依靠大众新兴传媒,讲好中国故事,传播中国声音。

第三节 在服务全面建成小康社会中深化高等教育综合改革

当前,在应对全面建成小康社会中的诸多不适应,高等教育要在综合改革中提高服务全面性、针对性、适应性、创新性和实效性,突出重点,明晰目标,在全面建成小康社会中作出更大的贡献。

一、以提高人才培养质量为核心,服务经济发展新常态

人才培养是高等教育的最基本职能,人才培养质量是高等教育综合改革的生命线。离全面建成小康社会目标只有短短4年时间,在经济发展新常态的重要战略机遇期中,高等教育综合改革应始终把提高人才培育质量作为核心和一项长期系统工程,使人才培养在全面建成小康社会攻坚战中发挥核心作用。应坚持在综合改革中大力提升创新人才培养水平,进一步优化人才培养结构,培养大批适应战略性新兴产业发展需要的紧缺专门人才,为进入人才强国和人力资源强国行列贡献力量。

(一)人才培养理念更科学化

在全面建成小康社会进而实现中华民族伟大复兴的中国梦进程中,高等教育人才培养理念也要不断调整以实现科学化。当前,人才培养要适应新常态,必须深入研究经济发展新常态对人才的需求情况,也必须对经济发展新常态的机遇、挑战和趋势作出科学预测,进行系统规划研究。科学的人才培养理念至少应包含以人为本、全面改革、质量至上、特色为重、协同育人等五方面内涵。

一是要巩固以人为本的理念。以人为本是科学发展观的核心,也是全面建成小康社会、促进人的全面发展的要求。高等教育综合改革坚持以人为本就是要坚持以师生为本,始终围绕人才培养的根本任务和中心地位,在教学、科研、管理等过程中充分尊重师生主体地位,尤其要围绕学生全面发展需求,激发学生的创造力,从而实现人的全面发展。

二是要树立全面改革的理念。深化综合改革是高等教育发展永恒的话题,在全面建成小康社会进程中,全面改革是人才培养的动力,"新常态下的高等教育发展必须是有质量、有效益、可持续的发展,应该是以就业充分、效率提高、结构优化为支撑的发展"[①]。而发展的动力只能来源于全面综合改革的深化,不断促进依法自主办学,完善内部治理体系,从而提高人才培养质量。

三是要树立质量至上的理念。质量是生命线,高等教育综合改革如何应对以速度换挡、结构优化、动力转换为基本特征的经济发展新常态,首先在于处理好质量和效益的关系,在改革中坚持质量为先、质量至上,培养高素质创新型人才,适应全面建成小康社会的需要。

四是要树立特色为重的理念。"高校人才培养特色取决于学科专业的先天特色、人才培养模式的人为特色和大学文化的环境特色。"[②]特色为重基于自身所具备的优势特点。高校在全面建成小康社会关键时期要与时俱进,根据自身发展定位确立发展战略,在人才培养中锤炼特色、总结特色、凸显特色,使特色成为提高人才培养质量的制胜法宝。

五是树立协同育人的观念。协同育人的目的是合力育人,协同育人重在各方力量的有机融合,而非简单的要素叠加。一方面要倡导推进政府、社会、高校、家庭等不同力量的协同育人,在全面建成小康社会中要运用各方力量,突出科教协调、校企协同等在提升人才培养质量中的作用;另一方面是发挥高校内部专业教师、辅导员、党政管理干部等不同群体、不同力量间的协同,以及这些群体和外部力量的协调,真正实现全员育人。

(二)人才培养结构更合理化

"人才培养的层次性,也反映了社会对人才知识、能力结构的不同需要。"[③]全面建成小康社会因其全面性、艰巨性、紧迫性、完成性等特点,因而对高等教育培养不同层次人才的目标更加清晰。

一是在学历层次上,通常认为,我国的高等教育包含专科教育、本科教育和研究生教育三个基本层次。在 21 世纪我国高等教育大众化浪潮中,研究生教育(尤其是硕士研究生教育)比例大大提高,本科生教育随着一些专科高校的升级、民办院校的涌现以及本科院校的扩招等原因比例也大幅增加,专科教育则有所缩减。这一比例基本能适应全面建成小康社会对高层次人才的需要,但是高学历比例的提高并不等同于人才培养质量

---

① 李大勇. 新常态下提高人才培养质量的思考 [J]. 中国高等教育, 2015(09): 29.
② 李大勇. 新常态下提高人才培养质量的思考 [J]. 中国高等教育, 2015(09): 28.
③ 潘懋元. 新编高等教育学 [M]. 北京: 北京师范大学出版社, 2009:103.

的全面提高。未来，研究生教育的重中之重将是从提升规模数量向提升整体教育质量转变，加大专业学位教育，培养更多与经济发展新常态适应的高层次、应用型人才；本专科教育在提升教育质量的同时，要重点培养大批适应新常态和全面建成小康社会需要的技术应用型人才。

二是在培养类型上，在高等教育综合改革中，一般把人才培养分为理论研究型、技术应用型、创新拔尖型等不同类型。高等教育所培养的不同类型人才在全面建成小康社会中分布在不同领域，承担着不同职责，发挥着各自的作用。在全面建成小康社会过程中，高等教育人才培养要注重主动适应社会需求，根据新常态的要求，尤其要加大设计战略新兴产业、第三产业、高新科技领域技术应用型和创新拔尖型人才培养力度。

三是在区域分布上，由于全面建成小康社会还存在着城乡差异、东西部差异、民族区域差异等，习近平多次强调，要"全面实现小康，一个民族都不少"[①]，要"支持和帮助贫困地区和贫困群众尽快脱贫致富奔小康，决不能让一个苏区老区掉队"[②]。区域实现全面小康关键靠人才，如何吸引高级专门人才到这些区域工作尤其重要。高等教育综合改革中，在人才培养目标导向上应注意引导高校毕业生积极到基层就业、到西部就业、到民族地区就业、到革命老区就业，应从政府层面协同高校出台更加倾斜的政策支持，把物质激励和精神鼓舞结合起来，根据不同地区的实际情况，为这些地区输送涉及经济、政治、文化、社会、生态等各个方面协调发展的急需人才，解决地方全面建成小康社会的人才问题。

（三）人才培养模式更多样化

人才培养模式改革是提升质量的关键抓手。在服务全面建成小康社会中，高等教育人才培养模式应更贴近新常态需求，探索更多样化方式，普及更大部分群体。

一是人才培养模式要与新常态高度吻合。人才培养改革的原动力来自与社会需求不适应的矛盾。当前高等教育人才培养要适应经济发展新常态的具体要求，要更有针对性、更全面服务全面建成小康社会、实现中国梦的目标。新常态下对高级专门人才培养的要求应具有宽阔的全球视野、卓越的专业水平，应树立"造福人类、服务社会、奉献国家、贡献集体、成就自我"的宽广胸怀和远大理想，要重点塑造具有崇高社会责任感和良好职业操守、具备创新精神和创业能力的高素质人才。因此人才培养模式改革立足新常态，关键在人才培养目标与经济发展新常态的衔接。

二是探索更多样化的人才培养模式。在融入经济发展新常态中探索人才培养模式。

---

① "全面实现小康，一个民族都不能少"：习近平总书记会见贡山独龙族怒族自治县干部群众代表侧记[N]. 人民日报，2015-01-23.
② 全面深化改革 全面推进依法治国 为全面建成小康社会提供动力和保障[N]. 人民日报，2014-11-03.

从国家政策层面，在实施基础学科拔尖学生培养试验计划，卓越工程师、卓越农林人才、卓越法律人才、卓越教师、卓越医生等教育培养计划的基础上，更加注重省级统筹，倡导鼓励因地制宜、因校制宜，不同层次、类别的高校应根据学校所处区域、特点、特色，重点拓展校企合作、校地合作、中外合作、对台合作、通识教育等新模式。以提高人才创新思维和实践能力为重点，建立科学基础、实践能力和人文素养融合发展的人才培养模式。在探索人才培养多样化模式中，应加强学生的创新思维培养和自主学习思维建立，在教学上应采取启发式、探究式、讨论式、参与式等新方式，并改变片面注重学习过程考查和学习结果评价的传统方式，建立以实践为导向的科学、多元的评价体系。

三是人才培养模式多样化要普及更多的教育对象群体。个性化的时代呼唤个性化的人才培养方式，而个性化、多样化的人才培养方式反映了高等教育对象群体的时代需求。开放型社会对创新型拔尖人才的需求越来越大，而全面建成小康社会对人才整体素质提出更全面的要求。一方面，多样化的人才培养不应属于少数群体，而应在少数试点的基础上，形成普遍经验在同类型、同区域高校中推广普及；另一方面，除了各级教育主管部门实施的人才培养试验项目和重点项目，各高校应把这些培养方式进行"本土化"，融入学校特点，并在校内推广普及，使更多大学生在成长中受益。

（四）人才培养特色更区域化

全面建成小康必须通过一个个区域的小康来实现。服务国家和区域全面建成小康社会发展中，更多高校尤其地方高校要突出服务区域的人才培养特色。美国赠地学院创立的宗旨就是为美国农业和工业发展服务，在最初创立中根据各州社会经济发展具体情况，开办各类学院，设立对口专业，选择恰当的教学内容，培养各州经济建设急需的专门人才，服务各州经济发展。如威斯康星州大学的农学院培养的大批农牧业专门人才，为该州农业发展作出了杰出贡献。随着知识经济时代的到来，一些由赠地学院发展起来的州立大学根据时代变化需要，不断调整突出时代特点的专业设置，重点加强了计算机、管理国际金融贸易等专业建设，为区域经济发展提供了强有力的人才支持。[①]

当前，应坚持以人才培养的"本土化"特色克服"同质化"倾向。面对全面建成小康社会，"'高大上'的人才培养定位和'千校一面'的人才规格标准是与高等教育后大众化发展阶段相悖的"[②]。高等教育主管部门应尽快建立高校分类体系和相应管理办法，高校应在统筹社会需求和遵循教育规律的基础上，立足自身办学历史，研究自身区位优势，整合内外资源条件，制定符合自身特点的办学定位、发展规模、规划目标、学科设置等，克

---

① 徐鸿钧. 高等教育服务经济社会的国际经验[M]. 北京：高等教育出版社，2014：157.
② 李大勇. 新常态下提高人才培养质量的思考[J]. 中国高等教育，2015(09)：30.

服同质化倾向。不同层次、不同类别高校应突出不同"本土化"特色：对于"985工程""211工程"高校，应侧重立足国家、服务区域，充分利用优势学科创新平台、特色重点学科项目等有利条件，培养新常态下需要的高素质创业型、研究型人才；对于农林、水利、地矿、石油等行业高校，在人才培养中要突出与时代发展、区域服务、国际融合相结合，突出行业特色；对于师范、艺术、体育等行业高校，应突出学科专业特色、提升培养质量；对于地方高校，要立足服务区域全面建成小康社会，由区域发展倒逼人才培养改革，突出服务区域产业发展的人才培养特色；对于高职院校，要在加强内涵建设的基础上，根据办学定位和区域需求，突出应用技能型人才培养的特色。

人才培养应坚持以"本土化"特色服务"区域化"目标。特色是成效的重要衡量标准。高等教育综合改革所形成的人才培养特色，最终是通过与区域化发展需求的匹配度体现。当前，高等教育综合改革要更好地服务区域全面建成小康社会，首先要强化在人才培养中树立服务区域发展意识，克服理念不清、服务缺位。其次是要加快调整专业结构，专业设置要更紧密贴近地方全面建成小康社会中关键领域的要求，并随着社会经济发展和社会结构变化而不断调整，把专业调整作为一个动态的变化过程，辩证处理好短线与长线、专业口径的窄与宽的问题，同时要加大第三产业方向专业设置。再次，人才培养要更好地服务区域经济，还要在人才培养中引导教育对象把社会需要和个人发展结合起来、把价值塑造和能力培养结合起来、把通才教育和突出专长结合起来、把全面发展和个性发展结合起来、把思维能力和知识学习结合起来，切实树立服务意识，提高服务能力。

（五）人才培养过程更实践化

实践是马克思主义哲学的首要和基本观点。高等教育人才培养改革过程突出实践符合高等教育发展规律，目的是提高教育对象的实践能力和创新能力。2012年1月，教育部等七个部门联合印发了《关于进一步加强高校实践育人工作的若干意见》，强调了开展实践育人工作的重要性，并全面部署了统筹推进高校实践育人的各项举措。强调人才培养过程实践化比实践育人内涵更深、要求更高、动态性更强，对于深化教育教学改革，提高人才培养质量，服务经济发展新常态，服务全面建成小康社会意义重大。

要把提高实践能力贯穿人才培养全过程。提高人才的实践能力是服务全面建成小康社会的迫切要求，而实践能力培养是当前高等教育人才培养改革中的薄弱环节。因此，应把实践能力从新生入学教育贯穿到毕业全过程。从高校层面，要按照不同学校、不同群体的特点，把提升实践能力贯穿到新生入学教育、实践教学环节、军事训练、社会实践、第二课堂活动、毕业设计、毕业离校教育等全过程，着力培养学生勇于探索的创新精神、善于解决问题的实践能力，以及实现中国梦的使命感。在学生层面，要引导他们在一进入大学就形成对提高实践能力的正确认识,激发他们的主动性和自觉性,在大学规划中主动提高实践能力。

要在实践能力培养中实现人才培养动态调整。实践能力高低决定了高等教育培养的人才能否尽快适应社会需求,也影响他们在服务社会经济中的作用大小。要把实践能力作为人才培养中的"晴雨表",把实践能力提高作为重要参考指标,在人才培养过程中动态调整。要实施个性化的人才培养举措,关注大学生自我意识的社会倾向性,即大学生的自我意识指向于社会现实、社会事件,并给予议论和评价,使其产生一定的心理反应。①应通过建立动态培养机制,实时对个体在学习、成长过程中所表现出来问题和倾向作出及时的预测和应对,提供个性化指导。

要把实践能力作为人才培养评价重要标准。实践育人是一项系统工程,实践育人工作是对高校办学质量和水平评估考核的重要指标。高校要制定实践育人成效考核评价办法,更关键的是要把实践能力作为人才培养成效的重要指标,融入评价体系,并以量化的形式加以体现,其中关键要提高实践能力培养学分比例。切忌把狭隘的、运动式、形式化的寒暑假社会实践等同于实践育人,也要杜绝实践教学走过场的不良倾向。

(六)人才培养评价更多维化

高等教育在全面建成小康社会时要基本实现现代化,必然要求改革单一模式的人才培养的评价标准和体系。人才培养评价直接反映人才培养质量,也直接反过来促进人才培养质量的提升。

首先,应建立起以社会适应性为核心,由社会、学校、企业、个体等多方共同参与,由职业规划、价值塑造、知识结构、能力结构、社会适应等多要素构成的动态、多元、发展的人才培养质量评价标准。这一人才评价标准是全面建成小康社会对高校人才培养要求的阐释。

其次,应建立客观的评价指标体系,在人才培养评价的指标体系上,要充分研究高校人才培养质量的影响因素、构成要素,立足综合、全面、客观的角度,"围绕知识、能力和素质三要素,考虑相关影响因素,注重指标的可操作性而设计相关指标进行评价"②。

最后,应建立科学的评价方法。一方面,要综合运用基于调查统计数据的数理统计模型与方法、根据人才培养质量内涵与标准运用管理模型进行评价、个案分析等不同评价方式,并不断探索大数据背景下的人才评价方式。另一方面,要建立多样化的评价方式,增加社会评价尤其是用人单位评价比例,把用人单位评价及时反馈到人才培养环节。

---

① 潘懋元. 新编高等教育学 [M]. 北京:北京师范大学出版社,2009:123.
② 彭贞贞,李坚,马骥. 高校人才培养质量评价研究综述 [J]. 教育教学论坛,2014(53):106.

还要通过进一步规范完善第三方评价机制,重视毕业生家长评价及毕业生自我评价。

二、以提高自主创新能力为突破,服务创新型国家建设

高等教育自主创新能力是国家创新体系和创新驱动的重要组成部分,体现一个国家的核心竞争力,对建设创新型国家具有重要意义。中华人民共和国成立以来,高等教育领域科技为我国经济社会发展作出了重大贡献:一是在学科建设和学科创新方面发挥着核心作用;二是开展源头领域创新,培育新兴产业,创造新的需求,拉动经济发展;三是发展高科技,实现产业化,支撑经济平稳较快发展,促进就业;四是解决一大批环保、海洋、地震、气象等社会发展的关键科技问题,推动社会文明进步;五是服务医药卫生、人口健康、"三农"等民生科技问题,提高人民生活水平和质量。[①] 为了进一步提升高校自主创新能力,2007年,教育部印发了《关于加快研究型大学建设,增强高等学校自主创新能力的若干意见》,要求高校进一步增强自主创新能力,并明确了具体要求。在全面建成小康社会战略中,提升高校自主创新能力面临新的契机和要求,重点在于具备国际视野,强化针对性,突出原创性、增强黏合度和面向区域性。

(一)具备自主创新国际化视野

视野决定高度,视野改变理念,高等教育综合改革在推动自主创新中具备国际视野是全球化、信息化的要求,也是提高国际竞争能力、提升自主创新能力的前提。

国际化视野需要把我国自主创新水平尤其是高校的自主创新能力置于世界发展潮流中,理性认清形势,找准客观位置,不骄不躁,不弃不馁,寻求差距,查找问题,学习经验,研判趋势,让高等教育的自主创新建立在一个全面、深刻认识世界潮流与趋势的基础之上。

国际化视野需要转变观念,面向世界,植根本土。2013年习近平考察中国科学院时强调:"我们要引进和学习世界先进科技成果,更要走前人没有走过的路。"[②] 随着世界范围内的交往越来越紧密,并改变着世界经济、政治、文化发展格局,故步自封、因循守旧、盲目创新将成为高等教育自主创新的主要障碍,应在国际化视野下主动去领悟、提升自主创新能力。

国际化视野是强调合作的认识工具,"相对于全球化而言,国际化更多强调国与国之间的合作、联系与交流,而全球化更多体现为世界的村落化与全球的一体化。世界是精

---

① 60年教育辉煌:我国高校自主创新能力显著增强[N].中国教育报,2009-09-30.
② 孙秀艳.深化科技体制改革 增强科技创新活力 真正把创新驱动发展战略落到实处[N].人民日报,2013-07-18.

彩纷呈、多元多样的,人类生活和社会发展中有的元素可以实现全球化、一体化。而更多的元素则是需要保持和而不同、相得益彰。"① 具备自主创新的国际化视野也应加强国际合作和交流,更要保持并突出自身的特色优势。

(二)提高原始性自主创新比例

在高等教育综合改革中提升自主创新能力在内容上包括三方面的含义:一是原始性创新,即通过科研和开发,努力获得更多科学发现与技术发明;二是集成创新,即通过各种相关技术成果融合汇聚,形成具有市场竞争力的产品和产业;三是引进技术消化、吸收和再创新——即在积极引进国外先进技术与设备的基础上,进行充分的消化吸收和再创新。② 提高原始性创新比例,有利于更紧密围绕、贴近、解决全面建成小康社会中的重点和难点问题,增强自信。

首先,导向是动力。要把当前全面建成小康社会中涉及经济、政治、文化、社会、生态等领域亟须破解的、阻碍发展、关乎民生的重大现实难题,作为高校推进原始性创新的直接动力。这些重大现实难题有基础研究也有应用研究,关乎全面建成小康社会成败,直接影响广大人民利益,应科学规划,统筹推进,集中力量加以解决。要杜绝功利主义、本位主义,避免目光短浅、脱离实际的研究倾向。

其次,团队是关键。团队重在协作。在强化原始性创新中,高校要大力推进重点科研基地、科技创新平台建设,造就一大批科技创新领军人才和高水平创新团队。在创新团队组成中,应立足成员国际化视野培育,鼓励跨区域、跨校、跨专业合作,让不同区域、不同高校、不同学科的优秀人才能在区域融合、校际融合、学科融合中实现自主创新。

再次,积累是基础。科学研究需要兴趣,更需要创新思维,还需要长期积累。而原始性创新尤其需要积累,在积累中坚持不懈,持之以恒,不断尝试,允许失败,这本身也是科学研究中所应具备的心理品质。通过不断积累和坚持,才能在不断的量变中实现质的飞跃。

最后,制度是保障。制度可以营造良好的环境,也可以有效引领原始性创新。我们不仅需要国家层面实施"杰出青年基金""百千人计划""长江特聘学者"等创新人才队伍建设激励机制,更需要各地各高校根据地方、学校实际设计不同层次的激励制度,让制度成为促进原始性创新的"催化剂"。

当然,突出原始性创新并非忽略集成创新和引进技术消化、吸收和再创新,而是要突出重点,共同发展,互相促进,这也符合我国全面建成小康社会的实际要求。

---

① 吕治国."国际化视野下的高校德育创新发展研究"论坛在上海举办[J].高校理论战线,2011(01):64.
② 洪银兴.研究型大学如何增强自主创新能力[N].光明日报,2006-02-12.

(三)增强自主创新现实耦合性

耦合性是软件工程中的专业术语,是对模块间关联程度的度量。在高等教育综合改革中增强自主创新的现实耦合性,是指增强高等教育自主创新能力与经济社会发展的关联程度,即增强自主创新能力服务全面建成小康社会的实现程度。耦合性越高,独立性越差,意味着自主创新越紧密围绕着全面建成小康社会这一战略目标,落脚点越接近经济社会发展实际。

一是自主创新内容应与服务全面建成小康社会关键领域更契合。高等教育自主创新过程中要牢牢抓住全面建成小康社会关键领域发展的问题意识和问题导向。应围绕全面建成小康社会中的机遇、风险和问题,加大基础研究投入力度,加强基础研究。围绕产业结构调整、生态环境保护、新型城镇化建设等重要领域的现实要求,在重要领域抓住关键问题,进行重点突破。

二是自主创新能力水平与服务国家创新驱动战略更匹配。实施创新驱动是世界科技发展的趋势和潮流,也是我国全面建成小康社会中适应新常态、经济转型升级的必经之路。习近平指出:"实施创新驱动,是加快经济发展方式、破解经济发展深层次矛盾和问题、增强经济发展内生动力和活力的根本措施。"[①] 高校提升自主创新能力是创新驱动的组成部分。高等教育要坚持以服务全面建成小康社会为导向,"围绕产业链部署产业链,围绕创新链完善资金链,消除科技创新中的'孤岛现象',破除制约科技成果转移扩散的障碍,提升国家创新体系整体效能"[②]。在融入创新驱动战略中更好地提升自主创新能力。

三是自主创新成果与服务区域发展贡献更吻合。自主创新的贡献很大程度体现在推动技术成果的转化,以及服务区域经济发展上。一方面,要建立完善的良性竞争机制、风险投资机制、技术成果价值评估机制、技术转移激励机制和产学研合作机制等,实行绩效评估,进行动态管理,完善以质量和贡献为导向、符合科技发展规律的评价体系,形成自主创新的良好环境和氛围;另一方面,要根据不同高校所处区域及定位,突出服务区域全面建成小康社会,并以实际贡献度作为重要衡量标准,有力促进区域经济发展。

三、以提高人民生活水平为主旨,强化高质效社会服务

19世纪末以来,直接为社会服务成为高等教育的一项重要社会职能。全面建成小康社会直接关系到最广大人民的根本利益。习近平指出:"实现全面建成小康社会、建成富强民主文明和谐的社会主义现代化国家的奋斗目标,实现中华民族伟大复兴的中国梦,

---

① 习近平. 实施创新驱动发展战略[N]. 新华每日电讯, 2013-03-05.
② 敏锐把握世界科技创新发展趋势 切实把创新驱动发展战略实施好[N]. 人民日报, 2013-10-02.

就是要实现国家富强、民族振兴、人民幸福。"[①]李克强在庆祝中华人民共和国成立六十六周年招待会上提出,人民幸福是衡量改革发展成效的标尺。高等教育综合改革在服务全面建成小康社会中,应该遵循这一价值依归,即要体现广大人民群众的现实利益,致力于服务广大人民群众过上更加美好的生活,增进人民幸福感。

(一)强化高等教育在综合改革中服务全面建成小康社会的意识

高校普遍把服务经济社会发展作为重要职能。但在不同的历史阶段,经济社会发展具有不同的特点,高等教育在服务经济社会发展中也面临不同的主题、任务和重点。在实现全面建成小康社会战略目标过程中,高等教育在全面深化综合改革中,要把社会服务功能立足于全面建成小康,利用自身定位特点、区位优势、学科特色和人才优势,强化服务全面建成小康社会意识,拓展服务领域,创新服务形式,提高服务水平。强化服务全面建成小康社会意识,要求教育主管部门要做好顶层设计,统一思想,把服务全面建成小康社会意识作为当前高等教育综合改革的重要价值导向,融入内涵式发展,融入现代大学制度建设。强化服务全面建成小康社会意识,要求各高校在学校发展战略中统一思想,融入全面建成小康社会意识,在人才培养、科学研究等环节中加以贯彻落实。强化服务全面建成小康社会意识,还要明确价值依归,把实现最广大人民的根本利益、提升人民幸福生活指数作为衡量标准,这也是高等教育社会服务职能的价值诉求。

(二)通过深化综合改革提供更加充分、更高质量的创业就业服务

我国是人口大国,促进高质量的就业是全面建成小康社会中的民生之本、安国之策。2002年召开的党的十六大把社会就业比较充分作为全面建设小康社会奋斗目标的重要内容;2007年召开的党的十七大则提出实施扩大就业的发展战略,促进以创业带动就业;2012年召开的党的十八大进一步强调就业是民生工程,把就业更加充分作为全面建成小康社会宏伟目标的新要求。高校毕业生就业是就业工作的重点,在高等教育进入大众化中后期,我国高校毕业生每年大幅增加(如图4-1所示)。[②]因此,高等教育综合改革中提升高校毕业生的创业就业水平不仅是高等教育自身的任务要求,也是当前服务全面建成小康社会的重要内容。

---

① 十八大以来重要文献选编:上[C].北京:中央文献出版社,2014:234.
② 2001—2015年全国高校毕业生人数[EB/OL].[2017-06-18].http://career.eol.cn/kuai_xun_4343/20141205/t20141205_1209695.shtml.

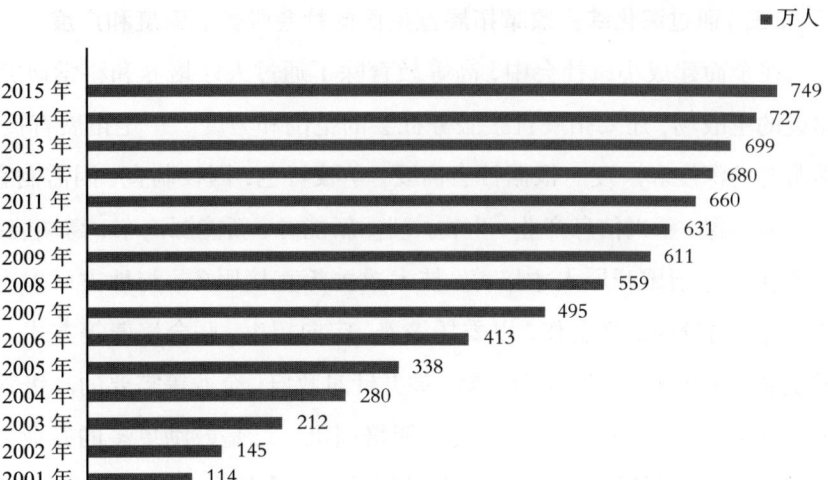

图 4-1 2001—2015 年全国高校毕业生人数

在创业服务方面，高等教育要通过综合改革，重点解决好毕业生创业教育的核心是什么、引导毕业生开展什么样的创业、教育主管部门和高校应提供什么样的创业服务和毕业生创业应实现什么样的社会效益等关键问题。在大众创业、万众创新的契机下，高校创业教育的核心仍然是坚持大学生创新意识和品质的培养、积累，在现实中并非所有大学生都适合创业，也并非要鼓励全体大学生盲目地、低层次地、运动式地投入创业大潮之中。鼓励高校毕业生自主创业，重点应引导毕业生开展与所学专业紧密结合、有一定科技含量并能发挥示范引领作用的创业实践活动，展现大学生群体创业的特点。而政府部门和高校应提供价值引导、政策扶持、创新教育、创业培训、创业实践和创业指导等全方位、个性化的服务。在实践过程中，应重点带动一部分高校毕业生在成功实现创业过程中带动其他毕业生、社会其他群体就业，融入驱动创新战略，并力争为社会提供就业岗位。

在就业服务方面，应致力于促进高校毕业生实现更加充分更高质量就业。各高校应实施"走出去、请进来"举措，根据学校定位、特点，与地方政府、人才机构、社会企业合作，探索举办行业、学科等不同招聘会，建设信息化就业服务网络，全方位拓宽毕业生就业渠道。应积极引导毕业生到基层就业，尤其是到西部地区、偏远农村、民族地区等全面建成小康社会的薄弱区域，实现毕业生就业与服务社会的双赢。应从个性化角度全程推进毕业生职业发展教育，做好职业发展规划，强化个体需求的就业指导服务，提高毕业生服务社会能力。

（三）通过深化综合改革拓展直接面向社会服务的深度和广度

在全面建成小康社会中，高等教育除了通过人才培养和科学研究，服务于经济社会建设的主战场，还要拓展直接服务社会的范围和力度。一是拓展直接为社会提供教育教学服务的深度和广度。根据社会需要、学校特色，因校制宜、因需制宜、因地制宜，加强在节能环保、新兴信息产业、生物产业、新能源、新能源汽车、高端装备制造业、新材料、生态保护等领域开展人才培养、技术攻关等直接服务；与地方政府、各类企业、相关行业、国外高校等加强合作，以委托培养、定向招生、联合培养等方式，针对性培养输送区域发展急需人才；根据社会需要，举办针对政府、企业等需要的高级管理人才；针对农民工、创业者等不同群体开展各类技能培训班。二是鼓励更多的专业人才加强社会流动，直接面向社会开展业务活动，发挥人才所长，直接参与社会服务一线。应加大向基层农村、中西部、民族地区、革命老区等落后地区选派高校专业人才挂职的力度，根据各地不同薄弱环节，加强高校对口援建，有针对性选派在某方面有专长的人才提供专业技术服务；高校应根据自身特色和区域需求，积极开放、开办各种为社会服务的研究所、计算中心、中小学、幼儿园、出版社、附属医院等。三是切实提高由大学生广泛参与的社会实践活动的实效性。近年来，高校大学生深入开展社会实践活动既是一个优良传统，但也出现了一些形式主义倾向，缺乏创新和内涵提升，成效有待提高。因此，要从紧密贴近全面建成小康社会的站位，加强顶层设计，围绕社会主旋律，突出学校特色，注重提升内涵，重点推进践行社会主义核心价值观、传承中华优秀传统文化、协助城镇规划、宣传法治文化、进行文艺演出、提供专业咨询等活动，密切高校与社会的联系和对接。

（四）通过深化改革提高新型高校智库建设和服务水平

高校作为"思想库"决策咨询服务智囊团在全面建成小康社会中发挥重要作用。2014年12月，教育部印发了《中国特色新型高校智库建设推进计划》，明确了高校智库承担着战略研究、政策建言、人才培养、舆论引导、公共外交的重要功能，明晰了以学者为中心、以机构为重点、以项目为抓手的多样化形式，提出了围绕完善和发展中国特色社会主义制度，推进国家治理体系和治理能力现代化的总目标，聚焦国家急需，努力在关键领域、关键环节以及亟待解决的问题上取得实质突破。目前，以2011协同创新中心、人文社科重点研究基地、社科专题数据库和实验室、软科学研究基地等为代表的高校智库建设取得了重大进展。但针对在全面建成小康社会中高校智库存在研究合力还未形成、评价导向尚存偏差、理论联系实际不足等问题，在高等教育综合改革中应重点解决好以下四个问题：

一是通过设立各级、各类突出全面建成小康社会热点、难点问题的研究项目，坚持问题意识和问题导向,重在解决实际问题,通过"发表文章,出版著述,新闻媒介,关注社会热点问题,以专业知识回答人们所关心的问题,提出积极的建议"①。二是围绕全面建成小康社会中经济发展新常态、创新驱动战略实施、法治中国建设、新型城镇化建设、推进基本公共服务均等化、收入分配改革、社会和住房保障完善、增强文化软实力、提升中华文化国际传播力、美丽中国建设等重点问题为中央、地方政府提供政策、决策咨询。三是选派更多的专家学者担任各级政府顾问,大力促进政府决策的科学化,尤其是在地方社会发展规划中起到决策参与、咨询服务的关键作用。四是在智库建设中要坚持既出思想又出人才,还要参与育人,使智库建设与学校的教书育人、科学研究和社会服务有机结合,做到"一石三鸟",保证智库建设的持续健康发展。②

(五)通过深化改革提升高校资源服务社会效益

英国剑桥大学前副校长埃里克·阿什比曾经说过,美国人对高等教育的伟大贡献就是推倒了大学的围墙。这座围墙既是物质的围墙,也是精神的藩篱。在推进高等教育综合改革、服务全面建成小康社会中,"推倒"这座"围墙"是一种必然趋势,其最大意义在于使高校资源最大限度向社会开放,更充分发挥社会效益。从物质资源上来看,高校应主动利用校园环境、图书馆、体育场馆及其他设施,为当地文化发展、人民生活、精神文明等提供力所能及的服务,通过有规划地向社会开放校园,举办各类公益讲座、展览、文体活动,加强高校和社会的融合,丰富广大人民群众的文化生活。从信息资源上来看,可以跨地区、跨高校成立高校信息资源共享平台,提供面向社会开放的图书资源、档案信息资源、文献信息资源、公开课教学资源等各类信息资源,探索建立长效机制,进一步拓展服务社会能力。

此外,高校应在全面建成小康社会中不断与时俱进,主动挖掘社会服务项目,拓展创新社会服务途径,探索建立立体化的社会服务网络,全面服务于实现最广大人民的根本利益。

四、以提高传承引领能力为导向,服务文化软实力建设

文化建设是全面建成小康社会的重要组成。习近平指出:"中华优秀传统文化是中华民族的精神命脉,是涵养社会主义核心价值观的重要源泉,也是我们在世界文化激荡中站稳脚跟的坚实根基。人类发展的历史表明,任何一个民族的发展如果没有文化的支

---

① 潘懋元.新编高等教育学[M].北京:北京师范大学出版社,2009:431.
② 瞿振元.中国特色新型高校智库的使命与担当:高校智库建设要出思想、出人才,还要育人[EB/OL].[2017-03-16].http://news.gmw.cn/2015-07/07/content_16205462.htm.

撑都不可能持久。"① 当今时代，在全面建成小康社会中，我们不仅需要丰厚的物质文明，更需要坚强的精神力量。"文化传承创新与科技创新具有同等作用，也应具有同等地位。就其意义而言，文化传承创新，为社会提供方向与生活方式，科技创新为社会提供驱动动力，这正如汽车的方向盘与发动机各有各的重要性一样。"② "大学拥有众多的高级人才，雄厚的科研力量和浓厚的文化氛围，使其必然成为一个城市、一个国家中人才和知识最为密集的地方。"③ 随着高等教育综合改革的深化，高校应责无旁贷地承担起文化传承、创造、辐射、引领和提升国际传播力的责任。

（一）强化以大学精神为核心的自身文化建设

文化本身作为高校的重要组成部分，在高等教育综合改革中发挥着无形的精神支撑作用。大学精神作为大学文化的核心，是推进高校文化建设的关键所在。近年来，关于中国大学精神缺失与回归的讨论成为社会争议的焦点，这也从某种程度上反映了高校自身文化建设中存在的问题。"大学之大，不在校园之大，其大首先在于精神之大。"在全面建成小康社会、基本实现高等教育现代化进程中，高校应把大学精神作为文化建设的灵魂和精髓，使之成为高校师生共同的价值信仰。

回顾大学精神在中国大学的世纪传承和历史经验，西南联大堪称"奇迹"，对当前高校传承大学精神具有重要的启发和借鉴意义。西南联大是在抗战困难时期，由当时的国立北京大学、国立清华大学、私立南开大学三所高校临时组成的一所综合性大学，在困难时期保存了重要的科研力量并培养了一大批优秀学生，为中国乃至世界的发展作出了贡献，有"内树学术自由，外筑民主堡垒"之美誉。在短短8年办学期间，在西南联大任教的教授有朱自清、闻一多等300余人，学生有8000人，毕业生3343人，联大师生中担任中央研究院首届院士（1949年）的27人、中国科学院院士154人（学生80人）、中国工程院院士12人（全是学生），其中杨振宁、李政道2人获得诺贝尔奖（物理学奖），赵九章、邓稼先等8人获得两弹一星功勋奖章，黄昆、刘东生、叶笃正、吴征镒等4位获得国家最高科学技术奖，宋平、彭珮云、王汉斌等人成为国家领导人。④ 连美国弗吉尼亚大学学者约翰·伊瑟雷尔都认为："西南联大是中国历史上最有意思的大学，在最艰苦的条件下，保存了最完好的教育方式，培养了最优秀的人才。"考究西南联大独特的发展轨迹和成就，不难发现大学精神在其中所起的灵魂作用，其在民族危亡的抗战时期坚持刚毅坚卓、民主治校、兼容并包、自由竞争、严谨治学、通才教育，让三所高校在炮火中产生了

---

① 坚持以人民为中心的创作导向 创作更多无愧于时代的优秀作品 [N]. 人民日报，2014-10-16.
② 刘胜兰. 文化传承创新：大学第四大功能的确立 [J]. 中国高等教育，2011（10）：11.
③ 徐鸿钧. 高等教育服务经济社会的国际经验 [M]. 北京：高等教育出版社，2014:158.
④ 储朝晖. 中国大学精神的历史与省思 [M]. 太原：山西教育出版社，2010:170-177.

"1+1+1＞3"的奇效,也成了践行大学精神的典范。

当前,即便和平与发展仍然是世界的两大主题,高等教育综合改革中也要树立居安思危的思想,应把大学精神传承作为高等教育综合改革的灵魂,用大学精神充盈师生的精神家园,凝聚人心,拒绝荒芜。尤其要引导大学生把大学精神作为开启大学生活的钥匙,用大学精神唤醒自我、认识自我、定位自我,让大学精神成为大学生活的标尺。那么,当前应坚持什么样的大学精神呢?根据时代的发展,大学精神至少应涵括"自由、批判、科学、人文、创新"这五方面的内容。这种大学精神既要积极发扬学术自由,又要体现思想自由;既要鼓励怀疑批判,又要凸显建设心态;既要坚持科学精神,又要勇于实践探索;既要坚持道德、情感与理想,又要提倡责任、伦理与担当;既要培养创新品质和素养,又要敢于坚持与突破。只有把大学精神融入一所高校的办学理念、特色、校训、校风、校园文化等之中,并以实际行动化于校园环境、校园生活、师生言行、师生互动等之中,这所高校才能成为一棵"有根"的"参天大树",才能牢固屹立于社会中心,服务于社会发展。

(二)发挥社会主义核心价值观引领和辐射作用

核心价值观是国家软实力的灵魂和重点。习近平指出:"人类社会发展的历史表明,对一个民族、一个国家来说,最持久、最深层次的力量是全社会共同认可的核心价值观。核心价值观,承载着一个民族、一个国家的精神追求,体现着一个社会评判是非曲直的价值标准。"① 而高等教育作为人才培养中心、知识集中场所、科学研究前沿,在培育和践行社会主义核心价值观中发挥着引领和辐射的重要作用。为此,2013年12月,中共中央办公厅印发了《关于培育和践行社会主义核心价值观的意见》;2014年10月,中共教育部党组、共青团中央印发了《关于在各级各类学校推动培育和践行社会主义核心价值观长效机制建设的意见》;2015年4月,中共中央宣传部、中央文明办印发了《培育和践行社会主义核心价值观行动方案》。这些文件为高校培育和践行社会主义核心价值观指明了方向,也为其发挥引领和辐射作用奠定了基础。

首先要探索特色经验,引领和辐射全社会。近年来,高校把培育和践行社会主义核心价值观作为立德树人的核心和根本,作为大学生思想政治教育工作的主线,始终贯穿于全过程、全方位、全员育人之中,不同层次、不同地区高校在不断探索和积累中形成了一些经验。要把这些特色经验辐射到社会各个领域,经过吸收消化,成为社会发展其他领域培育和践行社会主义核心价值观的重要借鉴和参考。其次要形成鲜明实效,引领和

---

① 习近平在北京大学师生座谈会上的讲话[N].人民日报,2014-05-05.

辐射全社会。社会主义核心价值观不是一个口号，重在实效。高校通过在师生中塑造良好的精神面貌、树立更多典型榜样、更好地服务社会发展等不同维度来体现。高校作为社会发展的中心，是社会关注的焦点，只有高校在与社会的连接中，通过每个个体的一言一行所展示的"动态"组合，才能反映出总体实效。只有实效被社会认可、认同，才能在社会发展中发挥引领和辐射功能。最后，要建立长效机制，引领和辐射全社会。培育和践行社会主义核心价值观不是一场"作秀"和"表演"，而是一次事关建构广大人民精神信仰、充盈人民精神家园的洗礼，因此是一项长期性、系统性的工程。近年来，高校围绕"融入"二字，开展系统规划、重点突破、集成创新，坚持落细落小落实，不断创新方式方法、探索有效教育形式，把培育和践行社会主义核心价值观融入教育教学、文化育人、社会实践、制度建设、科学研究等各个环节，努力形成长效机制。尽管长效机制的形成需要一个过程，但以突出"融入"、囊括"全方位"、注重"落细落小落实"的长效机制可以成为社会各个领域的榜样和借鉴。

（三）凸显中华优秀传统文化传承和创新功能

中华优秀传统文化是中华民族的精神追求、精神标志和精神基因。中华文化是提高国家文化软实力最深厚的源泉，展示着最独特的魅力。习近平强调："要使中华民族最基本的文化基因与当代文化相适应、与现代社会相协调，以人们喜闻乐见、具有广泛参与性的方式推广开来，把跨越时空、超越国度、富有永恒魅力、具有当代价值的文化精神弘扬起来，把继承传统优秀文化又弘扬时代精神、立足本国又面向世界的当代中国文化创新成果传播出去。"[①] 高校在传承和创新中华优秀传统文化中具有得天独厚的优势。

首先，高校要充分发挥对中华优秀传统文化的挖掘和阐释作用。对于中华优秀传统文化的研究、认识观点众多，众说纷纭，高校要充分利用历史、文化、语言等优势学科，文化研究所、博物馆等研究机构，学科专业教师、相关领域学者等师资团队，加强对优秀传统文化的挖掘，重点探索其精神内核，并对其作出时代阐释。其次，高校要充分发挥对中华优秀传统文化的宣传和教育作用。宣传和教育首先要立足高校师生，根据教育部印发的《完善中华优秀传统文化教育指导纲要》的总体要求，有序推进；宣传教育还要面对社会各个领域，通过面向社会的文化讲座、学术研讨、文化演出、社会实践等方式，辐射更多人群；宣传和教育的重点是增强人们的认同感和归属感，增强人们的价值判断力和道德责任感，成为人们日常生活的基本遵循。再次，高校要充分发挥对中华优秀传统文化的创新和推广作用。要把优秀传统文化置于世界文化之林，着眼于与当代多元文化相适

---

① 习近平. 习近平谈治国理政[M]. 北京：外文出版社，2014:161.

应、与现代社会发展相协调,加强对优秀传统文化的研究,使其更好地服务于全面建成小康社会。

(四)充分激发高校文化创造活力

党的十八大报告指出:"建设社会主义文化强国,关键是增强全民族文化创造活力。"① 习近平还强调:"中华民族创造了源远流长的中华文化,中华民族也一定能够创造出中华文化新的辉煌。"② 高等教育应在综合改革中充分激发文化创造活力,促进国家文化软实力的提升。一是结合当前形势,高校要大力探索建设创新创业文化,营造大众创业、万众创新的良好氛围,鼓励创新、创意、创造、创业,使之成为高校校园文化发展的时代符号,在校园文化中占据越来越重要的位置,成为高校文化创造的一个示范。二是通过高校哲学、文学、历史、艺术等学科的教学、科研、创作活动,尊重文化发展规律,树立精品意识,增强文化创造能力,为社会提供大量积极向上的原创文化产品,促进文化产业发展,有效提升国家文化软实力。三是通过立足高校所在区域人文特点和资源,开展公共文化服务体系和现代公共文化服务体系研究,有利于充分调动人民群众的文化创造积极性,营造百花齐放、百家争鸣的创新环境,服务社会主义文化强国建设。

(五)促进高校提升文化国际传播力

国际话语权是国家文化软实力的组成部分。对于提高国际话语权,习近平指出:"要加强国际传播能力建设,精心构建对外话语体系,发挥好新兴媒体作用,增强对外话语的创造力、感召力、公信力,讲好中国故事,传播好中国声音,阐释好中国特色。"③ 高等教育通过综合改革在提升文化国际话语权上大有可为。一是各高校利用学科优势,加强科学研究,参与打造有利于国际传播的话语体系,为我国文化走向世界奠定话语基础。二是拓展创新渠道,采取"走出去,请进来",通过建设对外交流合作中心,承办或参加各类艺术节、合唱节、夏令营等国际文化交流活动,开展中外合作办学,拓展交换生项目等形式,积极扩大对外文化交流,促进文化融合,始终牢牢把握文化发展方向。三是主动出击,在世界范围内建设更多旨在推广和传播中国文化、以孔子学院为代表的教育和文化交流机构,把中华文化精品名片传播到世界各地。

---

① 十八大以来重要文献选编:上 [C]. 北京:中央文献出版社,2014:24.
② 习近平. 习近平谈治国理政 [M]. 北京:外文出版社,2014:156.
③ 习近平. 习近平谈治国理政 [M]. 北京:外文出版社,2014:162.

第五章
高等教育综合改革的直接动力

全面深化改革是"四个全面"重要战略布局的三大举措之一，是实现"两个一百年"奋斗目标和实现中华民族伟大复兴的强大动力。全面深化改革是一场伟大的革命，改革开放以来的实践及成果不仅证明了改革开放的必然性，更向我们昭示了"改革只有进行时"。在当前世界发展大潮中，打好全面深化改革这场攻坚战直接关系着全面建成小康社会和中华民族伟大复兴目标的实现。作为社会发展中重要的民生工程，深化高等教育综合改革不仅是全面深化改革的重要组成部分，也受到全面深化改革的直接影响。2014年5月4日，习近平在与北京大学师生座谈时指出："党的十八届三中全会吹响了全面深化改革的号角，也对深化我国高等教育改革提出了明确要求。现在，关键是把蓝图一步步变为现实。全国高等院校要走在教育改革前列，紧紧围绕立德树人的根本任务，加快构建充满活力、富有效率、更加开放、有利于学校科学发展的体制机制，当好教育改革排头兵。"① 因此，必须站在全局和历史的高度，在全面深化改革中不断推进高等教育综合改革。

第一节 全面深化改革背景下高等教育综合改革的新态势

高等教育的改革伴随着高等教育的发展不断深入。尤其是十一届三中全会以后，随着改革开放的持续深入，高等教育改革步伐加快。"改革开放以来，我国高等教育的改革和发展与我国社会的整体转型、经济社会整体发展状况、对外开放进程直接相关，不同阶段主流的社会思潮、国家的方针政策以及世界经济与科技发展的趋势、国际高等教育改革的动向都对高等教育产生了重要的影响。这有其必然性和合理性的一面，是由高等教育在教育中的顶层位置及其在现代社会中的基础地位决定的。"② 因此，在全面深化改革

---

① 习近平. 习近平谈治国理政 [M]. 北京：外文出版社，2014:175.
② 曾伟. 高等教育研究者应强化独立思考意识 [J]. 北京大学教育评论，2011（3）：182-187.

背景下，高等教育也面临着如何全面深化改革的问题，解决好这一问题，既是高等教育发展的必然要求，也是全面深化改革的重要组成。

一、高等教育综合改革是全面深化改革的重要组成

党的十八届三中全会通过了《中共中央关于全面深化改革若干重大问题的决定》，开启了在新的历史起点上的全面深化改革。《中共中央关于全面深化改革若干重大问题的决定》所涉及的改革内容全面，"不是推进一个领域的改革，也不是推进几个领域的改革，而是推进所有领域的改革"[1]，涵盖社会主义市场经济、民主政治、先进文化、和谐社会、生态文明等五个方面，包括15个领域330多项重大的改革举措。其中，"推进社会事业改革创新"部分对深化高等教育综合改革提出了明确而具体的要求。

《中共中央关于全面深化改革若干重大问题的决定》在"推进社会事业改革创新"部分第42款提出要"深化教育领域综合改革"。其中涉及高等教育领域的内容有：

——全面贯彻党的教育方针，坚持立德树人，加强社会主义核心价值体系教育，完善中华优秀传统文化教育，形成爱学习、爱劳动、爱祖国活动的有效形式和长效机制，增强学生社会责任感、创新精神、实践能力。

——强化体育课和课外锻炼，促进青少年身心健康、体魄强健。

——改进美育教学，提高学生审美和人文素养。

——大力促进教育公平，健全家庭经济困难学生资助体系，构建利用信息化手段扩大优质教育资源覆盖面的有效机制，逐步缩小区域、城乡、校际差距。

——加快现代职业教育体系建设，深化产教融合、校企合作，培养高素质劳动者和技能型人才。

——创新高校人才培养机制，促进高校办出特色、争创一流。

——推进考试招生制度改革，探索招生和考试相对分离、学生考试多次选择、学校依法自主招生、专业机构组织实施、政府宏观管理、社会参与监督的运行机制，从根本上解决一考定终身的弊端。

——加快推进职业院校分类招考或注册入学。

——逐步推行普通高校基于统一高考和高中学业水平考试成绩的综合评价多元录取机制。

——试行普通高校、高职院校、成人高校之间学分转换，拓宽终身学习通道。

——深入推进管办评分离，扩大省级政府教育统筹权和学校办学自主权，完善学校

---

[1] 习近平．习近平谈治国理政[M]．北京：外文出版社，2014：90．

内部治理结构。

——强化国家教育督导,委托社会组织开展教育评估监测。

——健全政府补贴、政府购买服务、助学贷款、基金奖励、捐资激励等制度,鼓励社会力量兴办教育。

除此,在第43款提出"健全促进就业创业体制机制"中把高校毕业生作为重点,明确提出:

——促进以高校毕业生为重点的青年就业和农村转移劳动力、城镇困难人员、退役军人就业。

——结合产业升级开发更多适合高校毕业生的就业岗位。

——政府购买基层公共管理和社会服务岗位更多用于吸纳高校毕业生就业。

——健全鼓励高校毕业生到基层工作的服务保障机制,提高公务员定向招录和事业单位优先招聘比例。

——实行激励高校毕业生自主创业政策,整合发展国家和省级高校毕业生就业创业基金。

——实施离校未就业高校毕业生就业促进计划,把未就业的纳入就业见习、技能培训等就业准备活动之中,对有特殊困难的实行全程就业服务。[①]

基于以上论述,无论从所占篇幅还是文字表述,全面深化高等教育综合改革都是全面深化改革的重要组成部分。一方面,在所占篇幅上,这些内容包含19项具体工作,覆盖立德树人、体育、美育、教育公平、现代职业教育体系、人才培养机制、考试招生制度改革、不同层次高校学分转换、管办评分离、国家教育督导、健全制度、鼓励社会力量办学、创业就业等方面的具体措施和要求,尤其是在创业就业方面提出了6项工作,占举措总量近三分之一,这也反映了在全面深化高等教育领域综合改革中高校毕业生创业就业工作的重要性。另一方面,在文字表述上,这些内容不仅反映了当前高等教育领域存在的突出矛盾和问题,也反映了全面深化改革中经济社会发展对高等教育领域改革提出的导向性和紧迫性要求,更反映了高等教育领域改革所面临的全面性、综合性和深刻性挑战。

二、全面深化改革背景下高等教育综合改革新目标

党的十八届三中全会提出了全面深化改革的总目标是"完善和发展中国特色社会主义制度,推进国家治理体系和治理能力现代化"[②]。国家治理体系和治理能力"是一个国

---

① 十八大以来重要文献选编:上 [C]. 北京:中央文献出版社,2014:535-537.
② 十八大以来重要文献选编:上 [C]. 北京:中央文献出版社,2014:512.

家制度和制度执行能力的集中体现。国家治理体系是在党领导下管理国家的制度体系，包括经济、政治、文化、社会、生态文明和党的建设等各领域体制机制、法律法规安排，是一整套紧密相连、相互协调的国家制度；国家治理能力则是运用国家制度管理社会各方面事务的能力，包括改革发展稳定、内政外交国防、治党治国治军等各个方面。国家治理体系和治理能力是一个有机整体，相辅相成，有了好的国家治理体系才能提高治理能力，提高国家治理能力才能充分发挥国家治理体系的效能。"[①] 回顾中华人民共和国的发展历程，国家治理体系和治理能力经历了一个不断探索的过程，既积累了一些经验，也付出过一定代价。当前，面对我国经济社会发展新要求，面对激烈的国际竞争以及不断出现的新问题新情况，党中央提出了这一重要命题，也是一个目标。那么，如何推进国家治理体系和治理能力现代化呢？习近平明确指出："就是要适应时代变化，既改革不适应实践发展要求的体制机制、法律法规，又不断构建新的体制机制、法律法规，使各方面制度更加科学、更加完善，实现党、国家、社会各项事务治理制度化、规范化、程序化。要更加注重治理能力建设，增强按制度办事、依法办事意识，善于运用制度和法律治理国家，把各方面制度优势转化为管理国家的效能，提高党科学执政、民主执政、依法执政水平。"[②]

在全面深化改革新形势下，全面深化高等教育综合改革的总目标与其具有一致性，即要完善和发展中国特色的高等教育制度，推进高等教育治理体系和治理能力现代化。全面深化高等教育综合改革的总依据也是社会主义初级阶段，必须融入全面深化改革大背景之中，融入"五位一体"的总布局之中，融入"四个全面"战略布局之中。高等教育综合改革要完善科学规范的教育治理体系，形成高水平的教育治理能力，就要围绕推进高等教育治理体系和治理能力现代化，在坚持教育优先发展战略的基础上，全面深化高等教育综合改革，推动高等教育内涵式发展，更好地促进高等教育公平，优化高等教育结构，全面提高教育质量，办好人民满意的教育，适应经济社会发展需要，更好地为全面建成小康社会提供人才支撑和智力支持。

高等教育治理体系是指高等教育综合改革中关于人才培养、教育教学、科学研究、社会服务、文化传承创新、党的建设等各个方面的体制机制、法律法规安排，是一整套紧密相连、相互协调的高等教育制度体系。高等教育治理体系现代化是高等教育治理能力现代化的前提。要建立"以构建政府、学校、社会新型关系为核心，以推进管办评分离为基本要求，以转变政府职能为突破口，建立系统完备、科学规范、运行有效的制度体系，形

---

① 习近平. 习近平谈治国理政 [M]. 北京：外文出版社，2014:91.
② 习近平. 习近平谈治国理政 [M]. 北京：外文出版社，2014:92.

成政府宏观管理、学校自主办学、社会广泛参与的格局。"①高等教育治理体系的现代化包含三个层面的内涵：一是在横向上，包含招生考试制度、办学制度、管理体制、科研制度、师资建设制度、创业就业制度、国际合作制度、保障制度等突出重点又囊括全面的制度体系。二是在纵向上，应建立贯彻高等教育科学规划、招生考试、教学组织、毕业就业等全过程各个环节的现代化制度，不能遗漏任何一个重要环节。三是在层次上，应建立外部和内部治理制度体系，外部治理主要是指国家治理高校的制度模式，涉及政府与大学、社会与大学、市场与大学三对关系，内部治理主要是指高等教育的自我管理模式，涉及高等学校的行政与学术、管理与业务（教学与科研）、学校行政机关与业务院系等三对关系。②总的来说，全面深化改革背景下的高等教育治理体系应立足于全面，重点在深化，关键是综合。高等教育治理体系的现代化不仅要立足于考虑好高等教育综合改革的方方面面，还要把重点放在对原有改革制度的深化基础之上，"高等教育全面深化改革需要对高等教育改革进行改革"③，也就是要对此前所进行的改革进行深刻总结、改进、提升，关注推进改革过程中制度的综合性建设。只有建立符合当前我国发展实际的高等教育治理体系才能提高高等教育治理能力。

高等教育治理能力是指运用高等教育制度体系管理高等教育的能力，增强按制度办事、依法办事意识，善于运用制度和法律治理高等教育，把制度优势转化为管理高等教育的效能，全面提升高等教育发展质量，提高服务全面建成小康社会的质效。提高高等教育治理能力，首先要明确治理能力的主体问题。高等教育治理包含多重主体，既有从国家层面到各级党委、政府，以及各级党委、政府部门下设的高等教育管理部门，各高等学校自身也是提高治理能力的关键主体，除此，作为评估机构的社会组织也将逐渐成为提高治理能力的重要力量。因此，让多重主体各就其位、各司其职、各担其责是提高治理能力的基础和前提。提高高等教育治理能力，不仅要求要适应和融入国家治理体系和治理能力建设整体之中，还要遵循高等教育自身发展的规律，树立治理理念，协同政府宏观管理、高校自主办学、社会广泛参与，不仅要转变政府职能，推进简政放权，强化宏观治理，还要激发学校内部原发动力和活力，更要发挥全社会在高等教育综合改革中的协同作用，从而不断提升高等教育治理能力。

在全面深化改革背景下，"是否有利于国家发展和高等教育自身的发展，是否有利于社会进步，是否有利于公民素质提升，是判断高等教育治理现代化成功与否的价值尺

---

① 袁贵仁.加快推进教育治理体系和治理能力现代化[EB/OL].[2017-03-16].http://www.gov.cn/gzdt/2014-02/16/content_2605760.htm.
② 张传燧.治理文化质量：高等教育深化改革的三大主题[J].大学教育科学，2015（01）：15-16.
③ 张应强.高等教育全面深化改革需要对高等教育改革进行改革[J].中国高教研究，2014（10）：16.

度"①。

三、全面深化改革背景下高等教育综合改革的新要求

如前所述，关于高等教育的改革和发展伴随着经济社会发展从未停止过，并不断适应服务于经济社会发展。党的十八届三中全会作出全面深化改革的战略部署，既为正在进行之中的高等教育综合改革指明了方向，也提供了更加强劲的动力。全面深化改革既包含高等教育领域的综合改革，也是全面推动高等教育综合改革的有利契机。党的十八大提出了要深化教育领域综合改革；2013年初，教育部印发了《关于2013年深化教育领域综合改革的意见》；2013年11月，《中共中央关于全面深化改革若干重大问题的决定》又再次强调和部署了包括高等教育在内的教育领域综合改革。因此，从中央对决策重视程度分析，这将是高等教育综合改革一个前所未有的"春天"。当然，在这一有利的制度大环境背后，全面深化改革也给高等教育综合改革提出新的要求，并呈现出新的特点。

（一）高等教育综合改革应贯彻、融入、服务全面深化改革

要把高等教育综合改革置于全面深化改革的总目标中去理解，按照全面深化改革的要求，遵循高等教育发展规律，严格贯彻全面深化改革对高等教育提出的具体要求，赋予其更全面、深刻、综合的内涵。全面深化改革背景下的高等教育综合改革不是"打补丁式"、"换汤不换药式"、单一领域的改革，而是要融入国家全面深化改革的浪潮之中，必须站在全局的战略位置来全面推进高等教育综合改革。全面推进高等教育综合改革要求把改革的顶层设计、方式方法、推进过程、价值成效等更好地融入全面深化改革整体和全局之中，不仅不"拖后腿"，还要做表率，不仅要在教育领域做表率，还要成为社会各个领域的榜样和示范，成为推动全面深化改革的重要组成。全面推进高等教育综合改革要通过自身改革更好地服务全面深化改革大局，从人才培养、科学研究、社会服务、文化传承创新等入手，服务于全面建成小康社会。总之，要杜绝以孤立、本位的眼光推进高等教育综合改革的片面思想，代之以全面深化改革思维引领推进高等教育综合改革。

（二）高等教育综合改革应在深化、综合的基础上兼顾全面

高等教育综合改革的提出是我国高等教育面临的形势所决定的。高等教育大众化发展以来，规模和数量的发展使我们成为高等教育大国，但面对经济社会发展对提高人才质量的迫切要求、人民群众对"上好学"的呼声不断、优质高等教育资源供给不足、高等教育国际竞争力不强等形势，推进高等教育综合改革成为社会共识和对高等教育发展的

---

① 专家学者探讨高等教育治理体系和治理能力现代化[EB/OL]. [2017-03-16].http://difang.gmw.cn/hb/2014-11/01/content_13722893.htm.

期待。"高等教育综合改革是对我国现阶段高等教育改革特征的概括,而非改革内容的描述。"[1]推进高等教育综合改革重在深化,关键在综合。深化是对度的衡量,是对原有改革理念、内容、方式、成效等方面力度的强化与拓展,体现坚决性和艰巨性。综合是关键一招,高等教育要实现从数量到质量的提升、从大国到强国的转变,靠的不是就某一方面或者某几个领域的片面改革,而需要从综合思维入手,采取"自上而下"和"自下而上"相结合的方式,在高等教育发展的关键领域采取综合的方式,深化综合的改革,取得综合的成效。在全面深化改革的新形势下,高等教育综合改革还必须兼顾"全面",即全面推进综合改革。从内容上看,高等教育综合改革应兼顾更加全面的内容,各个方面都应纳入,但在改革推进的过程中,切忌全面开花、平均用力,而是应该选择重点难题突破,持续推进,通过核心、关键的环节带动全面、全方位的改革。从形式上看,兼顾全面要多管齐下,善于吸纳转化国际高等教育改革发展的先进经验,敢于借鉴运用其他领域改革对高等教育发展的启示,敢于尝试信息化时代带来的新事物,为我所用。从对象上看,不仅要涉及各级高等教育主管部门,还要包括不同层次、不同种类高校,甚至一些与高等教育发展相关的社会机构。从成效上看,既要关注改革中关键核心环节的成效,也要兼顾高等教育发展各个领域、环节改革取得的成绩。

(三)高等教育综合改革应在协同、创新中凸显价值依归

在《中共中央关于全面深化改革若干重大问题的决定》中关于"全面深化改革的指导思想"明确提到,要"坚定信心,凝聚共识,统筹谋划,协同推进","以促进社会公平正义、增进人民福祉为出发点和落脚点"。刘延东在2015年召开的教育部直属高校工作咨询委员会第25次会议上强调,高校要围绕"四个全面"战略布局,把全面提升创新能力摆在高等教育综合改革的核心位置,为实施创新驱动发展战略和建设创新型国家贡献力量。当前,无论是高等教育要适应经济发展新常态、应对日渐激烈的国际竞争,还是在建设高等教育强国进程中,都需要以全面提升创新能力作为核心,以协同推进为突破口。在全面深化改革大局中,全面推进高等教育综合改革还要凸显其根本的价值依归,这往往也是在改革中为了片面追求效益而容易忽略的问题。全面推进高等教育综合改革的价值依归就是在人才培养、科学研究、社会服务和文化传承创新中充分体现最广大人民的根本利益,把促进社会公平正义、增进人民福祉作为出发点和落脚点,充分体现中国特色高等教育发展道路的优越性。

---

[1] 李立国.什么是高等教育综合改革的关键[EB/OL].[2017-03-16].http://edu.gmw.cn/2014-08/12/content_12485822.htm.

第二节 全面深化改革背景下高等教育
综合改革的现实瓶颈

在全面深化改革的重大决策推动下,深化高等教育综合改革成为高等教育发展的主旋律。在党的十八届三中全会后,清华大学和北京大学共同向党中央、国务院"主动请缨"承担改革试点任务,在国家教育体制改革领导小组的领导下,全面深化高等教育综合改革在北京大学、清华大学以及上海市等开始进行试点,拉开了帷幕。2014年10月以后,国家教育体制改革领导小组相继同意"两校一市"(北京大学、清华大学、上海市)的综合改革方案,并开始进入实施阶段。紧接着,浙江大学、上海交通大学、中南大学等部属高校也纷纷制订综合改革方案。随着改革的深入,目前综合改革覆盖了所有部属高校。除此,许多地方高校也都根据自身发展实际探索制订了综合改革方案。

众所周知,在全面深化高等教育综合改革中,要面对的最大难题是高等教育改革进入深水区、攻坚期的问题。改革所涉及的面更广,各种关联度也更高,破解深层次矛盾和问题难度更大。综合改革在部属高校中已经全面展开,从总体来看,虽然改革在一些领域取得了实效,但对高等教育整体发展仍然没有根本性和实质性的突破和进展。因此,在全面深化高等教育改革局面已经打开、矛盾充分显现、社会各界高度关注的改革关键时刻,应更加敏锐、理性地审视面临的问题和存在的困难,为下一步推进奠定坚实基础。

一、高等教育综合改革的"融入性"有待加强

一言以蔽之,这是视野问题,也是方向问题。当前,全面深化高等教育综合改革如果脱离全面深化改革这个全局,就会走回原来的"老路"或走进"死胡同",重复片面、简单的改革模式。从现实来看,部属高校作为综合改革的试点,代表我国高等教育的最高水准,但是在数量上只占很小比例。尽管这些高校在制订的综合改革方案中紧密围绕全面深化改革的大背景,但并不能说明作为大多数主体的其他高校也是如此。目前,大部分高校还未出台综合改革方案,即使不意味着综合改革的停滞,但在推进综合改革的过程中,缺乏制度必然会导致视野和远见不足,不能和全面深化改革实现无缝对接。若在综合改革中不能贯彻好全面深化改革的精神和要求,在实践中也就必然不能真正融入地方经济社会的全面深化改革进程之中,更无法实现通过自身的综合改革主动适应、支撑引领地方的全面深化改革。

"融入性"不强还因各种角色定位不清。高等教育综合改革涉及多个主体,不同主

体职权各异，在高等教育发展中扮演不同的角色，发挥不同的作用。多年来高等教育综合改革实践印证了一条经验，那就是定位不清、职权混乱是改革不能取得实质性突破的一个关键障碍。就目前来说，这个矛盾仍然突出，如何正确处理好政府、高校、社会的关系，精准定位职权是一个核心问题。部分政府教育主管部门重管理轻服务，重直接管理、微观管理轻宏观管理、间接管理，重发号施令轻教育规律，无法实现从"办教育"到"管教育"的转变，不利于高等教育治理体系的形成；部分高校不能把综合改革和自身定位发展紧密结合起来，出现角色偏差，缺乏自主办学的思维，丧失主动性和创造性，甚至沦为"附属品"的境地，难以主动适应经济社会需要，更不能支撑引领产业发展。在高等教育运行中管评办黏合不分，与全面深化改革总体要求严重相悖，既当"运动员"，又当"裁判员"，还当"发令员"的窘况亟须需改变，因为评价机制直接关系着全面深化高等教育综合改革的成效和成败。

二、高等教育综合改革的"治理力"有待提升

提升"治理力"将是未来一段时期高等教育综合改革发展的重要抓手。从管理到治理是一个质的飞跃，最核心的特征是其方式由"一元单向"向"棱体多向"方式转变，即由单方单向"用力"到多边交互"发力"的转变。"治理是指在社会主义市场经济体制下，市场在资源配置中起决定作用的条件下，多元利益主体围绕共同的目标协调与互动的过程。"① 实现这一转变关键是理念的转变，切实在高等教育综合改革中树立治理理念。但现实情况不容乐观，一些教育部门和高校还未树立治理理念，尤其是中西部一些高等教育发展相对薄弱的地区，现象尤为严重。一些高等教育主管部门停留在重权利轻职责、重微观轻宏观、视野窄视线低等粗放式的管理模式上，在办学过程中缺乏"教育家"思想和"政治家"思维，缺失国际化视野，不能适应新形势的需要。无法融入多元化发展格局，也就不能树立应对全面深化改革的信心和勇气，在综合改革中畏首畏尾、坐井观天、目光短浅，往往会导致错失发展契机。

治理的深刻性源于矛盾的激烈度。当前高等教育领域矛盾突出，其中最主要的四对矛盾是："人民群众对高等教育特别是优质高等教育的强烈需求与供给不足的矛盾；经济社会发展多样化带来对高层次人才的强烈需求与高等教育趋同发展的矛盾；增强高等教育的办学活力与体制机制约束的矛盾；高等教育强劲发展势头与资源保障乏力的矛

---

① 如何推进教育治理体系和治理能力现代化 [N]. 中国教育报，2013-12-05.

盾。"① 这些激烈矛盾成为改革深化的助推器，目标指向根除顽疾。但从现实来看，综合改革中各地改革进展并不平衡，热点和难点问题也还未能实现突破，各类保障政策措施仍然不够到位。高等教育综合改革过程中，理念、内容、方式、制度、过程、成效深刻度有待拓展，原因在于对改革过程中的主要矛盾认识不清，由此引发对改革理念模糊、要求不高、内容固化、方式陈旧、过程简单、制度不力、成效不高等问题。同时，与"由微观管理走向宏观管理、由直接管理走向间接管理、由办教育向管教育转变、由管理向服务转变"②也还有较大差距。

三、高等教育综合改革的"全面性"有待体现

全面性既反映全局性也体现完整性，体现了重点论和系统论的精髓。"全面深化改革是关系党和国家事业发展全局的重大战略部署，不是某个领域某个方面的单项改革。"③全面深化高等教育改革也不是片面、单项的改革，对全面性的把握是改革成效的重要衡量尺度。从近年来的实践和经验来看，高等教育综合改革更多强调的是综合和深化，重点关注政府职能转变、考试招生、人才培养、科研体制、管理体制等关键领域和环节的改革，在这一导向中尽管也倡导通过关键领域和环节改革带动整体和全局，但是在现实中难以实现。高等教育发展包含千头万绪，既要抓住重点，也要掌控系统。当前，高等教育发展中一些例如校友、统战、图书馆、档案、宣传、后勤、工会等方面工作往往容易在全面深化改革中被忽略。一些高校在后勤社会化中适应不了信息化的节奏和要求，在改革中走向倒退；一些档案管理混乱，服务意识不强，不能适应发展需要。这些都是亟须进一步完善的问题。

全面性还反映改革综合性，主要突出改革领域、方式等的综合性。改革本身就是思想、内容、方式等转变的过程。改革领域的综合性要重点考虑其不同部分的关联度、耦合度，进而形成改革合力；改革方式的综合性要在不断进行方式方法创新的基础上，将不同的方式方法作为一个整体，根据实际需要进行组合运用。综合性和全面性既有联系又有区别。当前，高等教育综合改革中的很多问题往往涉及多个部门，需要多种政策配套，更涉及多方利益调整，如果依靠原来的单项或者某几项的局部改革很难实现突破。此外，在改革中经常出现忽略各个模块间内在联系，导致改革中本位主义现象层出不穷，严重影响改革进程，在改革方式中缺乏创新，采取单一的、陈旧的方法也严重影响改革的成

---

① 储常连，柳友荣，胡程.克服"两化"落实"两本" 全面深化高校综合改革[J].中国高等教育，2015(12)：39.
② 如何推进教育治理体系和治理能力现代化[N].中国教育报，2013-12-05.
③ 让改革旗帜在中国道路上飘扬[N].人民日报，2013-11-13.

效,例如片面追求自下而上或者自上而下的改革方式,缺乏两者紧密结合的综合机制等。

四、高等教育综合改革的"协同性"有待形成

"协同"源于古希腊语,《说文解字》注释为:"协,众之同和也。同,合会也。"通俗地说,协同就是协调不同主体、资源,共同完成某一项目标或者任务。高等教育综合改革的协同性指的是在改革的过程中,要加强内外部各自要素和资源的协调配合,还要注意外部与内部之间的协调配合,通过不同要素和资源的团结一致、互相协助,充分发挥主体能动性,形成促进高等教育综合改革的最大正向合力。当前,高等教育综合改革协同性发挥不充分体现在几个方面:一是与其他领域的深化改革协同性不足,互相协调、促进、借鉴力度和作用不明显,例如人才培养改革和行业、企业的协同不够,内部治理改革借鉴现代企业等领域改革经验偏少,人事制度改革与社会主义市场经济发展的要求不相适应。二是外部改革主体协同性不足,政府、社会、行业等不同主体应该是互动的、多向的、协调的,但在促进改革的现实中各自发力,还未能形成整体合力。三是内部改革主体即各个高校之间未能与外部力量开展协同配合,不同层次、类别、区域的高校之间也缺乏沟通协作、互相借鉴、取长补短,一所高校内部院系之间、党政管理部门之间、院系与党政管理部门之间本位主义倾向较为严重,难以实现有效协同。

五、高等教育综合改革的"依归性"有待凸显

高等教育综合改革涉及政府、社会、高校、学生等不同利益主体,随着社会主义市场经济中各类行为主体和利益主体的多元化发展,改革的价值性就集中体现在如何协调各方利益的关系上,而核心和依归必然是反映和代表最广大人民的根本利益。因此,从这个层面来说,改革的价值性应充分体现人民性,坚持人民性实质上也体现高等教育发展的方向问题。当前,高等教育发展中一个重要的倾向是人民群众对高等教育教育诉求的个性化。在改革中,一些教育主管部门缺乏对方向和规律的把握,陷入"就教育改革谈教育改革",缺乏对"已有改革进行改革"的深刻认识,改革价值依归不清,没有充分把握高等教育发展是中国特色社会主义的重要组成、办好人民满意的高等教育是其价值依归。一些高校改革进程中本位主义严重,把自身发展作为价值衡量的最高价值准则,不能真正坚持以学生发展为中心、以服务社会为己任、以人民满意度为标准,片面追求社会声誉、各类排名。

六、高等教育综合改革的"国际化"有待拓展

全面深化高等教育综合改革不可避免地要面对全球化趋势、信息化发展的考验,如何应对国际化发展成为全面深化综合改革的组成部分。当前,经济全球化日益深化,信息化快速发展,国际交流日趋频繁,国际竞争成为常态,对高等教育对外交流提出了更高的要求,对高等教育理念、方式也带来了全方位的冲击。全面深化高等教育综合改革应把主动适应、全面融入国际化作为一个重要维度。但现实是国际化理念还未完全融入高等教育综合改革中,应对国际化"一刀切"的观念普遍存在,对我国高等教育在全球高等教育中的定位认识不够理性,对其他国家高等教育比较研究成果多共识少,从整体上看还未能在高等教育领域形成共同的应对理念。另外,高等教育国际化改革实践探索中广度和深度不够,近年来各高校纷纷开展了一些国际化交流的探索,但大多停留在合作办学、交换生、文化交流等领域,还未能实现深度融合、协同创新。同时,在双向、多向的互动国际交流中存在着地区差异、校际差异等不平衡现象。高等教育作为社会的一个子系统,在国际化过程中不仅要和社会其他方面齐头并进,还要关注自身的紧迫性、特殊性和特色性,才能在国际化舞台中占领一席之地。

第三节 基于"三校一地"改革方案的高等教育综合改革启示

在探讨了全面深化高等教育综合改革的背景、目标以及新要求的基础上,对全面深化高等教育综合改革面临的严峻挑战进行了深入分析,本节将以《清华大学综合改革方案》《北京大学综合改革方案》《上海市国家教育综合改革试验区建设方案(2014—2020年)》《南昌大学综合改革试点实施方案》等四个改革方案为个案,提出在全面深化改革背景下如何全面深化高等教育综合改革。

一、"三校一地"综合改革方案比较

据统计,截至目前,已有84所中央部门所属高校完成了综合改革方案的报送工作。[①]之所以选择这四个方案作为样本,是基于以下考虑:如前所述,清华大学和北京大学作为最早一批申请作为综合改革试点的高校,同时作为国内一流高校,属于"开拓者"和"尝鲜者",具有示范代表性;清华大学、北京大学与上海市作为"两校一市"率先启动实

---

① 申伦.以"中国特色、世界水平"为统领深化高校综合改革 [J]. 中国高等教育,2015(19):1.

施综合改革示范点,具有较强地域代表性,而南昌大学作为第一所启动综合改革的省属地方高校,同样也具有重要代表性。

2014年10月31日,《清华大学综合改革方案》经国家批准全面实施。《清华大学综合改革方案》提出:坚持以开放带改革、以改革促发展,把学校发展放在国家现代化的大舞台和世界发展的大背景中,通过加大综合改革力度,坚决破除制约办学的各种体制机制弊端,打破大学相对封闭的发展模式,建立以学术为导向的开放和竞争发展机制,进一步解放思想、解放和发展学校的先进生产力、解放和增强师生员工的创造活力,加快建设、内涵发展,办出特色、争创一流,全面提高办学质量,奋力迈向世界一流大学前列,为完善和发展中国特色高等教育制度先行先试、探索规律。清华大学综合改革的总体目标是建立完善中国特色的现代大学制度和治理体系,探索在高等教育大众化阶段创建世界一流大学的发展模式,为我国高校深化综合改革、全面提高办学质量探索可复制、可推广的经验。综合改革的主要任务包括七方面:(1)加快完善中国特色现代大学制度;(2)深入推进人事制度改革;(3)创新人才培养模式;(4)健全学科发展机制和科技创新体系;(5)改革社会服务体制机制;(6)推进资源管理模式改革;(7)进一步深化行政管理改革。[1]

2014年12月1日,《北京大学综合改革方案》获批准全面实施。《北京大学综合改革方案》紧密结合国家战略和自身实际,牢牢把握"中国特色、世界一流"的总要求,直面改革的矛盾和问题,注重顶层设计,问需于师生,问计于基层,提出了今后一段时间综合改革的路线图、任务书和时间表。北京大学坚持在综合改革中以立德树人为根本,以人才培养模式改革为核心,提升教育教学、科学研究、社会服务等大学职能的内涵,强化创新实践,带动人事管理制度、资源配置方式和党政管理体制的改革,并在政府和社会的支持下,逐步建成中国特色现代大学制度和治理体系。北京大学全面深化综合改革的思路主要有五点:一是围绕如何更好地落实党和人民赋予的办学使命和时代责任;二是以社会主义核心价值观为指引,紧紧围绕立德树人这个根本、提高质量这个核心来进行;三是以体制机制改革和制度建设创新为关键着力点,以实现治理结构和治理能力现代化为总目标;四是借鉴世界上先进的办学治学经验,总结和弘扬中华民族优秀的教育传统以及北京大学的办学传统,注意探索和遵循教育规律;五是有利于解决发展中遇到的深层次矛盾和问题,破解瓶颈和难题,实现又好又快发展。[2]在结构方面,除引言和结束语,《北京大学综合改革方案》共九个部分,分三个板块。总论构成第一板块,主要阐述综合

---

[1] 《清华大学综合改革方案》获批准全面实施[EB/OL]. [2017-03-16]. http://edu.gmw.cn/2014-08/12/content_12485822.htm.

[2] 《北京大学综合改革方案》获批准全面实施[EB/OL]. [2017-03-16]. http://pkunews.pku.edu.cn/xxfz/2014-12/03/content_286321.htm.

改革的重大意义、指导思想、总体目标和基本原则。第二至第八部分构成第二板块，是分论，主要从治理结构与管理体制、人才培养、科研体制、医学教育与医疗体制、师资人事制度、资源保障与配置体制、管理服务等七方面，具体部署综合改革的主要任务和重要举措。第九部分构成第三板块，阐述组织领导，提出加强和改善党对学校改革事业的领导。[1]

2014年11月22日，教育部和上海市政府召开会议共同推进上海教育综合改革，标志着《上海市国家教育综合改革试验区建设方案（2014—2020年）》获批正式实施。该方案涵盖十方面，包含52条改革举措，提出了坚持"三个导向"（战略导向、需求导向、问题导向）、"三个统一"（服务国家战略与立足上海实际相统一、推进综合改革与深层次突破相统一、勇于探索与稳步推进相统一），形成"三个制度体系"（以遵循教育规律、回归育人本原为重点的育人制度体系，以加强顶层设计、转变政府职能为重点的"管办评"制度体系，以加强资源共享、促进融合互补为重点的协同联动制度体系），实现"一个目标"（力争到2020年，率先构建系统完备、开放有序、高效公平的区域现代教育治理体系，率先实现教育现代化；在此基础上，经过若干年不懈的努力，创建世界一流教育）。在针对高等教育综合改革的举措方面，方案提出构建上海高校二维分类标准体系（一维为综合性、多科性、特色性，另一维为学术研究型、应用研究型、应用技术型、应用技能型），引导60多所高校在体系中找准办学定位；从核算成本、投入方式、管理制度、监督机制四个环节聚焦充分放权和严格监督的投入机制；聚焦健全分类多元的教育督导和评估机制，实施分级分类的教育督导评估和多元主体参与的督导评估机制；着力从筑牢人才培养质量"生命线"、打造"高峰"和"高原"学科、构建高校知识溢出的协同创新机制，促进各类高校向提高质量、特色办学转型；推进以大学章程为核心的现代大学制度体系建设；构建富有激励功能的教师人事管理制度；鼓励社会力量多元参与办学；增强教育国际化与信息化的助推作用。[2]

2014年12月21日，《南昌大学综合改革试点实施方案》经江西省人民政府同意正式印发，综合改革试点全面启动，南昌大学发展步入"黄金时代"。作为江西省人民政府和教育部共建的国家"211工程"重点建设大学，南昌大学在综合改革方案制订实施过程中与清华大学、北京大学、上海市有着明显的区别，凸显地方高校特点。综合改革方案不仅加了"试点"二字阐明作为样本特质，还指出由江西省人民政府批准，充分发挥南昌大

---

[1] 《北京大学综合改革方案》获批准全面实施[EB/OL]. [2017-03-16].http://pkunews.pku.edu.cn/xxfz/2014-12/03/content_286321.htm.

[2] 翁铁慧. 聚焦重点领域实施攻坚 当好教育综合改革探路者[J]. 中国高等教育，2015(19)：7-12.

学在全省高校中的引领作用。综合改革试点方案是在全国高等教育综合改革工作的大背景下出台的，明确了南昌大学试点工作的背景、总体目标、主要内容和组织保障。实施方案旨在通过综合改革，努力使南昌大学成为江西高等教育深化改革的先导者、科学发展的示范者、现代大学制度建设的先行者，成为江西创新拔尖人才培养和高层次人才聚集的战略高地，成为江西科技创新体系的核心基地，成为江西区域经济社会发展的重要智库。该方案面向国家、立足经济社会发展需要，坚持问题导向原则、目标导向原则、协同推进原则。改革主要内容涵盖：一是推进治理结构改革，完善现代大学制度；二是深化教育教学改革，全面提高人才培养质量；三是深化人事制度改革，打造高水平人才队伍；四是创新学科建设体制机制，建设"一流学科"；五是深化科研体制改革，促进科技创新；六是创新产学研合作模式，提高服务区域经济社会发展能力；七是创新大学文化，培育大学精神；八是创新资产和后勤管理模式，提升综合保障能力等。[①]

表 5-1 综合改革方案比较一览表

高校或地区	启动时间	综合改革目标	改革核心举措
清华大学	2014年10月31日	建立完善中国特色的现代大学制度和治理体系，探索在高等教育大众化阶段创建世界一流大学的发展模式，为我国高校深化综合改革、全面提高办学质量探索可复制可推广的经验	加快完善中国特色现代大学制度；深入推进人事制度改革；创新人才培养模式；健全学科发展机制和科技创新体系；改革社会服务体制机制；推进资源管理模式改革；进一步深化行政管理改革
北京大学	2014年12月1日	以立德树人为根本，以人才培养模式改革为核心，通过教学、科学研究、社会服务等大学职能的内涵提升和创新实践，带动人事管理制度、资源配置方式和党政管理体制的改革，并在政府、社会的支持下，逐步建成中国特色现代大学制度和治理体系	主要从治理结构与管理体制、人才培养、科研体制、医学教育与医疗体制、师资人事制度、资源保障与配置体制、管理服务、组织领导等展开
上海市	2014年11月22日	力争到2020年，率先构建系统完备、开放有序、高效公平的区域现代教育治理体系，率先实现教育现代化；在此基础上，经过若干年不懈的努力，创建世界一流教育	在针对高等教育综合的举措方面，构建了上海高校二维分类标准体系，引导60多所高校在体系中找准办学定位；聚焦充分放权和严格监督的投入机制；聚焦健全分类多元的教育督导和评估机制；促进各类高校向提高质量、特色办学转型；推进以大学章程为核心的现代大学制度体系建设；构建富有激励功能的教师人事管理制度；鼓励社会力量多元参与办学；增强教育国际化与信息化的助推作用

---

① 省政府正式发文通过《南昌大学综合改革试点实施方案》[EB/OL]. [2017-03-16].http://www.jxedu.gov.cn/zwgk/jxjydt/xbgxjy/2014/12/20141231091257169.html.

续表

高校或地区	启动时间	综合改革目标	改革核心举措
南昌大学	2014年12月21日	使南昌大学成为江西高等教育深化改革的先导者、科学发展的示范者、现代大学制度建设的先行者，成为江西创新拔尖人才培养和高层次人才聚集的战略高地，成为江西科技创新体系的核心基地，成为江西区域经济社会发展的重要智库	一是推进治理结构改革，完善现代大学制度；二是深化教育教学改革，全面提高人才培养质量；三是深化人事制度改革，打造高水平人才队伍；四是创新学科建设体制机制，建设"一流学科"；五是深化科研体制改革，促进科技创新；六是创新产学研合作模式，提高服务区域经济社会发展能力；七是创新大学文化，培育大学精神；八是创新资产和后勤管理模式，提升综合保障能力

二、基于"三校一地"改革方案的高等教育综合改革新动力

全面深化改革为全面深化高等教育综合改革注入了一针"强心剂"，使改革走到了一个没有"回头路"的境地，也让改革更具全面性、深刻性和彻底性。从当前高等教育综合改革的现实情况来看，结合四个综合改革方案的比较和启发，应从以下几方面着力推进高等教育综合改革，促进高等教育治理体系和治理能力现代化。

（一）精准定位，贯彻、融入、服务全面深化改革

精准定位建立在对自身和外界因素全方位的梳理和判断之上。全面深化高等教育改革中的精准定位，关乎多个主体、多个层面。在主体方面，不同主体定位不同。一是各级政府、教育主管部门作为不同层次高校推进综合改革的主管部门，在统筹本地区高等教育综合改革中，应树立大局、全盘意识，做好顶层设计，加强宏观指导，根据不同地区经济社会发展特点和需要，借鉴吸收其他地区的先进经验，为我所用。如上海市在全面推进高等教育综合改革中，综合分析全国高等教育综合改革工作的大背景，突出战略导向、需求导向和问题导向，立足服务国家战略与立足上海实际相统一，凸显地方特色特点，试验体现多方兼顾。二是作为高校，在全面深化改革中要根据不同层次、不同区域、不同类别等特点，理性分析自身在地区全面深化改革中的地位和作用，与学校发展定位紧密结合，在原有办学定位的基础上，进一步突出改革目标，制定符合自身特点的发展战略。例如，北京大学致力于探索在高等教育大众化阶段创建世界一流大学的发展模式，而南昌大学则致力于"成为江西创新拔尖人才培养和高层次人才聚集的战略高地，成为江西科技创新体系的核心基地，成为江西区域经济社会发展的重要智库"[①]，充分体现了不同高

---

① 政府正式发文通过《南昌大学综合改革试点实施方案》[EB/OL]. [2017-03-16].http://www.jxedu.gov.cn/zwgk/jxjydt/xbgxjy/2014/12/20141231091257169.html.

校的战略区别。在全面深化综合改革中,一所地方职业技术学院和清华大学、北京大学必然有不同的目标、重点、方式和贡献度。

注重协同是高等教育综合改革融入全面深化改革的要求。"大学必须要有一个边界,在边界位置,我们需要与社会互动。"[①] 因此,高等教育改革必须紧密结合区域经济发展趋势,并与服务当地经济社会发展相结合,主动适应、支撑、引领区域产业发展,在服务地方全面深化改革中实现自身新发展。一是要加强高等教育外部协同。推进政府、高校、社会关系的协调发展,营造良好协同环境,在政府层面为高等教育改革提供各类外部政策支持,及时总结改革经验、教训和问题,形成协同导向。二是要加强以高校为主体的内部协同。系统规划内部治理、资源配置、人才培养、人事制度等方面的改革;加强流动,强化协调,克服本位主义,重视部门与院系的协同;鼓励各学科交叉融合,打通科研成果转移的转化通畅渠道。三是要加强内外部的协同配合,让高校的基础科学和前沿技术研究走出大学围墙,促进创新主体优势互补和资源优化配置,支撑国家、行业和区域创新体系建设。

(二)改变理念,推进治理体系和治理能力现代化

切实树立治理理念是推进高等教育治理体系和治理能力现代化的前提和基础,目的在于纠正思想认识上的偏差。从管理理念向治理理念的转变,是高等教育综合改革在推进国家治理体系和治理能力现代化大背景下的要求,也是一个紧迫而现实的任务。强化治理思维,同样也是涉及各级政府教育主管部门、高校等多方面的问题。既要认清形势,转变思想,切实推进高等教育综合改革走法治化道路,由传统的教育管理观念走向教育治理理念,也要深刻领会治理理念的深刻内涵,使高等教育发展适应社会主义市场经济的竞争环境。如前所述,治理具有像"多棱体多角度多方向"的多边交互发力典型特征,它颠覆了传统"一元化管理"的概念,使高等教育在发展过程中更加科学化、民主化、法治化。以上四个综合改革方案中都强调治理理念,把高等教育治理体系和治理能力现代化作为重要目标和方向,只是在推进过程中侧重点和举措有所区别。例如,北京大学提出以大学章程为核心的制度体系,扩大院系治理自主权,清华大学则提出理顺校院关系,强化院系作用,重点面向教学、科研、师生需求设立和调整内部职能部门,减少管理层级,强化服务意识。强化治理理念,目的是要在高等教育领域形成全面深化改革的共识,由于高等教育综合改革同样面临进入深水区、攻坚期问题,同样牵涉多方利益,要立足当前,着眼长远,协同推进,善于运用法律法规、政策调控和细致工作,创新工作方式方法,

---

① 林建华. 积极推进综合改革 充分发挥大学创造潜力 [J]. 中国高教研究,2015(19):13.

突破利益藩篱,与当前正在筹谋的"十三五"规划结合起来,形成全面深化高等教育综合改革的共识。

(三)厘清职权,破解全面深化综合改革关键壁垒

当前,要推进全面深化高等教育综合改革取得实质成果,实现高等教育治理体系和治理能力现代化,厘清高等教育各主体职权是关键,其中最重要的是处理好政府与高校的关系,核心和难点是要政府简政放权,改变对高校的管理模式,扩大高校的办学自主权,真正"实现由办教育向管教育转变,由微观管理走向宏观管理,由直接管理走向间接管理,由教育管理走向教育治理"①。《中共中央关于全面深化改革若干重大问题的决定》提出加快转变政府职能的要求,在推进国家治理体系和治理能力现代化过程中,一个重要的要求就是政府要简政放权、放管结合、优化服务,通过改变行政管理方式,在提供优质公共服务、创造良好发展环境、维护社会公平正义上下大功夫,花大气力。在全面深化高等教育综合改革中,各级政府要在分权上理顺政校关系、政事关系、政社关系,着重方向把握和战略管理,在放权上抓大放小,把微观事务权力下放给高校,开放给社会,从而加快现代大学制度建设,加快完善社会参与机制,在监权上善于运用法律、规划、经费、标准、监测、评价、督导等综合政策工具进行引导和问责,形成"各司其职,各负其责,相互支撑"的良性循环。②可以说,当前全面深化高等教育综合改革最大的阻力来自权力部门本身,破解这一壁垒重要而又紧迫。另外,高校在全面深化综合改革中涉及的要素、矛盾很多,如何平衡在内部治理中行政权力与学术权力的关系、行政部门与院系的关系也是一个壁垒和障碍,解决这些矛盾的前提也是要厘清内部职权,按照相关法律法规,规范内部不同主体的职责和权力,充分发挥办学自主权,加强内部治理,改革评价机制,形成和谐、良性的治理氛围。通过外部和内部的职权梳理,在实践中不断形成合力,以教育治理方式创新引领教育发展方式创新。

(四)把握全面,在改革中实现公平与效率相统一

在全面深化高等教育综合改革中把握全面性,就要求在改革内容上进行系统性、整体性和协同性的设计,不留死角,整体推进,在改革程度上更深刻、更彻底,在改革方式上更加注重创新。全面深化高等教育综合改革要坚持问题导向,涵盖改革考试招生制度、改革人事制度、改革人才培养、转变政府职能、完善内部治理、加强国际合作、强化党风廉政建设等方面,真正体现全面改革、综合改革。在全面深化高等教育综合改革中,要

---

① 袁贵仁.加快推进教育治理体系和治理能力现代化[EB/OL].[2017-03-16].http://www.gov.cn/gzdt/2014-02/16/content_2605760.htm.

② 如何推进教育治理体系和治理能力现代化[N].中国教育报,2013-12-05.

充分体现公平与效率的统一。一方面,要在改革中紧紧围绕党的十八届三中全会提出的"市场在资源配置中起决定性作用"的要求,勇于突破高等教育发展过程中的计划和市场双重体制,核心是强化高等教育市场竞争机制,尽快完善高等教育市场体系,减少政府干预,提高监管效率,"让市场机制在高等教育改革中发挥决定性作用"[①]。重点营造有利于高等教育改革发展的公平竞争环境,充分提高办学积极性和活力,促进办学多样化和特色化,推动改革深化。另一方面,还要在高等教育资源配置,以及教育的起点(例如招生考试)、过程(例如教育教学、家庭经济困难学生资助)、结果(例如就业创业)等各个环节充分体现公平,用法治推动公平。在体现公平的同时,还要注意提升综合改革的效率,加快改革推进速度,尽快取得实质性突破。纵观"三校一地"的综合改革方案,不管是清华大学的"七大举措"、北京大学的"八大内容",还是上海市"十大措施",以及南昌大学的"八大方面",都强调在综合改革中坚持公平与效率相统一,把促进教育公平和提升改革效率作为重要原则和目标。

(五)突出特色,突破综合改革深水区和攻坚期难题

特色可以预防"同质"。质量是全面深化高等教育改革的"生命线",特色则是这根生命线的"大动脉"。在全面深化高等教育综合改革进入深水区和攻坚期的关键时期,如何"改出"特色至关重要。办学靠特色,改革也要突出特色。在政府层面,应在问题导向、战略导向、需求导向的基础上,结合地方特点,把脉发展瓶颈,寻求改革特色,既要在本地区高等教育整体发展中突出特色,又要指导本地区各高校在改革中突出特色,以特色破解难题,以特色释放红利,以特色跨域深水区和攻坚期。例如,上海市在推进高等教育综合改革中实施构建高校二维分类标准体系、分类多元的教育督导和评估机制、促进各类高校向特色办学转型等都极富地区特色,成为改革突破的利器。在高校层面,在夯实发展根基上继承和发扬学校传统优势,在做强做大传统优势的基础上突出改革特色,不同高校突出自主办学、人才培养、学科建设、科学研究、人事制度、资源配置、体制机制、创新创业等不同方面的特色,用特色发展推进改革纵深发展。例如,北京大学和清华大学在改革中都致力于突出不同特色的完善治理体系,其中北京大学突出以章程为核心,而清华大学则强调建立与世界一流大学相适应的管理和服务体系。两校都将本科教育界定为通识教育基础上的专业教育,强调通识教育的重要意义,坚持通识教育与专业教育相融合,在本科教育上凸显特色。在人事制度上,两校实施"预聘—长聘"特色制度,而在学术研究创新上,北京大学试点实施国际同行评议制度,清华大学则重视跨院系

---

① 张应强.高等教育全面深化改革需要对高等教育改革进行改革[J].中国高教研究,2014(10):16.

开展研究。而作为地方高校的南昌大学，其中一大特色就是江西省赋予其一定的编制管理自主权，允许将目前的编制"审批制"改为"备案制"，这对地方高校人事制度改革来说是一种突破和尝试，南昌大学还突出优化办学层次结构的特色。另外，为提高南昌大学的科研成果转化率，学校提出将知识产权许可以及转让获得的净收益中的60%~95%奖励给研发创业团队。从"三校一地"的综合改革实践来看，特色将有效预防高校在改革中走向"同质化"，也将是跨越高等教育综合改革深水区和攻坚期的关键所在。

（六）民生为重，致力于办好人民满意的高等教育

高等教育是民生工程，"人民满意"是全面深化高等教育综合改革的价值所在，也是中国特色现代高等教育的价值依归，更是让发展成果更多、更公平地惠及全体人民的具体体现。办好人民满意的高等教育要求处理好改革中涉及政府、社会、高校、学生等不同利益主体的诉求。在政府层面，要在规划、政策等宏观治理上兼顾公平公正，结合产业升级，大力购买基层公共管理和社会服务岗位，完善鼓励支持高校毕业生到基层就业的保障机制，开发更多适合高校毕业生的就业岗位，推进高校毕业生充分就业；营造"大众创业、万众创新"的良好氛围，实行激励高校毕业生自主创业政策，大力推进大学生创新创业工作。从社会层面，要让广大人民群众关注支持高等教育，感受高等教育在招生考试、培养过程和创业就业中的公平公正，不断满足人民群众对高等教育的个性化诉求，凝聚改革共识，形成改革合力。在高校和大学生层面，要树立以学生发展为中心，牢固确立人才培养中心地位，把立德树人这一根本贯穿于综合改革的全过程，把创新创业教育这一重点融入人才培养的全过程，积极在大学生中培育和践行社会主义核心价值观，创造有利于大学生个性发展的氛围和环境，确保公平公正，促进大学生健康成长，提升大学生的幸福感和满意度。在"三校一地"的综合改革方案中，所涉及的招生考试、资源配置、人才培养等改革举措都是办好人民满意的高等教育的重要体现。

（七）接轨国际，在"一带一路"倡议中提高国际竞争力

"中国特色，世界水平"是高等教育面向现代化、面向世界、面向未来的要求，在综合改革中与国际接轨是必然趋势。首先，要切实树立国际化理念，主动适应、全面融入高等教育国际化进程，用更加宽广的视野和更加全面的规划，不断拓展深度和广度，推进高等教育国际化的深度融合和协同创新，重点围绕"一带一路"倡议带来的重要机遇展开。2015年，西安交通大学牵头成立"新丝绸之路大学联盟"，吸引了来自近30个国家和地区的100多所高校加入，加盟高校数量还在持续扩大。其次，要把牢正确的改革发展方向，综合考虑风险，根据不同定位、层次、水平规划国际化目标、形式与规模，切忌一刀切，加强对国际化过程中风险和未来的研判。再次，采取"请进来"和"走出去"相结合，

加强与社会其他方面在国际化中的系统性、关联性和协同性的研判,根据不同高校的不同特点和优势主动参与到全球创新创造之中去,充分发挥在国际合作、科学协同、人文交流等方面的作用,切实提高高等教育的国际竞争力。最后,以"一带一路"倡议引领高等教育国际化,通过以"一带一路"倡议为契机推进高等教育综合改革,加快国际化人才培养的规模,尤其是加强小语种人才的培养,合理配置资源,改进专业设置,构建更具活力和国际化水平的科技创新平台,促进不同国家之间文化融合与交流。①

---

① "一带一路"战略引领高等教育国际化 [EB/OL]. [2017-03-16].http://edu.gmw.cn/2015-05/26/content_15780830.htm.

高等教育综合改革的法治支撑

全面依法治国是推进"四个全面"战略布局的法治保障。面对复杂多变的国际形势，以及我国正处于社会主义初级阶段的基本国情、全面建成小康社会进入决定性的关键阶段、全面深化改革进入攻坚期和深水区的国内形势，2014年10月，党的十八届四中全会在中国共产党历史上第一次专题研究全面推进依法治国，审议通过了《中共中央关于全面推进依法治国若干重大问题的决定》，包含180多项举措，提出了"建设中国特色社会主义法治体系，建设社会主义法治国家"的总目标，把依法治国确定为党领导人民治理国家的基本方略，把依法执政确定为党治国理政的基本方式。同时，在《中共中央关于全面推进依法治国若干重大问题的决定》中就教育领域发展提出了明确要求：

——加快保障和改善民生、推进社会治理体制创新法律制度建设。依法加强和规范公共服务，完善教育、就业、收入分配、社会保障、医疗卫生、食品安全、扶贫、慈善、社会救助和妇女儿童、老年人、残疾人合法权益保护等方面的法律法规。

——把法治教育纳入国民教育体系，从青少年抓起，在中小学设立法治知识课程。

——创新法治人才培养机制。坚持用马克思主义法学思想和中国特色社会主义法治理论全方位占领高校、科研机构法学教育和法学研究阵地，加强法学基础理论研究，形成完善的中国特色社会主义法学理论体系、学科体系、课程体系……坚持立德树人、德育为先导向，推动中国特色社会主义法治理论进教材进课堂进头脑，培养造就熟悉和坚持中国特色社会主义法治体系的法治人才及后备力量。……健全政法部门和法学院校、法学研究机构人员双向交流机制，实施高校和法治工作部门人员互聘计划……建设高素质学术带头人、骨干教师、专兼职教师队伍。

无论是全面依法治国的大背景，还是针对教育领域的具体要求，都为高等教育发展如何贯彻全面依法治国、落实依法治教和依法治校提供了有利契机，也带来了巨大挑战。

第一节　全面依法治国中高等教育综合改革的新支撑

如果说全面深化改革以"破"为重，那么全面依法治国则是以"立"为本。全面依法治国"是坚持和发展中国特色社会主义的本质要求和重要保障，是实现国家治理体系和治理能力现代化的必然要求，事关我们党执政兴国，事关人民幸福安康，事关党和国家长治久安"①。全国依法治国拓展了国家治理的新境界，也为高等教育综合改革提供了有力的法治保障。

一、改革开放以来高等教育改革发展贯彻依法治国的历史回顾

在世界高等教育发展史上，对高等教育依法治校的探索始于16世纪的英国、法国等。经过几百年的发展，很多西方国家的高等教育法治化达到了先进水平，为高等教育的现代化奠定了坚实的法治基础。

在高等教育综合改革中落实依法治国，集中体现在依法治教和依法治校两方面。中华人民共和国成立以来，党和国家出台了一系列规范，以及促进高等教育发展的法律、法规、规章。尤其是改革开放以来，社会主义市场经济的发展和完善，大大促进了高等教育的发展和改革。1985年5月，《中共中央关于教育体制改革的决定》发布，针对教育体制改革的新情况和新问题，提出了"在简政放权的同时，必须加强教育立法工作"②。1993年2月，中共中央、国务院颁布的《中国教育改革和发展纲要》系统提出了教育法制建设的目标和任务，明确要求"加快教育法制建设，逐步走上依法治教的轨道"③。1999年6月，《中共中央、国务院关于深化教育改革全面推进素质教育的决定》颁布，强调指出："全面推进素质教育，根本上要靠法治、靠制度保障。"④该文件还对完善教育立法、各级政府及各部门依法行政、加大教育执法力度、深入开展普法宣传和加强教育法制工作机构建设等问题，提出了更加明确、具体的要求。随着党的十五大提出依法治国的治国基本方略，依法治教和依法治校也成为高等教育发展的重要战略。为此，在1999年12月召开的第一次全国教育法制工作会议上，时任教育部部长的陈至立在会上作了题为《全面推

---

① 中共中央关于全面推进依法治国若干重大问题的决定 [M]. 北京：人民出版社，2014:1-2.
② 中共中央关于教育体制改革的决定 [N]. 中国教育报，1985-06-01.
③ 中国教育改革和发展纲要[EB/OL]. [2017-03-16].http://www.edu.cn/zong_he_870/20100719/t20100719_497964.shtml.
④ 中共中央国务院关于深化教育改革全面推进素质教育的决定[EB/OL]. [2017-03-16].http://www.edu.cn/zong_he_870/20100719/t20100719_497966.shtml.

进依法治教 开创21世纪教育振兴的新局面》的讲话,明确提出"依法治校就是要在依法理顺政府与学校的关系、落实学校办学自主权的基础上,实现学校管理与运行机制的制度化、规范化,形成政府宏观管理,学校依法按照章程自主办学,依法接受监督的新格局。"① 同月,教育部印发了《关于加强教育法制建设的意见》,推进教育领域贯彻实施依法治国,加强教育法制建设,全面推进依法治教。2003年7月,教育部又发布了《教育部关于加强依法治校工作的若干意见》,指出:"实行依法治教,把教育管理和办学活动纳入法治轨道,是深化教育改革,推动教育发展的重要内容,也是完成新时期教育工作历史使命的重要保障。依法治校是依法治教的重要组成部分。依法治校是贯彻党的十六大精神,推进依法治国基本方略的必然要求,是教育事业深化改革、加快发展,推进教育法制建设的重要内容。"② 2012年9月,《国家中长期教育改革和发展规划纲要(2010—2020年)》颁布实施,其中第二十章从完善教育法律法规、全面推进依法行政、大力推进依法治校、完善督导制度和监督问责机制等四个方面全面系统阐述了推进依法治教的举措。③ 同年11月,教育部印发了《全面推进依法治校实施纲要》,要求深入贯彻科学发展观,全面落实依法治国要求,大力推进依法治校,建设现代大学制度。④ 这些重要文件体现了高等教育发展法治化进程。

改革开放以来,尤其在贯彻依法治国的进程中,我国形成、完善了一批与高等教育改革发展相关的法律。如《中华人民共和国学位条例》《中华人民共和国教师法》《中华人民共和国教育法》《中华人民共和国高等教育法》等教育专门法律,国务院制定的《社会力量办学条例》及一些地方出台的法规、规章等。值得一提的是,1998年《高等教育法》的正式实施,明确了高等教育发展的方向,提供了法律依据,对高等教育改革发展具有里程碑意义。高等教育综合改革在法治轨道上开始实现大发展,在依法治教和依法治校上取得了巨大成就。

二、全面依法治国为高等教育综合改革带来的契机

当前,全面深化高等教育综合改革、提升高等教育内涵发展、推进高等教育强国建

---

① 全面推进依法治教 开创21世纪教育振兴的新局面[EB/OL]. [2017-03-16].http://www.edu.cn/20010827/208905.shtml.

② 教育部关于加强依法治校工作的若干意见[EB/OL]. [2017-03-16].http://www.moe.gov.cn/s78/A02/zfs__left/s5911/moe_623/201001/t20100129_5145.html.

③ 国家中长期教育改革和发展规划纲要(2010—2020年)[EB/OL]. [2017-03-16].http://www.moe.gov.cn/srcsite/A01/s7048/201007/t20100729_171904.html.

④ 教育部关于印发《全面推进依法治校实施纲要》的通知[EB/OL]. [2017-03-16].http://www.moe.edu.cn/publicfiles/business/htmlfiles/moe/s5933/201301/146831.html.

设、服务全面建成小康社会、为实现中华民族伟大复兴作出更大贡献是高等教育发展的时代主题和历史使命。随着全面依法治国的提出和推进，高等教育也迎来了一个新的发展契机。

（一）全面依法治国开拓高等教育全面依法治教的新境界

全面依法治教是全面依法治国在高等教育领域的集中体现。如前所述，改革开放以来，通过制定、实施一系列法律、法规、规章，高等教育发展逐步走上了法治化轨道，提升了服务社会主义现代化建设的能力，有效改善了高等教育发展的宏观环境，拓展了发展空间，促进了高等教育管理和运行不断走向科学化。在全面依法治国的新形势下，全面依法治理高等教育站在一个新的历史起点。依法治教具有多方主体，而关键主体是各级党委和政府；依法治校也有多方主体，其关键主体则是高校内部。全面依法治教突出"全面"，体现崭新的境界和高度，关键环节是在高等教育综合改革中，各级党委和政府立足原有依法治教的良好基础，贯彻落实党的十八大和十八届三中全会精神，科学立法，完善以宪法为统帅的中国特色社会主义高等教育法律体系，严格依法治理高等教育，推进高等教育治理体系和治理能力现代化，促进公平正义，办好人民满意的高等教育。全面依法治教还突出时代特征，应对当前形势的需要，体现了依法治教在全面依法治国背景下被赋予了更丰富的内容、更全面的要求。

（二）全面依法治国开创高等教育全面依法治校的新视野

全面推进依法治教和依法治校是全面依法治国的组成部分，而全面依法治校是全面依法治教的重要载体和主要阵地。党和政府推进全面依法治教，在高等教育领域最终的落脚点是分布于全国各地的2000多所高校，充分体现在各高校的依法治校之中。全面依法治校既要坚持党和政府的领导，也要依靠高校自身作为关键主体大力推动。在全面依法治国的新形势下，全面依法治校拥有着更加开阔的视野，要求各个主体要以法治思维和法治方式深入推进改革发展，立足以大学章程为核心的顶层设计，围绕高校发展中的热点、难点问题，重点从招生考试、人才培养、教学改革、管理体制、学生管理、科研体制、人事制度、党的建设、后勤管理等方面做到"有法可依"。依法治校不仅要符合《宪法》的最高精神，也要体现《高校章程》作为"大学宪法"的根本要求，不仅要完善各类教育法律、法规，也要与时俱进做好重点领域的规章制度建设。要把法治思维和法治方式体现在高校发展和改革的各个重点领域和环节。

（三）全面依法治国提供深化高等教育综合改革的新动力

在如火如荼的新一轮全面深化高等教育综合改革中，全面依法治国为改革提供了巨大动力。全面深化高等教育综合改革的总目标是推进高等教育治理体系和治理能力现代化。在综合改革中落实全面依法治国要求、推进法治建设是实现这个目标的重要依托。高等教育综合改革面临突破深水区、攻坚期的障碍,要突破这些障碍关键靠法治。"全面推进依法治国,是解决党和国家事业发展面临的一系列重大问题,解放和增强社会活力、促进社会公平正义、维护社会和谐稳定、确保国家长治久安的根本要求。"① 要推动全面深化高等教育综合改革取得实质性成效,就必须抓住全面依法治国的有利契机,在改革中树立法治理念和法治思维,全面落实依法治国的各项要求,从法治上为解决高等教育综合改革中出现的突出问题提供制度化的解决方案,把全面依法治国的思维理念转化为推进改革的内生动力,构建政府、高校、社会之间新型关系,不断完善法律法规,推进依法治教,严格依法行政,完善督导制度、健全问责机制,从而促进高等教育持续、健康发展。

三、全面依法治国对高等教育综合改革提出的要求

在"四个全面"战略布局中,全面依法治国是实现"两个一百年"奋斗目标和中国梦的法治保障,也是全面建成小康社会、全面深化改革的必然要求。"要把全面依法治国放在'四个全面'的战略布局中来把握,深刻认识全面依法治国同其他三个'全面'的关系,努力做到'四个全面'相辅相成、互相促进、相得益彰。"② 在高等教育综合改革中,推进依法治教和依法治校也是高等教育服务、融入全面建成小康社会和全面深化高等教育综合改革的时代要求,更是高等教育在综合改革中服务与融入"两个一百年"奋斗目标和中国梦的法治保障。

(一)推进依法治教和依法治校应更全面、系统

全面推进依法治国必须立足"全面推进",《中共中央关于全面推进依法治国若干重大问题的决定》从七大部分三大板块对全面依法治国进行深刻阐述,包括重大意义、指导思想、总目标、基本原则、科学内涵等,涵盖了以宪法为核心的法律体系、深入推进依法行政、保证司法公正、增强全面法治观念、加强法治工作队伍建设、加强和改进党的领导等全方位的内容,充分体现了依法治国的全局性、系统性与整体性,不仅开拓了法治新格局,也进一步丰富了法治的内涵和外延。在此背景和要求下,高等教育在推进依法治教和依法治校过程中要全面深入学习、领会、贯彻全面依法治国的精神,增强与全面依法治国的耦合度,站在更高的视野,更全面、系统地贯彻落实依法治国的具体要求。改革开放以来,高等教育依法治教和依法治校伴随着中国特色社会主义法治道路的进程不断完

---

① 中共中央文献研究室.习近平关于全面依法治国论述摘编[C].北京:中央文献出版社,2015:6.
② 中共中央文献研究室.习近平关于全面依法治国论述摘编[C].北京:中央文献出版社,2015:15.

善,但面对全面依法治国的大背景和新要求,应按照全面依法治国的总目标,坚持"五个基本原则"、建设"五大法治体系"、做好"三个共同推进"、开展"三个一体建设"等要求,在高等教育综合改革中从目标顶层设计、法律体系建设、依法行政落实、法治教育开展、法治人才培养、法治文化建设等各个方面推进依法治教和依法治校。在推进过程中注意各个环节、不同主体的协调配合,坚持自上而下和自下而上紧密结合,突破重点障碍,全面、系统推进依法治教和依法治校。

(二)推进依法治教和依法治校应更协同、融入

党的十八届四中全会在推进全面依法治国中,始终贯穿着协同推进和融入全局的思维理念。在《中共中央关于全面推进依法治国若干重大问题的决定》中,从总目标、基本原则的提出,到完善法律体系、建设法治政府、保证公正司法、法治社会建设、工作队伍建设、加强组织领导等各个环节,强调的不是某一方面、某一领域的片面推进,也不是就"依法治国论依法治国",而是作为一个全局和整体协同推进,并把全面依法治国融入"四个全面"战略布局统筹考虑和推进。习近平指出:"全面推进依法治国,是我们党从坚持和发展中国特色社会主义出发、为了更好治国理政提出的重大战略任务,也是事关我们党执政兴国的一个全局性问题"[1],"全面依法治国涉及很多方面,在实际工作中必须有一个总览全局、牵引各方的总抓手,这个总抓手就是建设中国特色社会主义法治体系"[2]。习近平还在很多重要场合论述了全面建成小康社会、全面深化改革离不开全面推进依法治国,把改革和法治形象喻为鸟之两翼、车之两轮,不仅体现了全面依法治国的重要作用,也体现其在"四个全面"战略布局中的融入性。高等教育综合改革在贯彻全面依法治国过程中,一方面要重视协同推进,不能仅靠教育部门、各高校贯彻实施,在网格化发展的社会中依靠政府多部门协同、加强校际及校内协同、强化社会多力量协同、充分发挥家庭力量协同等全面推进依法治教和依法治校工作,而且还应与服务全面建成小康社会、全面加强和改进党的领导等协同配合起来。另一方面,高等教育综合改革要在推进依法治教和依法治校工作中,更好地融入全面依法治国的总格局,从外部来说既要以全面依法治国的总要求推进高等教育发展各项工作,还要充分发挥高等教育综合改革在全面依法治国中的促进作用;从内部来说则要融入服务全面建成小康社会、全面深化改革、全面从严治党等各环节之中,让依法治教和依法治校在具体载体中实现其应有之义。

(三)推进依法治教和依法治校应更凸显重点

全面依法治国内涵深刻,意蕴深远。其总目标是建设社会主义法治体系、建设社会

---

[1] 中共中央文献研究室.习近平关于全面依法治国论述摘编[C].北京:中央文献出版社,2015:7.
[2] 中共中央文献研究室.习近平关于全面依法治国论述摘编[C].北京:中央文献出版社,2015:25.

主义法治国家;总路线是坚定不移地坚持中国特色社会主义法治道路;重点是形成完备的法律规范体系、高效的法治实施体系、严密的法治监督体系、有力的法治保障体系、完善的党内法规体系等"五个体系",并致力于促成科学立法、严格执法、公正司法、全民守法、人才强法全面推进的局面,依法治国、依法执政、依法行政共同推进的局面,法治国家、法治政府、法治社会一体建设的局面,国家法治主导下的政府法治、地方法治、社会法治协调发展的局面,党的领导、人民当家作主、依法治国有机统一的局面等"五个局面"。[①]十八届四中全会上通过的《中共中央关于全面推进依法治国若干重大问题的决定》,思路清晰,重点突出,体系性强,充分体现了与时俱进和改革创新精神。这也为高等教育贯彻全面依法治国提出了更高要求。全面推进依法治教、依法治校既要注重全面系统,也应突出重点。在全面依法治教上要围绕总目标,坚持五项原则,与时俱进,重点完善高等教育发展的法律规范体系、法治实施体系、法治监督体系、法治保障体系、党内法规体系,构建全面推进依法治教的良好格局。在全面依法治校上,要根据高等教育发展的新形势和新要求,重点突出以"高等学校章程"为核心,创新法治人才培养机制,严格按照法律规定,依法厘清政府和高校的关系,善于运用办学自主权,建立符合全面依法治国精神的学校规章制度,推进高校治理系统和治理能力现代化,从而提高办学质量和办学水平,实现高等教育现代化。

(四)大力提升高等教育服务全面依法治国能力

高等教育综合改革除了要适应全面依法治国提出的新要求,还面临着如何更全面、更高质量服务于全面依法治国的问题。高校作为法治人才培养的主要阵地,如何适应全面依法治国的需要,不断创新人才培养模式,提高法治人才培养质量;作为科研机构的中坚力量,如何围绕依法治国深入开展法治基础研究,如何在全面依法治国推进过程中发挥智囊库及指导实践的积极作用;作为社会发展的中心,如何推进法治文化建设,成为社会法治文化的引领;作为法治教育的重要基地,如何成为社会各领域法治教育的榜样和示范。

第二节　高等教育综合改革贯彻全面依法治国的现实困境

2014年《中共中央关于全面推进依法治国若干重大问题的决定》通过以来,包括高

[①] 张文显.全面推进依法治国的伟大纲领——对十八届四中全会精神的认知与解读[J].法制与社会发展,2015(1):5-19.

等教育在内的社会各个领域开展了全面依法治国大讨论,进行了深入学习,把全面依法治国融入各行各业中去。在高等教育综合改革中,全面依法治国也融入综合改革的各个环节。作为高等教育综合改革的法治保障,全面依法治国在贯彻落实过程中也遭遇了一些现实问题的困扰。

一、在深化高等教育综合改革中法治思维亟须确立

法治思维是全面依法治国的前提,法治思维强调的是思想转变,突出对法治的理念和态度。因此,要树立并善于运用法治思维就需要确立法治理念。党的十八大以来,树立法治理念,善于运用法治思维和法治方式成为开启全面依法治国的重要思想基础。在高等教育综合改革中,法治理念和法治思维是推进全面依法治教和依法治校的先决条件。法治理念和法治思维的对立面是"非法治"理念和"非法治"思维,突出表现为"人治"思维,而"人治"思维则是法治思维的关键障碍。"法治和人治问题是人类政治文明史上的一个基本问题,也是各国在实现现代化过程中必须面对和解决的一个重大问题。"① 从法治要求看,高校综合改革是减少人情、人为因素,提高法治化水平的改革。② 在高等教育发展现实中,这种理念和思维主要表现在以下两方面:一是部分地方党委和政府尤其是高等教育主管部门学习贯彻全面依法治国思想有待进一步统一,依法行政理念有待进一步确立,对全面依法治国把握不够深刻,在推进依法治教中法治理念和意识较为薄弱,循规蹈矩于传统落后的行政方式和手段,"管得过严"和"放得太松"成为两个极端,尤其在一些不发达地区更为严重。二是部分高校在推进依法治校理念中重宣传形式轻教育实效,依法治校理念缺失,重教职员工尤其是中层以上干部学习宣传轻学生群体学习推动,未能把法治的理念融入人才培养、科学研究、体制改革、法治文化等学校发展的各个环节中去,导致部分教职员工未能重视依法执教、学生未能依法求学,法治理念和思维缺失,未能形成践行法治的自觉行为,由此也使法治理念和思维无法在高校内生根发芽,做不到统一思想。

二、在深化高等教育综合改革中法制体系亟须完善

中华人民共和国成立以来尤其是改革开放以来,在高等教育领域形成了一系列法律、法规和规章,成为推进高等教育大众化、深化高等教育综合改革、不断提升高等教育

---

① 中共中央文献研究室.习近平关于全面依法治国论述摘编[C].北京:中央文献出版社,2015:12.
② 深化高等教育综合改革 全面推进高校依法治校:第七届高校管理者论坛会议综述[J].国家教育行政学院学报,2015(06):94.

质量的重要保障。高等教育领域的法律体系在全局中属于公共服务领域法律体系,是中国特色社会主义法制体系的组成部分。在全面依法治国的新形势下,当前在依法治教中还未能完全实现在坚持依宪治国的前提下,在完善中国特色社会主义法律体系的总框架方面,与时俱进地完善高等教育法制体系,个别法律、法规、规章陈旧过时,一些地方立法体制不够健全,部分立法质量不高且脱离实际,法制体系缺失等问题较为突出。在依法治校方面,2011年11月28日《高等学校章程制定暂行办法》正式发布,2013年9月教育部又发布了《中央部委所属高等学校章程建设行动计划(2013—2015年)》,要求国家"985工程"高校在2014年6月底前完成章程起草工作,"211工程"高校在2014年底前完成章程起草工作,所有高校在2015年底前完成章程起草工作。而据教育部网站显示,截至2015年6月26日,经教育部高等学校章程核准委员会评议,以核准书形式共核准84所高校的大学章程[①],加上各地的28所"211工程"高校章程全部通过核准,自此全国112所"211工程"高校章程率先全部完成核准发布工作。[②] 更应该看到,在全国的2000多所高校中,大部分还未制定实施高等学校章程。享有大学"宪法"美誉的高等学校章程是高校全面推进依法治校的灵魂,高等学校章程的缺失必然会导致高校内部其他规章制度体系凝聚力和向心力的缺失,这也反映出了当前大部分高校在依法治校过程中存在的最大问题。不以规矩不能成方圆,立法是依法治教的前提和基础,而良法是善治的前提。高等教育要更好地服务于全面建成小康社会、全面深化综合改革、全面贯彻依法治国,就必须不断健全高等教育外部和内部的法制体系。

三、在深化高等教育综合改革中法治实践亟须自觉

当前,在高等教育综合改革中贯彻全面依法治国,关键环节是加快法治实践进程。有学者认为,我国在提出依法治国的较长时间里,法治实践效果不佳的一个重要原因是实质法治与形式法治不统一,实质法治强调"法律至上""法律主治""制约权力""保障权利"的价值、原则和精神,形式法治强调"依法治国""依法办事"的治国方式、制度及运行机制。前者通过后者实现,后者体现前者。[③] 在高等教育的法治进程中,同样存在着这一矛盾,即在法治实施过程中,片面强调实质法治或形式法治,导致二者不统一甚至互相对立,在现实中主要表现为执行力的缺失。一方面,一些管理制度未能紧密贴近学校

[①] 高等学校章程[EB/OL]. [2017-03-16].http://www.moe.gov.cn/jyb_sjzl/sjzl_zcfg/zcfg_gdxxzch/.

[②] 全国"211工程"高校章程全部核准发布[EB/OL]. [2017-03-16]. http://www.moe.gov.cn/jyb_xwfb/gzdt_gzdt/s5987/201506/t20150630_191785.html.

[③] 蔡晓良.在党的领导下全面推进依法治国:全国马克思主义青年学者论坛(2015)综述[J].马克思主义研究,2015(07):154.

实际，落实过程"一刀切"，可操作性低，执行效果差；另一方面，一些高校存在着重执行行政命令、按上级指示办事轻敢于批判、勇于探索、敢于创新的"特立独行"，重规章制度建设轻规章制度执行的不良氛围，严重阻碍了全面依法治教和依法治校的推进，同时也影响了高等教育综合改革在融入和推进全面依法治国中的积极作用。高等教育推进全面依法治国的成效，直接影响着全面深化高等教育综合改革的进行，进而也影响服务全面建成小康社会能力的有效发挥。

四、在深化高等教育综合改革中法治教育亟须深化

高等教育综合改革贯彻全面依法治国的重点是推进依法治教和依法治校，但并非全部内容，还应包括法治教育、法治文化、法治人才培养等其他方方面面的内容。在法治教育方面，法治教育在各级教育主管部门的开展还有待深入，组织开展法治教育"一刀切"、形式化现象较为严重；高校的教职员工的法治教育还未能系统、全面开展，未能形成浓厚的法治氛围；在大学生法治教育方面还未设立较为系统的法治教育课程体系，更多的是通过思想政治理论课、法治宣讲主题活动等途径开展，缺乏对全面依法治国要求的把握和融合，对教育对象的法治教育还未能与全面依法治国的要求相统一。在法治文化方面，高校校园法治文化建设是开展法治教育的重要载体和内生动力，当前一些高校还不能全面确立法治理念和树立法治精神，一些高校对法治文化建设规律把握不足，尤其是法治文化与中华优秀传统文化、学术文化、外来文化的融合和借鉴，一些高校还未能发挥在社会法治文化建设中的引领作用，在法治文化文艺创作、法治文化产品提供、法治文化传播上与全面依法治国的要求存在一定差距。

五、在高等教育综合改革中法治人才培养亟须变革

在全面依法治国中，党的十八届四中全会明确提出了创新法治人才培养机制。长期以来，高等教育承担着培养法治人才的重要职能，通过法学教育培养了大批法治人才，在推进依法治国进程中发挥着重要作用。当前，根据全面依法治国的新要求，"必须大力提高法治工作队伍思想政治素质、业务工作能力、职业道德水准"①，切实提高法治人才的理想信念、职业水平和综合素质。从现状来看，高等教育法治人才培养与全面依法治国的要求仍存在不适应，主要表现在以下几个方面：法学基础理论研究有待加强；法学师资队伍建设有待强化；法学教育在不同层次高校参差不齐，学科体系有待优化；法治人才的培养有待创新；法学教育课程体系有待调整；还未形成和采用国家统一的法律类专

---

① 中共中央关于全面推进依法治国若干重大问题的决定[M]. 北京：人民出版社，2014:30.

业核心教材并纳入司法考试必考范围;涉外法治人才队伍还不能满足全面依法治国的需要;政法部门与高校双向交流机制有待进一步健全等。通过深化综合改革解决好这些问题,将为全面依法治国提供有力的人才保障。

第三节 在全面依法治国中推进高等教育综合改革的有效举措

当前,高等教育综合改革应主动适应全面依法治国的需要,站在依法治国全局视野,加强顶层设计,深刻学习领会全面依法治国的重要意义,围绕全面依法治教、全面依法治校、全面服务依法治国三个重要方面,从切实树立法治理念、全面推进依法行政、加快章程建设、创新法治人才培养机制、建设高校校园法治文化、提升服务全面依法治国能力等方面,深入学习和研究《中共中央关于全面推进依法治国若干重大问题的决定》提出的一系列重大课题,在依法治国总格局中推进依法治校。[①] 把全面依法治国精神贯穿和渗透到高等教育综合改革的各个环节中去。

一、全面树立法治思维,贯彻落实全面依法治国

全面树立法治思维是基础和根本。只有高等教育发展中的各个主体切实树立法治理念,才能将全面依法治国的各项要求贯彻到高等教育综合改革的各个环节中去,也才有可能为全面依法治国提供更强大的支持。

首先,高等教育综合改革中的各个主体要切实树立法治理念,善于运用法治思维和法治方式。各级高等教育主管部门是高等教育宏观发展的"中枢"机构,高校作为高等教育综合改革的最大主体,不管是政府部门的官员,还是高校的教职员工或学生,都要把贯彻十八届四中全会精神作为重大政治任务,作为高等教育综合改革的关键环节,作为人才培养的必然要求。树立法治理念既要在高等教育治理过程中全面透彻学习、研究十八届四中全会精神,把握全面推进依法治国的指导思想、总体目标和基本原则,内化吸收全面依法治国的一系列新观点和新举措,深刻研究全面依法治国中一系列重大理论和实践问题,又要立足我国高等教育发展中的实际,直面全面深化高等教育综合改革的突出问题,真正以不同主体的视角树立起主体意识、人权意识、责任意识、契约意识、规则意识、守法意识、监督意识,不断提高参与依法治校的自觉性和积极性[②],从而形成各主

[①] 郝立新.如何在依法治国总格局中推进依法治校[J].中国高等教育,2014(23):1.
[②] 周雄文,吴四江.论高等学校的依法治校[J].湖南科技大学学报(社会科学版),2013(23):126-129.

体对法治的敬畏、信仰、内化的稳定心理状态和推崇、遵循、守护的行为方式,把这一理念和行动贯彻落实到高等教育发展中去。

其次,要着力推进树立全面系统的法治理念。依法治教和依法治校不是十八届四中全会的新生事物,但是突出"全面"则是一个创新。"全面"重在全局性和彻底性,树立全面系统的法治理念就要求不仅涉及不同主体层面,也关系不同过程、重点、方式等层面,即要求高等教育综合改革中的不同主体全领域、全过程、全方位运用法治思维和法治方式,扫除"人治""人情"等错位理念在高等教育综合改革中所形成的障碍,促进高等教育发展。树立全面的法治理念,关键在政府,或者说是顶层设计的理念,起到"牵一发而动全身"的作用。因此,政府及教育主管部门如何在法治推进过程中转变角色,从指挥型向服务型转变,从全面管理到重点治理转变,并"把社会能办的并且能够办好的事务交由社会来办理"①。树立全面系统的法治理念需要勇气,更需要时间,需要依靠全面依法治国在全社会的推动作为动力,更需要坚持用"自上而下"和"自下而上"方式的互相结合,让法治理念成为一种新常态,进而成为社会其他领域的榜样和示范。

最后,要重点突出"抓住领导干部这个'关键少数'"。习近平在首都各界纪念现行宪法公布施行三十周年大会、十八届中央政治局第四次集体学习、中央政法工作会议、关于《中共中央关于全面推进依法治国若干重大问题的决定》的说明等重要会议或文件中都强调领导干部要带头表率,明确提出:"各级领导干部要带头依法办事,带头遵守纪律,对宪法和法律保持敬畏之心,牢固确立法律红线不能触碰、法律底线不能逾越的观念,不要去行使依法不该由自己行使的权力,也不要去干预依法自己不能干预的事情,更不能以言代法、以权压法、徇私枉法,做到法律面前不为私心所扰、不为人情所困、不为关系所累、不为利益所惑。"②在高等教育综合改革中贯彻落实全面依法治国,也要重点抓住领导干部这个关键群体,树立法治理念,增强法治思维,运用法治方式,切实提高依法办事能力,并用法治理念和思维推动高等教育综合改革,突破重点矛盾,推进和谐发展。不管是教育主管部门的领导班子,还是高校领导班子,只有他们切实树立法治理念,才能起到带头、示范作用,产生"领头羊"效应,更好地促进本区域高等教育综合改革形成良好法治氛围,在法治的轨道上不断深化。

二、全面加快章程建设,完善依法治校法制体系

现代教育制度构建从根本上说是要完善法制建设,从法律上明确各种权利义务关

---

① 王洪才.中国大学模式探索[M].北京:教育科学出版社,2013:57.
② 中共中央文献研究室.习近平关于全面依法治国论述摘编[C].北京:中央文献出版社,2015:110-111.

系。①《中共中央关于全面推进依法治国若干重大问题的决定》明确提出了"完善以宪法为核心的中国特色社会主义法律体系，加强宪法实施"的要求。这蕴含两个层面的内容：一是强调宪法的国家根本大法地位，并强调在实践中推动宪法的落实；二是围绕宪法这个中心，完善立法体制，推进科学立法、民主立法，加强重点立法，从而建设和完善中国特色社会主义法律体系。在建设高等教育强国进程中，不管是面对多样化高等教育体系的要求，还是摆脱陈旧思维的束缚，或者是对办学模式的突破，健全高等教育领域的法律、法规、规章体系是基础性工作。

首先，从政府层面来说，完善以宪法为核心的中国特色的高等教育法律法规。《国家中长期教育改革和发展规划纲要（2010—2020年）》中就明确提出："按照全面实施依法治国基本方略的要求，加快教育法制建设进程，完善中国特色社会主义教育法律法规。"在全面依法治国新形势下，要把握好两大环节：一要以宪法为核心，维护宪法的神圣地位不动摇；二要与时俱进，完善高等教育法律法规体系。在完善法律法规体系中，一方面，应分层次对现有法律法规进行系统梳理。对已有的与高等教育发展相关的教育法律、教育行政法规、教育部门规章等，应根据服务全面建成小康社会和全面深化高等教育综合改革的现实需要，以宪法为中心及时进行修订，例如《中华人民共和国教育法》《中华人民共和国高等教育法》《中华人民共和国民办教育促进法》《中华人民共和国教师法》《中华人民共和国学位条例法》《普通高等学校设置暂行条例》。2015年12月27日，第十二届全国人民代表大会常务委员会第十八次会议通过了关于修改《中华人民共和国教育法》的决定。对尚未立法的领域，则应加快学校法、高校科技成果转化法等高等教育发展重点问题、重要领域的立法，进一步落实《国家中长期教育改革和发展规划纲要（2010—2020年）》中提出的"制定有关高等教育考试、学校、终身学习、学前教育、家庭教育等法律"。另一方面，应从不同层面加强教育行政法规建设，重点是各地区应根据当地实际情况，出台促进本地区高等教育综合改革、突出针对性和操作性的地方性配套法规、规章，有力指导本地区高等教育综合改革深化。总之，要根据十八届四中全会的要求，尊重并体现客观规律，科学立法、民主立法，提高立法质量和立法效率，让高等教育立法从"有"上升到"好""管用""解决实际问题"的高度，形成一套包含教育法律、教育行政法规、教育部门规章等在内的有机统一的高等教育法律体系。

其次，从学校层面来说，要加强以学校章程为核心的制度体系建设和实施。高等学校章程作为高校发展中的"宪法"，其目的在于推进完善中国特色现代大学制度。因此，

---

① 王洪才. 中国大学模式探索[M]. 北京：教育科学出版社，2013:65.

一要继续推进高等学校章程建设，大力推动高等学校章程落实。应加强对高等学校章程的研究，充分认识其重要性，形成尊重、崇尚高等学校章程的理念。对于大部分还未制定高等学校章程的高校，应根据自身发展定位，按照特色突出、内容完备、形式规范等要求，认真梳理历史沿革，规划发展愿景，凝炼办学宗旨，紧扣时代使命，围绕人才培养，加快高等学校章程建设，推进现代大学制度；对于已经完成高等学校章程并已核准发布的高校，重在落实章程精神，按照高等学校章程的要求，进一步坚持和完善党委领导下的校长负责制，把握好学校办学方向，完善健全学术治理体系，大力推进教授治学，严格遵循办学自主权的运行与监督机制，不断完善校内管理体制以及治理框架，将高等学校章程落实工作作为推进高等教育治理能力和治理体系现代化、深化综合改革、全面推进依法治校的关键环节，进一步实现制度建设的科学化、制度化、系统化；各级政府和主管部门要加大对高等学校章程的落实与监督力度，形成"政府依章程管理、学校依章程自主办学、社会依章程监督和评价"的高等教育治理格局。[①] 二要进一步健全高校的规章制度体系。从现实情况来看，随着信息化发展，校际交流推动了各高校在制度建设上取长补短，基本形成了比较健全的规章制度，做到重大改革于法有据，具体工作有章可循。但问题在于部分高校规章制度未成体系，同时较缺乏规章制度的实施体系、监督体系和保障体系。因此，健全的规章制度体系建立需要高校树立信息化背景下的协同联动、整体推进、形成合力的思维，对校内规章制度进行全面清理、修订和整合，形成公正公平、系统完备的制度与规章，依靠校内多部门联动配合推动规章制度的落实。另外，规章制度体系的形成核心是把其作为一个有机整体，只有高校内部各部门协同配合，才能共同推进，形成合力。同样，规章制度实施体系、监督体系和保障体系要建立在制度体系的基础之上，运用协同、整体、合力思维，形成保证方向、动态跟踪、及时修正的实施体系，科学民主、公开公正、多方参与的监督体系，以及社会参与、投入有力、全面覆盖的保障体系。

三、全面推进依法行政，加快推进全面依法治教

法律的生命力和权威都在于实施，《中共中央关于全面推进依法治国若干重大问题的决定》提出："各级政府必须坚持在党的领导下、在法治轨道上开展工作，创新执法体制，完善执法程序，推进综合执法，严格执法责任，建立权责统一、权威高效的依法行政体制，加快建设职能科学、权责法定、执法严明、公开公正、廉洁高效、守法诚信的法治政

---

① 全国"211工程"高校章程全部核准发布[EB/OL]. [2017-03-16]. http://www.moe.gov.cn/jyb_xwfb/gzdt_gzdt/s5987/201506/t20150630_191785.html.

府。"① 推进依法行政和建设法治政府在高等教育综合改革中也发挥着重要作用。

在政府层面推进全面依法治教,一是各级政府要依法全面履行高等教育治理职能。作为实施高等教育法律法规的主体,各级政府要立足于处理好政府、高校、社会的关系,建立高效的法治实施体系。当前最重要的是要转变政府职能,既要以宪法为中心,也要尊重高校"宪法"——高等学校章程,要在法律法规的框架体系内简政放权、依法决策、依法治理,"推进机构、职能、权限、程序、责任法定化"②。在高等教育综合改革中可试行政府权力清单制度,推进"管办评"分离,理清权责边界,谨防不作为、杜绝乱作为,重在宏观治理、减少行政指令,清除由于政府职能不清造成的责任不明确,以及由于责任不明确而导致的官僚主义弊端,促进大学自主管理,进而实现高等教育治理体系和治理能力现代化。二是要健全依法决策机制。各级政府在高等教育发展决策中也要"把公众参与、专家论证、风险评估、合法性审查、集体讨论决定确定为重大行政决策法定程序"。③保证重大决策科学、公开、高效,探索建立法律顾问制度,为依法行政把脉护航,确保科学决策。三是要建立严密的法治监督体系。充分发挥党内、人大、政协、行政、司法、审计、社会、舆论等全方位监督作用,在政府实施依法管理高等教育中建立科学有效的权力运行制约和监督体系,形成制约和监督合力,重点加强对高等教育领域经费分配管理、干部任用等重点领域的制约和监督,不断完善审计制度。

在高校层面推进全面依法治校,一是要明确现代大学制度建设的目标。高校要落实全面依法治校的理念,形成良好氛围,使全面依法治校成为学校发展的共同信仰,要严格遵守宪法、高等教育法律法规,依据高等学校章程及其他校内规章制度,把主动处理好高校与政府的关系作为重要前提,探索建立高校与政府新型平等关系,把落实、用好高校办学自主权作为重点,以改革创新、卧薪尝胆的勇气推动依法办学、依法治校、自主管理,使高校发展回归学术组织特性,走上法治轨道,真正让法治理念统领高校发展,使发展于法有据,有法可依,在这个现代大学制度没有标准模板的时代,探索建设符合自身特点的现代大学制度。二是要依法完善内部治理结构,提升高校内部治理能力。高校内部治理结构应凸显全面法治的特点,协同、创新、充分运用规章制度,以规章制度提升内部治理能力;高校内部治理要紧密结合我国具体的高等教育管理体制,"首先面对的是各种不同权力的'博弈',这也是破解高校治理问题的核心"④。因此,要在明确内部各种权利、义务

---

① 中共中央关于全面推进依法治国若干重大问题的决定[M].北京:人民出版社,2014:15.
② 中共中央关于全面推进依法治国若干重大问题的决定[M].北京:人民出版社,2014:15.
③ 中共中央关于全面推进依法治国若干重大问题的决定[M].北京:人民出版社,2014:16.
④ 深化高等教育综合改革 全面推进高校依法治校——第七届高校管理者论坛会议综述[J].国家教育行政学院学报,2015(06):95.

和责任界定和边界的基础上,克服行政化倾向,积极探索符合学校特点的管理体制,建立高校内部分权、多元共治的利益关系格局;进一步完善民主管理制度,健全科学民主的决策机制,真正发挥教职工代表大会在民主管理中的主渠道作用,破解当前个别教职工代表大会存在的"形式主义"倾向的难题;落实师生的主体地位,围绕人才培养这个中心,确保师生权利得到保障,创新学生、家长参与学校管理的形式并加大力度;理清高校与其他社会组织的根本区别,围绕教学科研中心,回归学术生命线,"实现行政权力与学术权力的相对分离,保障学术权力按照学术规律相对独立行使"①。要重点"完善党委领导下的校长负责制,推进教授治学、促进学术自治,推进民主管理、强化民主监督,扩大社会参与、拓展社会资源,推进行政机构大部制改革,推进院校两级管理体制改革等方面进行实践探索和经验提升"。②三是要加大校务公开力度,建立切实有效的制约和监督机制。充分利用信息化、官方微博微信等条件加大校务公开力度,扩大校务公开范围,实现决策公开、执行公开、管理公开、服务公开、结果公开,重点对现代大学制度建设中关系师生切身利益的重点领域和重点环节进行公开,让校务公开真正发挥其应有的制约监督作用。四是要强化党对依法治校工作的领导,坚持正确的办学方向,按照《中国共产党高等学校基层组织工作条例》的要求,在全面依法治国中强化党委领导下的校长负责制,把依法办事纳入领导班子和领导干部的政绩考核。

四、全面创新培养机制,适应法治人才培养需求

毫无疑问,人才将成为全面推进依法治国的关键。党的十八届四中全会明确提出了创新法治人才培养机制的具体要求。在高等教育综合改革中落实全面依法治国,应着力培养一批具有胸怀祖国、服务社会、信仰法治、业务突出、具有国际视野的高层次法治人才。当前,要围绕以下几个重点创新法治人才培养工作。

一是构建"五位一体"的法治人才素质模型,即培养拥有过硬的思想政治素质、强烈的社会责任感、综合的职业素养、高超的专业水平、远大的国际化视野等"五位一体"的法治人才。符合全面依法治国需要的法治人才必须具有过硬的思想政治素质,应坚持党的事业、人民利益、宪法法律至上原则,具有坚定的理想信念。法治人才是社会公平正义的推进器,应具有"造福人类、奉献国家、服务社会、奉献他人"的社会责任感,通过这种社会责任感成就自身价值,服务奉献社会。任何一个专业或者领域都有特定的职业素养

---

① 教育部关于印发《全面推进依法治校实施纲要》的通知 [EB/OL]. [2017-03-16]. http://www.moe.edu.cn/publicfiles/business/htmlfiles/moe/s5933/201301/146831.html.
② 深化高等教育综合改革 全面推进高校依法治校:第七届高校管理者论坛会议综述 [J]. 国家教育行政学院学报, 2015(06): 95.

要求,全面依法治国对法治人才的职业要求要按照法治专门队伍"正规化、专业化、职业化"推进。法治人才应具备过硬的法学专业知识能力、法律从业者综合素质以及实践能力。当代的法治人才还应能积极应对社会信息化、经济全球化、世界多极化的要求,具备法治国际化视野。这五个方面的素质是当前法治人才培养的要求,也是人才目标改革的方向,更是一个有机整体,不可分割。

二是创新"五点一线"的法治人才培养机制,即突出理想信念教育、改革法学课程体系、创新人才培养模式、强化法学实践环节、优化法学师资队伍。《中共中央关于全面推进依法治国若干重大问题的决定》明确提出要"形成完善的中国特色社会主义法学理论体系、学科体系、课程体系,组织编写和全面采用国家统一的法律类专业核心教材……"在法治人才培养机制改革中,首先,要坚持立德树人、德育为先这个前提和根本,把思想政治建设、社会责任感培养作为重点,并作为专业人才培养的职业要求,强化法治人才的价值观培育。其次,与时俱进地改革法学课程体系,立足不同层次法治人才要求,突出满足个性化培养要求,构建与高素质法治人才培养目标相适应的、具有"鲜明的中国特色、完整的知识结构、适度的学分要求、丰富的选择空间"的法学课程体系。[①]再次,积极探索法治人才培育新模式,立足社会对法治人才的规模、类型、区域等多方面的综合需求,注重协同创新,突出特色重点,广泛吸收政府部门、社会力量、国外高校等各种有利资源,融入法治人才培养之中,尝试对以强化实践能力和适应性为重点的培养模式的探索。复次,提高人才培养过程中的实践能力,应通过提高实践教学学分比例、加强实践教学过程控制、深入探索实践教学方式、丰富校园法治文化等,"将法治实务部门的优质实践教学资源引入到高校中,通过建立协同育人的长效机制,打破学校与社会的体制壁垒,加强校企、校府、校地、校所合作,引入政府部门、法院、检察院、律师事务所、企业等实务部门力量参与法治人才培养,真正实现法治人才培养中同步实践教学"[②]。最后,重视法学师资队伍建设,以坚定的思想政治素质为前提,加大力度培育高素质学科带头人,造就一批高素质骨干教师,不断优化结构,不同高校可以根据实际采取吸收一定国外师资、聘任校友加入师资队伍等措施,加强师资队伍建设。总之,要协调推进五个方面工作,不断推进法治人才培养创新机制,培养适应全面依法治国需要的法治人才。

三是为创新法治人才培养提供保障。通过加强基础理论研究,为法治人才培养提供保障。《中共中央关于全面推进依法治国若干重大问题的决定》明确提出了"坚持用马克思主义法学思想和中国特色社会主义法治理论全方位占领高校、科研机构法学教育和法

---

① 黄进. 创新法治人才培养机制 全面推进依法治国 [J]. 中国高校社会科学, 2014(06): 19.
② 黄进. 创新法治人才培养机制 全面推进依法治国 [J]. 中国高校社会科学, 2014(06): 20.

学研究阵地,加强法学基础理论研究……"为此,政府及教育主管部门、高校、社会等各方要建立协同机制,不断完善"政法部门和法学院校、法学研究机构人员双向交流机制,实施高校和法治工作部门人员互聘计划,重点打造一支政治立场坚定、理论功底深厚、熟悉中国国情的高水平法学家和专家团队"[①],形成理论研究的合力,营造百花齐放、百家争鸣的氛围,为法治人才培养提供坚强的理论保障。

五、全面推进法治教育,大力建设高校法治文化

在高等教育综合改革中全面推进法治教育,应按照十八届四中全会要求,把法治教育纳入国民教育体系,从青少年抓起,把高校作为推进法治教育的前沿和示范阵地。首先,各级政府及教育主管部门要加强统筹规划,将推进法治教育作为依法治教的重要抓手和载体,在高等教育治理过程中把法治教育作为重要内容,统一部署,整体推进。2014年,中共教育部党组印发《关于认真学习贯彻党的十八届四中全会精神的通知》,对法治教育纳入国民教育体系作了具体部署,各级政府及主管部门应结合本地区实际情况,制定相应的对策,以此为契机统筹推进高校开展法治教育。二是高校应全方位、全过程、全员推进师生法治教育工作,深入开展普法教育工作,把社会主义法治理念纳入人才培养的重要内容,作为立德树人根本任务的重要维度,融入人才培养的各个环节,推动中国特色社会主义法治理论进教材、进课堂、进头脑,引导大学生树立法治意识,形成法治思维。三是突出在全校师生中开展宪法教育,提高宪法意识和法治观念,强化宪法确定的基本原则和基本制度教育,营造崇尚宪法、遵守宪法的良好氛围,弘扬社会主义法治精神,引导师生以宪法和法律为准则,在宪法和法律范围内活动,按照宪法和法律的规定行使权利并履行义务。四是创新法治教育的内容与形式。要立足学校特点、学生个性,将法制教育内容生动化、生活化、个性化,使广大师生易于理解、乐于接受。探索以思想政治理论课,日常思想政治教育,各类主题教育活动、社会实践、校园文化活动等相结合的法治教育形式,充分利用微信、微博等新兴媒体平台,结合暑期社会实践等深入开展法治实践活动,不断增强法治教育黏合度,内化为师生的自觉意识,外化于日常行动之中,从而提高教育实效。五是要充分挖掘社会资源的教育作用,利用各类社会法治教育资源,建设各类法治教育实践基地,充分发挥家庭教育在法治教育中的作用,形成法治教育合力。

建设社会主义法治文化是党的十八届四中全会提出的新观点。当前,必须把弘扬社会主义法治精神、建设社会主义法治文化作为高校校园文化的重要内容。一是要建设以

---

① 中共中央关于全面推进依法治国若干重大问题的决定[M]. 北京:人民出版社,2014:33.

法治信仰为核心的精神文化，在引导广大师生树立法治意识的基础上以法治为主线和指挥棒，建立起广大师生对法治的信仰。正如《中共中央关于全面推进依法治国若干重大问题的决定》所言："使全体人民都成为社会主义法治的忠实崇尚者、自觉遵守者、坚定捍卫者。"也正像《韩非子》中所说，"奉法者强则国强，奉法者弱则国弱"，"信仰是相信和敬仰的结合体，是法治精神的最高境界"。① 二是要弘扬以法治教育为核心的制度文化，即在校园文化建设的方方面面系统开展法律、法规、规章的宣传、普及、教育活动，在高校形成浓厚的法治氛围和法治环境，从而推进依法治校和人才培养工作。三是建设以法治展示为核心的物质文化，通过建设法治宣传展览馆、法治宣传雕塑、法治宣传栏、法治主题网站等形式，重点开展宪法和高等学校章程的展示宣传。

六、全面融入社会发展，提升服务依法治国质效

在高等教育综合改革中推进依法治国的使命是由其属性、地位和功能所决定的。高等教育不仅为全面依法治国培养高素质法治人才，还融入社会发展的各个方面。主要体现在以下几个方面：一是作为高级知识分子的集中领域，高等教育在推进社会主义法治建设中起到示范引领作用。一方面，通过所培养的法治人才的辐射效应以及引领作用，使其在全面依法治国进程中发挥着重大意义。另一方面，高校不仅是法学基础理论研究的前沿阵地，也是开展法治教育、推进全社会树立法治意识的典型示范，更是社会主义法治文化建设的先进窗口，成为名副其实的全面依法治国的"推动器"。二是随着高等教育日益成为社会文明的中心，"高校在经济发展服务、科技文明创新、国家政策咨询中发挥了重要作用，在依法治国进程中，也应当积极发挥相应的功效"②。因此，可以组织高校的专家学者对党的十八届四中全会精神进行理论研究和系统阐释，为全面依法治国提供决策咨询，通过各类研讨、宣讲、辅导等活动，凝聚社会共识，统一法治思想。

---

① 从依法治国到依法治教[EB/OL]. [2017-03-16].http://news.china.com.cn/rollnews/education/live/2014-11/07/content_29718070.htm.

② 高校推进依法治国的使命和路径[EB/OL]. [2017-03-16]. http://news.gmw.cn/2014-12/23/content_14260283.htm.

第七章
高等教育综合改革的组织保障

习近平在中国共产党历史上首次提出了"全面从严治党"的新课题,并把它作为"四个全面"战略布局的关键一环和战略举措。这既是党在执政过程中与时俱进、探索自身建设过程中实现的一次理论新飞跃,也是探索过程中取得的一项建设新成果。全面从严治党是实现"两个一百年"奋斗目标及中国梦的组织保障,也是深化高等教育综合改革、推进中国特色高等教育发展的坚强领导。

2014年12月,习近平在第二十三次全国高等学校党的建设工作会议作出重要指示,强调:"高校肩负着学习研究宣传马克思主义、培养中国特色社会主义事业建设者和接班人的重大任务。加强党对高校的领导,加强和改进高校党的建设,是办好中国特色社会主义大学的根本保证。办好中国特色社会主义大学,要坚持立德树人,把培育和践行社会主义核心价值观融入教书育人全过程;强化思想引领,牢牢把握高校意识形态工作领导权;坚持和完善党委领导下的校长负责制,不断改革和完善高校体制机制;全面推进党的建设各项工作,有效发挥基层党组织战斗堡垒作用和共产党员先锋模范作用。"① 当前,应充分认识全面从严治党对高等教育综合改革的重要意义,理性剖析高等教育综合改革在全面从严治党中面临的新挑战,并针对性探索在全面从严治党中推进高等教育综合改革的现实途径。

第一节 全面从严治党是建设高等教育强国的组织保障

坚强的组织领导是事业成功的保障。和西方发达国家的高等教育相比,我国要实现从高等教育大国到高等教育强国的历史性跨越,坚定不移地走中国特色高等教育发展之路,就必须在全面从严治党的新形势下加强和改进党的建设,为深化高等教育综合改革提供坚强的组织保障。

---

① 习近平就高校党建工作作出重要指示 强调坚持立德树人思想引领 加强改进高校党建工作[EB/OL].[2017-03-16].http://www.gov.cn/xinwen/2014-12/29/content_2798452.htm.

一、马克思主义从严治党思想对高等教育改革发展的启示

马克思主义在发展的过程中,尤其是在探索无产阶级政党建设和推进革命实践中,确立并不断丰富和发展关于党的建设理论,其中蕴含着深厚的"管党""治党"思想。这些思想对于全面推进从严治党具有深刻的时代价值。

(一)马克思主义经典作家从严治党思想的发展

马克思、恩格斯、列宁等经典作家结合所处时代特点和具体实际,提出了一系列从严治党的论述。

马克思和恩格斯首先重视通过严把进口关、推进履行义务、加强世界观改造等措施保持党的纯洁性。早在1847年9月《中央委员会告共产主义者同盟书》中,中央委员会就提出"我们的同盟中只能有共产主义者"和"分裂要比内部纠纷好"[①]的指导思想,目的在于要把顽固不化的魏特林分子和格律恩分子清除出同盟。为了保持党的性质,马克思、恩格斯还提醒工人"应该认清自己的阶级利益,尽快采取自己独立政党的立场,一时一刻也不能因为听信民主派小资产者的花言巧语而动摇对无产阶级政党的独立组织的信念"[②]。在1847年通过的《共产主义者同盟章程》中还严格限定了加入同盟的七个条件,规定了接收程序,建立了宣誓制度,"这是无产阶级政党对吸收党员条件的第一次明确规定。"[③] 要求加入者必须遵守相应的章程,履行党员义务。针对伯恩斯坦等人给党内带来的资产阶级世界观的不利影响,马克思、恩格斯提出:"首先就要求他们不把资产阶级、小资产阶级等等的偏见的任何残余带进来,而要无条件地掌握无产阶级世界观。"[④] 面对无产阶级政党建设过程中出现的各种问题,恩格斯在1879年写给马克思的信中提道:"当各种腐朽分子和好虚荣的分子可以毫无阻碍地大出风头的时候,就该抛弃掩饰和调和的政策,只要有必要,即使发生争论和吵闹也不怕。一个政党宁愿容忍任何一个蠢货在党内肆意地作威作福,而不敢公开拒绝承认他,这样的党是没有前途的。"[⑤] 通过在长期发展过程中始终坚持马克思主义在无产阶级政党建设中的指导地位,保持党的思想纯洁,持之以恒推进党的建设。其次,马克思和恩格斯重视通过建立党内监督严防腐化。他们提出了"不要再总是过分客气地对待党内的官吏——自己的仆人,不要再总是把他们当

[①] 马克思恩格斯全集:第42卷[M].北京:人民出版社,1979:450.
[②] 马克思恩格斯文集:第2卷[M].北京:人民出版社,2009:199.
[③] 郭广银."四个全面"战略布局研究丛书·全面从严治党[M].南京:江苏人民出版社,2015:25.
[④] 马克思恩格斯文集:第3卷[M].北京:人民出版社,2009:484.
[⑤] 马克思恩格斯全集:第34卷[M].北京:人民出版社,1972:90.

作完美无缺的官僚,百依百顺地服从他们,而不进行批评。"①他们认为作为身居高位的人,无权要求别人对自己采取与众不同的温顺态度。马克思在高度评价巴黎公社取得的成绩时,总结了巴黎公社的实质是工人阶级的政府,通过彻底清除国家等级制随时罢免"骑在人民头上作威作福的老爷们",实行真正的责任制,强化公众的监督作用。恩格斯在《法兰西内战》1891年版序言中提出:"为了防止国家和国家机关由社会公仆变为社会主人——这种现象在至今所有的国家中都是不可避免的——公社采取了两项措施:第一,它把行政、司法和国民教育方面的一切职位交给由普选选出的人担任,而且规定选举者可以随时撤换被选举者。第二,它对所有公务员,不论职位高低,都只付给跟其他工人同样的工资。公社所曾付过的最高薪金是6000法郎。这样,即使公社没有另外给代表机构的代表签发限权委托书,也能可靠地防止人们去追求升官发财了。"②再次,马克思和恩格斯还强调在党的建设中强化纪律,保持先进性。他们提出了"我们现在必须依靠绝对保持党的纪律,否则将一事无成"③,"应该使自己的每一个支部变成工人联合会的中心和核心"④。这些论断都是从严治党的时代表达。

列宁在俄共(布)成为执政的无产阶级政党后,对管党治党进行了探索,形成了一系列思想。列宁首先提出严格入党关和党员标准,指出"世界上只有我们这样的执政党,即革命工人阶级的党,才不追求党员数量,而注意提高党员质量和清洗混进党里来的人"⑤。从"清洗混进党里来的人"和"提高党员质量"两个方面入手,加强对党员的共产主义理想教育,并作出了一系列的规定。其次,列宁重视严肃党纪、从严治理。他认为纪律严明是无产阶级战胜资产阶级的条件之一。1919年5月,俄共中央开展了党员重新登记工作;1921年6月,在通告中提出"共产党员犯罪要受到比'普通人'更大的惩罚"。列宁还强调从严管理党员领导干部,"对于任何阻碍生机勃勃的事业的拖拉作风和官僚主义,都应无情加以惩罚"⑥,而惩办力度比非党人员更加严厉。再次,重视党内监督和群众监督。列宁指出:"共产党员成了官僚主义者,如果说有什么东西会把我们毁掉的话,那就是这个。"⑦因此,他重视建立完善的规章制度体系,加强对党员和干部的监督;同时,主张吸纳群众监督,"吸收党外人员,由党外人员来检查党员工作——这是绝对正确

---

① 马克思恩格斯全集:第38卷[M].北京:人民出版社,1972:33.
② 马克思恩格斯文集:第3卷[M].北京:人民出版社,2009:111.
③ 马克思恩格斯选集:第2卷[M].北京:人民出版社,1972:413.
④ 马克思恩格斯文集:第2卷[M].北京:人民出版社,2009:193.
⑤ 列宁专题文集:论无产阶级政党[M].北京:人民出版社,2009:222.
⑥ 列宁全集:第42卷[M].北京:人民出版社,1986:361.
⑦ 列宁专题文集:论无产阶级政党[M].北京:人民出版社,2009:348.

的。"①

(二)中国化马克思主义从严治党思想的新发展

马克思主义经典作家管党治党思想不仅体现在执政意识和忧患意识的增强上,对全面提升党建设科学化水平也具有重要意义。中国共产党自成立以来,就始终坚持以马克思主义为指导,结合中国具体国情,借鉴了马克思主义经典作家的治党思想,有效指导和推动革命、建设实践向前发展。

中华人民共和国成立之初,毛泽东意识到党组织建设过程中存在的问题,在党的七届三中全会上提出了"今后必须采取谨慎地发展党的组织"②的方针,采取了整党整风形式强化党的建设,亲自抓了一批大案要案,1951年2月,启动在全国范围内开展为期3年的整党运动,提出必须为政清廉,建立必要的民主监督机制。从严治党思想也是邓小平理论的有机组成部分。邓小平强调思想治党,提出"要通过思想政治工作,加强全党的组织性、纪律性"③,"我们说改善党的领导,其中最主要的就是加强思想政治工作"④。邓小平同志强调法制治党,通过健全完善社会主义法制防止腐败,他提出的从严治党论述值得我们重视:一是措施要坚决、果断,要有气势;二是要突出重点,注重效果;三是要以得人心、让群众满意为标准。⑤邓小平还认为从严治党要强化监督,认为不受监督就会犯错误,强调要接受来自各方面的监督,提出党员干部要自觉接受监督,并建立监督机构,完善各种监督制度。党的十三届四中全会以来,江泽民提出了"党要管党、从严治党"的要求,强调要通过加强教育和制度完善强化党的建设,从而保持党的先进性和纯洁性。党的十六大以来,以胡锦涛为代表的中国共产党人系统阐述了党的纯洁性问题,把"纯洁性"建设纳入党的建设主线之中,初步构建了新形势下保持党的纯洁性的思想体系。

党的十八大以来,以习近平为总书记的党中央高度重视从严治党工作,"世间事,做于细,成于严",提出"从严"是做好一切工作的重要保障,从坚定理想信念、重视培养干部、必须依靠群众、坚决惩治腐败、加强制度建设等方面丰富和发展了从严治党思想。2014年10月,习近平在党的群众路线教育实践活动总结大会上提出了"全面推进从严治党"的重大战略,强调了八点要求:第一,落实从严治党责任;第二,坚持思想建党和制度治党紧密结合;第三,严肃党内政治生活;第四,坚持从严管理干部;第五,持续深

---

① 列宁选集:第4卷[M].北京:人民出版社,2012:549.
② 建国以来毛泽东文稿:第1册[M].北京:中央文献出版社,1987:395.
③ 邓小平文选:第2卷[M].北京:人民出版社,1994:366.
④ 邓小平文选:第2卷[M].北京:人民出版社,1994:365.
⑤ 郭广银."四个全面"战略布局研究丛书·全面从严治党[M].南京:江苏人民出版社,2015:39.

入改进作风；第六，严明党的纪律；第七，发挥人民监督作用；第八，深入把握从严治党规律。①2014年12月，习近平在江苏调研时提出，将全面从严治党纳入首次提出的"四个全面"之中；2015年2月，习近平总书记在省部级主要领导干部学习贯彻十八届四中全会精神全面推进依法治国专题研讨班开班式上指出："党的十八大以来，党中央从坚持和发展中国特色社会主义全局出发，提出并形成了全面建成小康社会、全面深化改革、全面依法治国、全面从严治党的战略布局。"全面依法治国也成为首次提出的"四个全面"战略布局的关键一环，这是建立在科学分析新时期党的建设面临基本态势、内外环境的基础上作出的科学决策和战略部署。

（三）中国化马克思主义的从严治党思想促进高等教育改革发展

自中华人民共和国成立以来，加强党的领导、推进从严治党在高等教育改革发展中发挥着坚强的领导核心作用。毛泽东在天津大学视察时提出高等教育应抓住党委领导；在《关于教育工作的指示》中体现加强党委建设思想和从严加强高校政治思想建设的要求；在《教育部直属高等学校暂行工作条例》中明确提出高等学校要"改进党的领导方法和作风，加强思想政治工作"。20世纪80年代以来，高等教育面临改革开放和社会主义市场经济的机遇和挑战，在"三个面向"的指导下，在从严治党上强调"思想建党"，大力推进思想政治工作，培育"四有"新人。1990年4月，第一次全国高校党的建设工作会议在北京召开，时任中共中央政治局委员、国务委员兼国家教委主任李铁映出席会议并做重要讲话，这是中华人民共和国成立以来第一次举办这样大规模的会议专门研究高校党的建设工作；同年7月，中共中央发出通知，对加强高校党的建设提出八方面要求：（1）明确高等学校的领导体制，坚持党委的领导地位；（2）加强领导班子建设，保证领导权掌握在忠于马克思主义的人手中；（3）把思想建设放在高等学校党的建设的突出位置，不断提高党员的政治素质；（4）切实搞好党支部建设，增强党组织的凝聚力、吸引力和战斗力；（5）建设一支素质较高、以精干的专职人员为骨干、专兼职结合的党务工作队伍；（6）加强对入党积极分子的培养教育，做好发展党员工作；（7）加强对工会、共青团和学生会的领导，充分发挥群众组织的作用；（8）地方党委要加强对高等学校党的工作的领导，中央国家机关有关部委党组（党委）对所属院校党的工作要予以指导。②

截至2014年12月，全国高校党的建设工作会议共召开23次（如表7-1所示），历次会议主题鲜明，把握时代脉搏，紧密结合党和国家发展的热点和重点，这是从严治党在高

---

① 在党的群众路线教育实践活动总结大会上的讲话[EB/OL]. [2017-03-16].http://www.zgdsw.org.cn/n/2014/1009/c218988-25795560.html.
② 第一次全国高校党的建设工作会议情况概述[EB/OL]. [2017-03-16].http://www.moe.gov.cn/s78/A12/s8352/moe_1445/201001/t20100117_16404.html.

等教育改革发展中的体现和要求。2014年10月，中共中央办公厅印发了《关于坚持和完善普通高等学校党委领导下的校长负责制的实施意见》，强调要坚持党委的领导核心地位，保证校长依法行使职权，建立健全党委统一领导、党政分工合作、协调运行的工作机制；认真贯彻执行民主集中制，坚持集体领导和个人分工负责相结合，集体决定了的事情，领导班子成员要按照分工分头落实；严肃党内组织生活，反对独断专行和软弱涣散两种倾向。在2014年12月召开的第二十三次全国高等学校党的建设工作会议上，习近平进一步强调："各级党委和宣传思想部门、组织部门、教育部门要加强对高校党的建设工作的领导和指导，坚持党的教育方针，坚持社会主义办学方向，加强和改进思想政治工作，切实把党要管党、从严治党落到实处。"[1]

表7-1　1990年以来全国高校党的建设工作会议一览表

历次	召开时间	党或国家领导人参加、讲话或批示	会议主要内容
第一次	1990年4月	李铁映讲话	贯彻中共中央关于加强党的建设的通知精神，从反对和平演变、培养社会主义事业的建设者和接班人的战略高度出发，总结高校党建工作的经验教训，提高认识，研究和解决高校党建工作
第二次	1991年6月	宋平讲话	贯彻落实中共中央有关加强高校党的建设的文件精神，进一步加强高校党的建设和思想政治工作
第三次	1992年6月	李铁映讲话	学习、贯彻邓小平同志重要谈话和中央政治局全体会议精神，总结交流近几年来的工作经验，明确在新形势下进一步加强和改进高校党的建设工作和思想政治工作的任务，研究在党的领导下深化高教改革的指导思想和基本方针，促进高教事业更好地为以经济建设为中心的社会主义现代化建设服务
第四次	1993年7月	江泽民讲话	以邓小平同志建设有中国特色社会主义的理论和党的基本路线为指导，贯彻党的十四大精神和《中国教育改革和发展纲要》；总结交流前三次高校党建工作会议以来的经验；研究新形势下如何进一步加强和改进高校党建和思想政治工作

---

[1] 习近平就高校党建工作作出重要指示 强调坚持立德树人思想引领 加强改进高校党建工作[EB/OL].[2017-03-16].http://www.gov.cn/xinwen/2014-12/29/content_2798452.htm.

续表

历次	召开时间	党或国家领导人参加、讲话或批示	会议主要内容
第五次	1995年7月	李鹏作指示 李岚清讲话	以邓小平同志建设有中国特色社会主义理论和党的基本路线为指导，贯彻《中共中央关于加强党的建设几个重大问题的决定》和《中国教育改革和发展纲要》精神，联系高教战线的实际，研究加强高校领导班子建设，进一步推动高等教育事业的改革和发展
第六次	1997年6月	江泽民讲话	以马列主义、毛泽东思想、邓小平理论和党的基本路线为指导，总结高校党建工作的基本经验，认真研究深入贯彻党的十四届六中全会精神，推动高校社会主义精神文明建设，进一步加强高校党的建设，促进高等教育事业的改革和发展等问题
第七次	1998年7月	李岚清讲话	高举邓小平理论伟大旗帜，贯彻党的十五大精神，兴起学习邓小平理论新高潮，进一步加强高校党的建设，把有中国特色社会主义的高等教育事业全面推向21世纪
第八次	1999年6月	李岚清讲话	高举邓小平理论伟大旗帜，贯彻党的十五大精神和中央有关部署，按照以"讲学习、讲政治、讲正气"为主要内容的党性党风教育的要求，进一步加强和改进党对高校工作的领导，加强高校思想政治工作队伍建设，加强教师思想政治工作，加强各项德育工作措施的落实，为全面贯彻落实全国教育工作会议精神、推进高校的改革和发展而努力
第九次	2000年7月	李岚清讲话	以邓小平理论和党的十五大精神为指导，结合高等教育战线的实际，认真学习、贯彻江泽民同志在中央思想政治工作会议上的讲话精神，以及近年来江泽民同志和中央关于加强党的建设和思想政治工作的一系列重要指示精神，按照"三个代表"重要思想的要求，进一步认清高校党建和思想政治工作面临的新形势，总结交流高校党建和思想政治工作的新经验，研究和具体部署新形势下高校党建和思想政治工作，明确新形势下高校党建和思想政治工作的任务、要求，探索新路子和有效措施及办法
第十次	2001年12月	李岚清讲话	以马克思列宁主义、毛泽东思想、邓小平理论为指导，贯彻落实江泽民同志"三个代表"重要思想和党的十五届六中全会精神，总结高校党的建设和思想政治工作的基本经验，分析高校党的作风建设的现状，明确工作思路和要求，进一步加强和改进高校党的建设工作

续表

历次	召开时间	党或国家领导人参加、讲话或批示	会议主要内容
第十一次	2002年8月	李岚清讲话	认真学习、深刻领会江泽民同志"5.31"重要讲话精神,全面贯彻"三个代表"重要思想,加强和改进高校学生思想政治工作,切实维护高校稳定,为党的十六大的召开营造昂扬向上、团结奋进、开拓创新的良好氛围
第十二次	2003年10月	贺国强讲话	深入学习贯彻党的十六大和十六届三中全会精神,认真研究高校党建工作面临的新形势、新任务,提出切实加强和改进高校党建工作,促进高等教育改革发展的新思路、新措施,为完善社会主义市场经济体制、实施科教兴国和人才强国战略、实现全面建设小康社会的宏伟目标提供智力支持和人才保证
第十三次	2004年10月	曾庆红讲话	围绕学习贯彻落实党的十六届四中全会精神,进一步推进高等教育事业发展和高校党建工作
第十四次	2005年12月	贺国强讲话	推进高校党的先进性建设
第十五次	2006年12月	刘云山讲话	大力推进和谐校园建设;进一步加强高校党的建设,使高校党组织努力成为和谐校园建设的领导者、组织者和推动者,为建设社会主义和谐校园提供强有力的保证;巩固和发展党的先进性建设成果
第十六次	2007年12月	习近平讲话	深入贯彻党的十七大精神,以改革创新精神全面推进高校党的建设,为高等教育事业的科学发展提供坚强的政治保证和组织保证
第十七次	2008年12月	习近平讲话	总结改革开放30年来我国高等教育取得的伟大成就和高校党的建设取得的新进步,全面贯彻党的教育方针,坚持以人才培养为根本办学理念,继续解放思想,坚持改革创新,在新的历史起点上努力开创高校党建工作新局面,为推进高等教育又好又快发展提供坚强的思想、政治和组织保证
第十八次	2009年12月	习近平讲话	深入分析高校党的建设面临的新情况、新问题,对进一步加强和改进新形势下高校党的建设进行部署
第十九次	2010年12月	习近平讲话	贯彻落实党的十七届五中全会精神、全国教育工作会议精神、全国人才工作会议精神和教育规划纲要、人才规划纲要,贯彻落实新颁布的《中国共产党普通高等学校基层党组织工作条例》,开创高校党建工作新局面

续表

历次	召开时间	党或国家领导人参加、讲话或批示	会议主要内容
第二十次	2012年1月	习近平讲话	迎接党的十八大胜利召开和学习宣传贯彻党的十八大精神，更好地发挥高校党委的领导核心作用、各级党组织的战斗堡垒作用和广大党员的先锋模范作用，深入开展高校创先争优活动
第二十一次	2013年1月	刘延东主持	按照党的十八大部署要求，全面推进高校党的建设，为办好人民满意的高等教育提供坚强保证
第二十二次	2013年12月	刘延东主持	以推进党的思想理论进教材、进课堂、进头脑为主线，巩固马克思主义在高校意识形态领域的指导地位，激励高校师生为实现中华民族伟大复兴的中国梦学习奋斗
第二十三次	2014年12月	习近平作指示 刘延东作报告	落实《关于进一步加强和改进新形势下高校宣传思想工作的意见》和《关于坚持和完善普通高等学校党委领导下的校长负责制的实施意见》精神，在全面深化高等教育综合改革、建设中国特色社会主义现代大学制度中，加强和改进高校党的建设

资料来源：历次全国高校党建会情况概述 [EB/OL]. [2017-03-16]. http://www.moe.gov.cn/s78/A12/s8352/moe_1445/.

二、高等教育综合改革中推进从严治党的必要性

打铁还需自身硬，只有全面从严治党，才能推动中国特色社会主义各项事业深入发展，实现各项目标任务。全面从严治党对当前高等教育综合改革具有重要而深远的意义。

（一）强化高等教育党的建设是全面从严治党全局的重要组成

全面从严治党无论是主体、内容、领域都具有全局性、完整性的特点。随着高等教育社会功能的充分发挥和不断拓展，高等教育逐渐成为社会发展的中心，承担着"高端人才的培育者、科技创新的引领者、社会发展的推动者、优秀文化的传承者、人文交流的先行者"[①]的重要角色，在现代化建设全局中发挥着不可替代的重要作用。在全面从严治党中，"高校党的建设是党的建设新的伟大工程的重要组成部分，在整个党的建设中具有特殊而重要的地位。高校党建工作不仅直接关系到高等教育改革发展稳定，而且对改革开

---

① 为办好中国特色社会主义大学提供坚强保证：一论学习贯彻习近平总书记对高校党建工作重要指示精神 [N]. 中国教育报, 2014-12-30.

放和社会主义现代化建设全局具有深远影响"①。可见,高等教育贯彻落实全面从严治党的思想认识、内容形式以及成效影响直接关系着全面从严治党大局,进而通过其社会功能的发挥影响着全面建成小康社会目标的实现。

(二)推进全面从严治党是建设中国特色高等教育的组织保障

正如习近平在第二十三次全国高校党的建设工作会议上所强调:"高校肩负着学习研究宣传马克思主义、培养中国特色社会主义事业建设者和接班人的重大任务。加强党对高校的领导,加强和改进高校党的建设,是办好中国特色社会主义大学的根本保证。"②中国特色的高等教育与其他国家、地区高等教育的本质区别,在于我们始终坚持马克思主义在高等教育改革发展中的指导地位,走的是中国特色社会主义道路,办的是中国特色社会主义大学,培养的是中国特色社会主义事业建设者和接班人。另外,国务院于2015年11月印发的《统筹推进世界一流大学和一流学科建设总体方案》中突出坚持以中国特色、世界一流为核心,以立德树人为根本,以支撑创新驱动发展战略、服务经济社会发展为导向,坚持"以一流为目标、以学科为基础、以绩效为杠杆、以改革为动力"的基本原则,加快建成一批世界一流大学和一流学科。因此,加强和改进高校党的建设,全面推进从严治党,不仅是全面提升高等教育党的建设科学化水平的必然要求,也是全面从严治党大局的应有之义,更是保证中国特色高等教育朝着正确方向发展的"指南针"和"风向标"。

(三)推进全面从严治党是全面提高高等教育质量的坚强后盾

党的十八届五中全会通过的《中共中央关于制定国民经济和社会发展第十三个五年规划的建议》提出"提高教育质量"的明确要求,为"十三五"时期高等教育改革发展指明了方向。要提升高等教育质量,必须在高等教育综合改革中贯彻党的十八届五中全会提出的创新、协调、绿色、开放、共享的发展理念,通过培养创新人才、提升创新能力等为创新驱动战略服务,通过提升人才素质促进高等教育服务协调发展,通过推进生态文明教育、建设"绿色"文化、引导低碳生活方式推动"绿色"发展,通过深化高等教育综合改革促开放、开放促质量,更好地服务社会经济发展,通过公平公正让全体人民在高等教育发展中获得幸福感。要提升高等教育质量,更要加强和改善党对高等教育综合改革的领导,全面推进从严治党,通过健全党的组织,完善体制机制,加强思想政治工作,落实党风廉政建设制度,在改革发展中总揽全局、协调配合,为及时研究解决重大问题和群众关

---

① 为办好中国特色社会主义大学提供坚强保证:一论学习贯彻习近平总书记对高校党建工作重要指示精神[N]. 中国教育报,2014-12-30.
② 习近平就高校党建工作作出重要指示 强调坚持立德树人思想引领 加强改进高校党建工作[EB/OL]. [2017-03-16].http://www.gov.cn/xinwen/2014-12/29/content_2798452.htm.

心的热点问题提供保障。

三、全面从严治党对高等教育综合改革提出的新标准

长期以来，党和国家重视高等教育发展领域党的建设工作。当前，高等教育综合改革面临着新的世情、国情、党情、教情，要确保党在高等教育综合改革进程中发挥主心骨作用，走在时代发展前列，并成为坚强的领导核心，应按照全面从严治党的要求，落实党要管党、从严治党的这个繁重而紧迫的任务。

（一）高等教育综合改革推进全面从严治党要立足"全面"

高等教育综合改革推进全面从严治党，要根据"全局"要求，结合自身特点，立足"全面"，做到全领域、全方位、全过程覆盖，坚持完整性、系统性和科学性。首先，应树立"全面"思想，以往高等教育综合改革过程中党的建设工作未能突出"全面"理念，在全局工作中常处于"重点时期重点抓""常规时期常规抓"，未能"树立正确政绩观，坚持从巩固党的执政地位的大局看问题，把抓好党建作为最大的政绩"，"在一些领导干部眼中，抓党建同抓发展相比要虚一些，不容易出显绩，一年几次会布置一下就可以了，不必那么上心用劲"①。高等教育领域同样存在这一倾向，要把党的建设工作和建设世界一流大学、高校战略发展、学校中心任务放在一起，共同谋划部署。其次，要包含"全面"内容，按照习近平在党的群众路线教育实践活动总结大会上提出的八点要求，紧密结合高等教育领域实际，从思想建设、组织建设、作风建设、反腐倡廉、制度建设等五个方面入手，既要重视工作的整体性，又要强调突出重点，坚持两者统一。再次，要推进"全面"覆盖，无论是各级高等教育主管部门，还是各级各类高校，不分地域、层次、类别都要把推进全面从严治党，做到全面部署、全面落实，并把实际成效作为工作衡量标准和考核指标。

（二）高等教育综合改革推进全面从严治党要重在"从严"

"从严"是长期以来党的建设的基本要求，党的十六大更是提出了"治国必先治党，治党务必从严"的明确要求。因此，在全面从严治党中，尽管很多要求和举措早就有之，但关键要在"严"字上下功夫。高等教育综合改革在党的建设上也面临着如何推进"从严"的新要求。首先是从严要求。在高等教育综合改革中要深刻审视习近平列举党内"七个有之"的不良现象，落实从严治党管党的主体责任和监督责任，强化思想建党和制度治党相结合，严格按照"三严三实"要求，认真落实"管到位、严到份"的要求，做到严字当头，敢严长严。其次是从严治理。做到举措和过程从严，按照从严治党的总要求，结

---

① 在党的群众路线教育实践活动总结大会上的讲话[EB/OL]. [2017-03-16]. http://www.zgdsw.org.cn/n/2014/1009/c218988-25795560.html.

合高等教育综合改革的规律特点，制定和实施符合不同高校特点的科学、具体的举措，把从严治党融入把好办学方向、科学决策过程、深化综合改革、推进依法治校、促进内涵发展等各个方面和环节中，并贯穿全过程，坚决杜绝搞形式、走过场，使从严成为一种意识、习惯和常态，为高等教育改革发展稳定提供坚强的思想保证、政治保证和组织保证。再次是从严监督，做到监督和查处从严。各级党委和教育主管部门应加大对高校推进全面从严治党落实情况的监督和问责，深入总结提炼一些高校的先进经验，探索建立长效机制，在高等教育领域互相借鉴促进。尽管作为知识的殿堂，但高等教育领域也面临"打老虎"和"拍苍蝇"的严峻挑战，同样要坚持惩治不放松，实现在党纪国法面前没有例外，从而在高等教育领域推进党风政风全面净化。

（三）高等教育综合改革推进全面从严治党关键在"治理"

全面从严治党是推进国家治理体系和治理能力现代化建设的重要枢纽，应突出"治理"这一重要抓手和要求。一是管治结合，突出治党。管党是高等教育综合改革中党的建设常态化工作，而治党则突出按照党的建设相关体制机制、法律法规安排，善于运用制度和法律推进党的建设，把制度优势转化为推进从严治党效能。当前，应把从严治党纳入推进高等教育治理体系和治理能力现代化建设之中，整治突出问题，为高等教育综合改革提供组织保证。二是双向展开，落实主体。在高等教育综合改革中推进全面从严治党，应根据其社会功能和历史任务，不仅要树立忧患意识和问题导向，落实治党主体，依靠各级党委、政府和教育管理部门，也要抓高校党委负责人，更要依靠基层党组织负责人，在工作中要切实落实"把抓好党建作为最大的政绩"的理念。三是对症下药，治出成效。在治理过程中，要强化思想和制度紧密结合，在加强师生党员思想教育的固根浚源作用基础上，抓住领导干部这个关键少数，围绕高等教育综合改革中决策、经费、人事等权力运行重点，完善党内法规制度，坚持法治思维、法治方式，稳步推进从严治党。

第二节 高等教育综合改革落实全面从严治党的现实挑战

中央纪委监察部网站公布的反腐数据显示，仅 2015 年共通报了 34 所高校，涉及 53 名高校领导，高等教育反腐呈高压态势。通过分析不难发现，这些腐败主要集中在基建工程、物资采购、招生录取、人事安排、财务管理等利益集中领域，阻碍了高等教育综合改革的深化。在高等教育综合改革中推进全面从严治党事关全局，既是一项系统工程，也会面临世情、国情、党情、教情变化带来的各种互相交织的现实挑战，理性认清并剖析这些现实挑战有利于加强和改进高校党的建设工作，从而促进高等教育健康发展。

一、综合改革中全面从严治党与从严治党大局如何协同发展

高等教育全面从严治党和全面从严治党大局是局部与整体的关系。在"四个全面"战略布局整体中，全面从严治党是关键一环，是重要的局部。但全面从严治党也是党的建设中一项伟大的工程，具有整体性和全局性，是推动各项事业发展的组织保障。在全面从严治党大局中，只有社会发展的各个领域和局部协调推动，齐头并进，才能切实推动全面从严治党。作为高级知识分子和青年大学生集中的场所，高校日益引领社会发展并成为社会发展的中心。随着改革发展爬坡攻坚期的到来，全面从严治党不仅具有特殊而重要的地位，还关系着高等教育的改革、发展、稳定，甚至深刻影响着改革开放和社会主义现代化建设全局。因此，应把高等教育全面从严治党和全面从严治党大局更好地有机统一起来。

首先是认识要统一起来。在综合国力竞争日益激烈的今天，我国经济发展进入新常态，意识形态领域斗争更加隐秘复杂，加强和改进高等教育党的建设也面临着执政、改革开放、市场经济、外部环境等长期、复杂而严峻的挑战，也要应对精神懈怠、能力不足、脱离群众、消极腐败等危险，因此也不能安于现状、盲目乐观，不能囿于眼前、轻视长远，不能掩盖矛盾、回避问题，不能贪图享受、攀比阔气。[①] 尽管高等教育全面从严治党地位重要而特殊，但要求不能特殊，应根据中央的整体要求和部署，结合高等教育的实际，高标准、严要求加强党对高校的领导，加强和改进党的建设，在全局中全面提高科学化水平。

其次是内容要统一起来。在高等教育综合改革中推进全面从严治党，要严格按照习近平提出的八点要求，切实落实高校从严治党责任，在推进高校党的建设工作中坚持把思想党建和制度治党结合起来，严肃党内政治生活，切实改进作风建设，从严管理高校内部各级干部，充分发动师生进行监督，深入探索并把握高校从严治党规律。这些内容不仅体现了高等教育领域的特点，还应与全面从严治党的内容统一起来，形成一个整体，确保高等教育综合改革的正确方向，为实现内涵式发展提供坚强有力的思想、政治、组织保证。"历史和现实都告诉我们，如果高校党建工作抓得不紧、不力，高校党组织的力量就会衰弱、式微，再好的部署也无法落实，再美的愿景也不能实现。"[②]

最后是目标要统一起来。一方面，高等教育推进全面从严治党，目标是加强和改进

---

① 在党的群众路线教育实践活动总结大会上的讲话 [EB/OL]. [2017-03-16]. http://www.zgdsw.org.cn/n/2014/1009/c218988-25795560.html.

② 为办好中国特色社会主义大学提供坚强保证：一论学习贯彻习近平总书记对高校党建工作重要指示精神 [N]. 中国教育报，2014-12-30.

党的建设,通过培养更符合时代和社会需要的高素质人才、开展更贴近社会经济发展需要的科学研究、扩展更广更深的社会服务职能、发挥更充分的引领文化传承与创新能力、提升驾驭复杂局面的能力和应对突发事件的能力,推进高等教育强国建设。另一方面,建设高等教育强国并不是最终价值归宿,应和全面从严治党大局的目标统一起来,站在国家和民族发展的长远视野,更好地服务全面建成小康社会,主动为实现"两个一百年"奋斗目标和中华民族伟大复兴作出更大贡献。

二、综合改革中全面从严治党与回归学术组织如何实现统一

高等教育综合改革以高校为基本单位,而高校作为一个学术组织,具有学术自由和大学自治的发展规律。纵观西方高等教育发展中的先进经验,高度的学术自由和大学自治成为发展中的关键因素,具有重要的借鉴意义。但高等教育改革发展本身没有统一的标准和模型,高等教育强国建设还必须结合本国国情,凸显不同国家的国别特色。就我国而言,建立中国特色的高等教育制度,"不仅要与时代背景相结合,而且必须与本国社会经济发展要求相结合,体现本国的社会文化特色"[①],不仅要遵循学术组织特性,更要坚持党的领导,把全面从严治党和展现学术组织特性统一起来。

全面从严治党和坚持学术自由、扩大办学自主权并非矛盾体。从严治党从来不是自主办学和学术自由的"拦路石"。纵观改革开放以来高等教育的改革发展,如何处理高校与政府关系日益得到重视,不断扩大高校办学自主权也成为一种呼声和趋势。但从严治党重在把握"方向盘",确保高等教育改革发展贯彻党和国家的教育方针,为中国特色社会主义现代化建设服务,突出方向引领和宏观指导,是中国高等教育区别于其他高等教育的本质特征;而学术自由或者扩大办学自主权是为了克服发展中的同质化,坚持学术为本,注重学术创新,强化特色特点,其传递的不是无边界的自由,而是符合国家发展需要、体现国家发展意志前提下的学术自由,这也是当今世界各国高等教育发展的规律。因此,要把两者有机统一起来。只有更好地推进全面从严治党,才能让高等教育发展在学术自由、自主办学中不偏离方向,在通往中华民族伟大复兴的道路上建设高等教育强国;只有坚持党的领导,并不断加强和改进党的领导,才能让自主办学、学术自由更加充满活力、创造力和竞争力,并实现正向功能最大化。

三、综合改革中全面从严治党与抓好重点环节如何相得益彰

高等教育全面从严治党立足全面,目标、内容、形式、成效都应力求全面覆盖,既要

---

① 王洪才.中国大学模式探索[M].北京:教育科学出版社,2013:3.

全面推进,又要全面取得实效。但在推进过程中并非要"眉毛胡子一把抓",分散发力、平均用力,容易导致实施不力、成效不佳。高等教育从严治党涉及不同区域、不同层次、不同主体、不同校情等诸多因素,因此要紧紧围绕"为谁培养人,培养什么人,如何培养人"这个共同的根本问题,认真贯彻习近平关于党的建设工作的重要论述,抓住当前党建工作中的重点环节,在全局中推进重点工作,确保全面从严治党通过抓住关键环节,进行重点突破,从而取得实效。

把高等教育全面从严治党和抓好重点环节统一起来,首先要寻找全面从严治党与高校党的建设工作的最佳契合点。全面从严治党是在继承和坚持党的建设原则的基础上,紧密结合当前形势做出的新概括、新要求和新部署,"是 21 世纪中国马克思主义党建学说的最新理论成果"①。因此,这个契合点是全面从严治党思想在高校党的建设工作中的运用。具体来说,在高等教育综合改革中管党治党一刻也不能松懈,要培养和选拔一批致力于办好人民满意教育的好干部,要充分认识到意识形态工作是高校党的建设工作中一项极端重要的工作,要以踏石留印、抓铁有痕的劲头抓好高校党的作风建设,要坚持以零容忍的态度惩治高等教育领域的腐败问题,要把抓好党的建设工作作为高校党委最大的政绩。这些重要的论述反映在实际工作环节中,就是要重点贯彻落实好高校党委领导下的校长负责制,认真落实高校党的建设工作责任制,创新推进高校党的基层组织建设,强化学校领导班子和干部队伍建设,做好高校"高知群体"、青年教师、学生发展党员工作,突出党风廉政建设和师德师风建设等,从思想建设、组织建设、作风建设、反腐倡廉建设和制度建设等方面,把党要管党、从严治党的要求落到实处。

四、综合改革中全面从严治党与应对国际挑战如何无缝衔接

随着全球化进程的加快和改革开放的深化,高等教育国际化成为必然趋势。一些高校结合自身办学定位、特色等纷纷提出应对国际化的发展战略、规划或者目标等,成立了负责国际化工作的组织领导机构和工作部门,制定了与国际化发展相关的规章制度,加大吸收外籍专业师资队伍力度,专任教师具有海外经历与国际交流经历的人数大幅提升,外国留学生逐步增加,课程和教学组织走国际化路线,中外合作办学机制不断完善,以孔子学院为代表的境外办学逐步加强,国际交流与合作形成常态、不断深化。国际化进程是建设高等教育强国的重要组成,也是发展必然,同时更是推进全面从严治党的重要挑战。

把高等教育全面从严治党和推进国际化进程统一起来,就要在国际化进程中,充分

---

① 郭广银."四个全面"战略布局研究丛书·全面从严治党[M].南京:江苏人民出版社,2015:16.

认识高校党的建设面临的内外新形势、新挑战，要主动适应、融入新环境，全面了解工作中出现的新对象，积极探索工作新方法，解决可能出现的新问题等。在工作目标、责任挑战、方式创新、领导艺术等方面主动迎接国际化带来的一系列挑战，切实在国际化进程中强化党要管党、从严治党工作。只有两者统一起来，才能预防在国际化进程中出现党的领导削弱、工作有"盲点"等问题，甚至在应对中外合作办学、留学生管理等一些关键环节出现局部"失控"等状况。

五、综合改革中全面从严治党与提高教育质量如何互相促进

提高教育质量是党中央在"十三五"期间对高等教育提出的方向和要求，也是当前全面深化高等教育综合改革的遵循和目标，是如期全面建成小康社会的基础和先导，更是办好人民满意高等教育的本质和体现。提高高等教育质量，必然要求加强和改进党的领导，认真贯彻创新、协调、绿色、开放、共享的发展理念。要落实立德树人的根本，以社会主义核心价值观塑造大学生的精神世界，以中华优秀传统文化促进大学生的家国情怀、社会关爱和人格修养教育，以培养创新创业精神为重点，增强学生社会责任感、创新精神、实践能力，坚定为实现中国梦不懈奋斗的理想信念；要全面深化高等教育综合改革，重点落实高等教育中资源分配、入学就业等教育公平，探索以适应个性化需求为导向的人才培养模式，推进符合信息化时代特点的重点领域改革，加快建成一批世界一流大学和一流学科；要全面推进依法治教和依法治校，推进高等教育治理体系和治理能力现代化建设，运用法治思维和法治方式提高教育质量等。在提高高等教育质量的这些重点工作中，只有始终坚持与党要管党、从严治党结合起来，才能形成更好的内生动力，产生更多的正向能量，取得更好的发展成果。

第三节 在全面从严治党中深化高等教育综合改革的实现途径

高等教育走向民生，是高等教育生命得以维持和改善人的境况的必要条件。① 无论是在建设高等教育强国的征途中，还是在办好人民满意的高等教育的期待中，只有紧密结合高等教育发展的规律和特点，落实习近平关于全面从严治党的八点要求，才能在高等教育综合改革中打造风清气正的教育政治生态，营造"政治生态之蓝"，为发展提供坚强的组织保障。

---

① 刘子云，李枭鹰.走向民生的高等教育[J].国家教育行政学院学报，2015（04）：41.

一、坚持党建政绩和立德树人相结合,落实党要管党责任

全面从严治党是一项复杂的系统工程,落实党要管党责任是首要任务。高等教育领域党的建设工作既有普遍性又有其特殊性,如何树立"把抓好党建作为最大的政绩"的理念、体现高等教育立德树人的根本任务是落实从严治党责任的核心和导向。

(一)加强各级党委领导,完善党委领导下的校长负责制

一方面,各级党委要加强对高校的领导,确保社会主义办学方向,坚持宏观指导,以上率下,增强管党治党意识,落实管党治党责任,进一步明确责任、落实责任。既要担当主体责任,又要增强发展活力,以系统思维加强对高校的领导,促进高等教育事业科学发展。诚如习近平所说:"必须树立正确政绩观,坚持从巩固党的执政地位的大局看问题,把抓好党建作为最大的政绩。如果我们党弱了、散了、垮了,其他政绩又有什么意义呢?各级党委要把从严治党责任承担好、落实好,坚持党建工作和中心工作一起谋划、一起部署、一起考核,把每条战线、每个领域、每个环节的党建工作抓具体、抓深入,坚决防止'一手硬、一手软'。"①

另一方面,党的十三届四中全会以来,全面实行党委领导下的校长负责制已经成为党对高校领导的根本制度,更是中国特色高等教育制度的显著特征。2014年10月,针对新的形势和要求,中共中央办公厅印发《关于坚持和完善普通高等学校党委领导下的校长负责制的实施意见》,进一步强调了这一制度。坚持和完善党委领导下的校长负责制,应重点处理好几对关系:一是立足全面与把握重点的关系。党委领导下的校长负责制重点是党委统一领导学校工作、校长主持学校行政工作,同时该制度也是一个不可分割的有机整体,在落实过程中应科学把握制度内涵,把完善党委与行政议事决策制度、健全内部协调运行机制、强化组织领导等方方面面统一起来,确保制度顺畅运行。二是党委统一领导学校工作和校长主持学校行政的关系。高校党委是领导核心,肩负着履行党章及各项规定的职责、把脉高校发展方向,决定校内重大问题,督导重大决议执行;校长作为法定代表人,应坚持在党委的领导下,组织落实党委的有关决议,合理行使职权,全面落实教学、科研及行政管理等各项工作;坚持党委的领导核心是前提,保证校长依法负责是基础,两者有机统一,形成党委统一领导、党政分工协作、各方协调推进的机制。三是集体领导与个人分工的关系。应充分贯彻民主集中制,按照"集体领导、民主集中、个别酝酿、会议决定"的原则开展工作,坚持集体领导和个人分工负责相结合,健全会议

---

① 在党的群众路线教育实践活动总结大会上的讲话[EB/OL].[2017-03-16].http://www.zgdsw.org.cn/n/2014/1009/c218988-25795560.html

制度和议事规则,推进科学决策、民主决策、依法决策,勇于负责,重在落实,防止推诿和扯皮。四是书记和校长的关系。书记和校长的团结协调是党委领导下的校长负责制有效运转的关键因素,要以社会主义"政治家"和"教育家"的双重要求,从个人修养入手,使党委书记和校长具备人格魅力,提升领导力,要从学校事业发展大局出发,建立党委书记和校长的沟通协调机制,严格制度规范,促进两者团结。①五是高校党委和基层党组织的关系。围绕党委领导下的校长负责制,要把握好高校党委、二级院系、基层党支部等各个层面的规范化建设,确保上下贯通,无缝衔接,科学领导,执行有力,不断完善高校党的建设工作和制度体系。

(二)围绕管党治党责任,突出高校立德树人的责任担当

习近平指出:"党委能否落实好主体责任直接关系党风廉政建设成效。"②高等教育中落实管党治党责任,一要明确责任;二要厘清主体责任,牵住"牛鼻子";三要落实好、担当好责任。高等教育发展中各级党委、各高校党委的主体责任是一个纵横交错、呈"网格化"的责任体系,其突出的是全面责任和首要责任,其中落实立德树人是高等教育综合改革中关键的责任担当。党的十八大以来,习近平多次就落实立德树人根本任务作出重要指示。《中共中央关于制定国民经济和社会发展第十三个五年规划的建议》中进一步强调:"全面贯彻党的教育方针,落实立德树人根本任务,加强社会主义核心价值观教育,培养德智体美全面发展的社会主义建设者和接班人。深化教育改革,把增强学生社会责任感、创新精神、实践能力作为重点任务贯彻到国民教育全过程。"因此,必须以"为谁培养人,培养什么人,如何培养人"为推进高等教育管党治党的责任担当。落实立德树人,要突出三个重点。

一是树立坚定理想信念,回应"为谁培养人"。应对激烈的国际竞争,立德树人面临更大的挑战和压力。当前推进立德树人,主线是培育和践行社会主义核心价值观,"核心价值观,其实就是一种德,既是个人的德,也是一种大德,就是国家的德、社会的德"③;立足点是满足当代大学生的个性化发展,提供个性化的教育培养方案;切入点是开展以弘扬爱国主义精神为核心,以家国情怀教育、社会关爱教育和人格修养教育为重点的中华优秀传统文化教育;目的是引导大学生勤学、修德、明辨、笃实,提升大学生的政治素养、道德品质、理想人格,丰富大学生的精神家园,培育大学生的精神信仰,实现个人梦想和

---

① 坚持和完善党委领导下的校长负责制[EB/OL]. [2017-03-16].http://www.qstheory.cn/dukan/qs/2014-12/15/c_1113618629.htm.

② 中共中央纪律检查委员会,中共中央文献研究室.习近平关于党风廉政建设和反腐败斗争论述摘编[C].北京:中央文献出版社,中国方正出版社,2015:60.

③ 习近平.习近平谈治国理政[M].北京:外文出版社,2014:168.

中国梦的统一。引导大学生树立坚定的理想信念，使每个充满个性的个体激发成长成才的内在动力，成为实现中国梦的重要推动力。

二是突出培养创新精神，回应"培养什么人"。一所高校办得好不好，关键不在于培养了多少学生、产生了多少成果，而取决于为国家和社会提供的人才和成果的质量。在全球化、多极化、信息化发展趋势中，高等教育逐渐成为国家核心竞争力的标志性力量。要主动适应经济新常态，推动国家创新驱动战略，对高等教育综合改革最迫切的要求是培养具有创新精神和能力的高质量人才。高等教育不仅需要填补基础教育和中等教育给大学生造成的诸多不利影响，还要从战略高度推进创新人才培养。创新型人才培养逻辑起点和核心环节是如何激发大学生内在创新意识，这就需要高校树立科学的人才培养理念，深化教育教学改革，激发培育大学生创新意识。高校应根据层次、特色、目标等分类培育应用型、复合型、技能型人才。值得注意的是，培育创新精神和大学生创业不是同一概念，大学生创业应该建立在创新意识的觉醒和创新精神为主导、紧密结合专业并凸显科技含量的基础之上。

三是满足个性化发展，回应"如何培养人"。办好人民满意的高等教育，很重要的一个衡量维度是如何满足人民对高等教育多样化、个性化的发展需求。全面实施素质教育，提升大学生综合素质，应建立在面向全体学生、满足个性化发展的基础之上，树立人人成才、多样成才、终身学习和系统培养等观念，注重学思结合、知行统一、因材施教，把遵循教育规律、教学规律和人才成长规律有机结合起来，从积极适应转变到主动引领国家和社会发展需要。

（三）建立健全问责追责，不断提高高等教育质量

问责追责是落实责任的必然要求。习近平指出："……不追究追责，从严治党是做不到的。"早在2009年6月，中共中央办公厅、国务院办公厅就印发了《关于实行党政领导干部问责的暂行规定》。问责追责，目的在于预防和惩处乱作为、不作为、无作为，因此问责追责是一把"撒手锏"，其对促进高等教育综合改革意义重大。

根据中央部署，"十三五"时期高等教育改革发展以促进公平为基本要求、以优化结构为主攻方向、以深化改革为根本动力，在提高教育质量上下大力气、下苦功夫，加快实现教育现代化。①面对这一任务，一方面，各级党委和高校要增强落实管党治党主体责任和监督责任的自觉性。对在高等教育综合改革中不抓不管、乱抓乱管导致阻碍教育公平工作、滋长不正之风的，对阻碍高等教育改革，在改革中出现决策失误、渎职的，对高等

---

① 中共中央关于制定国民经济和社会发展第十三个五年规划的建议[EB/OL]. [2017-03-16].http://news.xinhuanet.com/ziliao/2015-11/04/c_128392424.htm.

教育发展中招生、人事、后勤、财务等重点领域出现腐败问题不制止、不纠正的,以及高等教育综合改革中出现其他问题的,既要从严追究当事人的责任,还要倒查追究主要领导责任,让责任不明、落实不力的行为付出应有代价。另一方面,健全问责追责机制,努力推进纪委监督、师生监督、社会监督等形成合力,让问责追责形成真正威慑,建立制度保障,促进用制度管权、按制度办事、靠制度管人。

二、坚持理想信念和大学精神相结合,夯实思想建设根基

推进全面从严治党,在加强党的建设"五位一体"中,党的思想建设是根本,是基础,具有"总开关"的作用,其核心是要坚持马克思主义的指导地位。在高等教育综合改革中推进全面从严治党,夯实思想建设处于关键地位。

(一)坚定理想信念,锻造思想建设之魂

无论是战争年代还是和平时期,理想信念是共产党人的精神之"钙",在高等教育领域亦是如此。只有坚定理想信念,才能在高等教育综合改革中坚持社会主义办学方向,建设中国特色的高等教育强国,办好人民满意的高等教育。

坚定理想信念,要深化理性认知。习近平在谈到广大青年要坚定理想信念时强调:"把理想信念建立在对科学理论的理性认同上,建立在对历史规律的正确认识上,建立在对基本国情的准确把握上。"[①] 不管是教育部门还是高校,要引导全体党员对科学理论的理性认同,理性认同不是"外喊口号、心中迷惘",也不是"知其然,不知其所以然",而是建立在对科学理论内在逻辑关系、社会基本矛盾运动规律、人类历史发展规律、我国现阶段基本国情以及高等教育"教情"的充分、准确把握之上。尤其是在社会信息化、价值多元化时代,一些师生党员理想信念容易在潜移默化中受到干扰,要通过政治学习、思想讨论、主题征文等多种形式,从严要求,深化广大师生党员对马克思主义科学理论的理性认识,使其真正理解其科学性,内化为信念,外化于行动。

坚定理想信念,要把握意识形态领导权。意识形态领导权是高等教育综合改革中取得成效和确保方向的重要标尺。高等教育领域是意识形态领域斗争最为激烈的场所,在"坚持什么、巩固什么、发展什么、反对什么、警惕什么等原则问题上,我们必须举旗帜、指方向、亮底牌、点要害。"[②] 要牢牢把握领导权,充分发挥高校在理论创新中的优势和作用,在高等教育发展中的学术会议、教材编写、教学过程、学科建设、校园文化等各个关

---

① 习近平. 习近平谈治国理政 [M]. 北京:外文出版社,2014:50.
② 聚精会神抓好高校党建:二论学习贯彻习近平总书记对高校党建工作重要指示精神[N].中国教育报,2014-12-31.

键环节,始终坚持马克思主义指导地位,抓好各类论坛、社团、课堂、讲座、网络的管理,做到守土有责、守土尽责。

坚定理想信念,重在行动与坚持。理想信念具有实践性,只有教育部门的党员干部、高校师生党员把理想信念落实到具体的治教、治学、求学实践中,脚踏实地,才能在共同推进高等教育发展中进一步增强对理想信念的认同。理想信念不是一成不变的,而是会受到外在因素干扰。尤其是高等教育处于社会发展的前沿,在与新事物、新观点保持黏合的同时,更要预防"温水煮青蛙"式的突变,要在坚持、坚守上下功夫,时刻坚定理想信念。

(二)传承大学精神,弘扬思想建设之光

高等教育在思想建设方面有其特殊要求,即把大学精神融入思想建设中去。正如高等教育综合改革既要坚持社会主义方向,又要遵循教育发展规律一样,在思想建设中既要以理想信念为魂,又要融合大学精神,二者合二为一,共同成为思想建设内在动力之源。

大学精神代表大学的价值取向,体现为群体精神状态,是大学文化的精髓,也是高校党的思想建设中不可忽略的元素。对大学精神的传承,就是在思想建设中要弘扬科学、人文、批判、自由、创新精神,使思想建设更具特色、更显成效。在思想建设中弘扬科学精神,就要以求实、探索、理性的态度去领悟科学理论的魅力;弘扬人文精神,就要立足于作为个体的"人"的全面发展,在思想建设中体现对人的关怀和尊重;弘扬批判精神,就要在思想建设中发挥批判的力量,为时代变化中的思想建设提供精神支撑,不断自我反省、自我纠正和自我定向;弘扬自由精神与加强思想建设具有共通之处,加强思想建设并不是对思想的禁锢和限制,而是在解放思想的基础上,在加强思想建设的大前提下,更大限度地促进思想自由;弘扬创新精神就要在思想建设中敢于超越、勇于探索,以坚定的马克思主义信仰超越现实,追求共产主义理想。

(三)坚持整体推进,健全思想建设之体

在高等教育综合改革中加强党的思想建设,除了坚定理想信念、传承大学精神,还应包括如何坚持推进理论武装、党性教育、道德建设等,坚持整体推进。因此,在工作中要注重整体推进,党的思想建设犹如一个人体,既要精神补"钙",也应肌体完整,更要身心健康。只有以坚定理想信念为魂、传承大学精神为重,协同加强理论武装、党性教育、道德建设等,并融入时代的元素和内容,才能从整体上推进思想建设。

三、坚持按照高标准和专业化相结合,切实从严管理干部

治国之要,治吏为先。从严管理干部是全面从严治党的关键,习近平指出:"从严治

党，关键是要抓住领导干部这个'关键少数'，从严管好各级领导干部。"[①]2013年6月，习近平在全国组织工作会议上就提出了好干部的"二十字"标准——信念坚定、为民服务、勤政务实、敢于担当、清正廉洁。2014年3月，习近平在参加十二届全国人大二次会议安徽代表团的审议时，提出了"三严三实"的要求，强调党员干部要做到严以修身、严以用权、严于律己，谋事要实、创业要实、做人要实。2014年10月，习近平在对云南工作作出重要指示中要求党员干部要"对党忠诚、个人干净、敢于担当"。2014年12月，习近平在江苏调研时强调："从严治党的重点，在于从严管理干部，要做到管理全面、标准严格、环节衔接、措施配套、责任分明。"[②]2015年1月，习近平在与中央党校县委书记研修班学员座谈时，又提出了"心中有党、心中有民、心中有责、心中有戒"的重要要求。这些重要论述体现了中央对从严管理干部的重视。在高等教育综合改革中，要紧密结合教育领域的特点，关键落实从严管理干部要求，推进全面从严治党。

（一）按高标准要求，提高干部人职匹配

高等教育领域干部队伍选拔除了按照《党政领导干部选拔任用工作条例》规定，还要充分体现"懂教育"和"讲政治"的融合，高校的党政领导则要按照"教育家"和"政治家"的要求选拔。高等教育的中心任务在于培养高质量专业人才，干部是否"讲政治"关系到人才培养方向，是否"懂教育"关系到人才培养质量。在高校内部，除了高校党政领导，还有校内党政部门、二级院系、科研机构等一批中层干部，在选拔过程中，应在遵循《党政领导干部选拔任用工作条例》的基础上，高标准，严要求，结合学校特点，按照岗位需求，从高校发展和人才培养的大局出发，借鉴人职匹配理论，"让更加专业的人做更加专业的事"，"让勇于探索的人做创新的事"，"让敢于担当的人做关键的事"，杜绝在干部选拔任用中出现唯票、唯分、唯年龄等不良现象。

（二）走专业化道路，提升干部综合水平

高校党政干部走专业化道路，既有得天独厚的条件，也是高等教育综合改革的要求。高校干部专业化是指高校党政干部贯彻党的教育方针、按照高等教育发展要求，在高校各个不同领域的岗位上不断符合专业标准、适应专业需求并获得相应专业地位的过程。实现高校党政干部专业化必须走"高等教育+X"模式，包括行政、党务、后勤、科研等在内的所有领导岗位，首先要系统、深刻掌握高等教育理论与实践，对高等教育发展规律、形势、问题和趋势有全面认识，树立大局、中心意识，形成专业化的坚实基础；其次要在

---

① 中共中央文献研究室.习近平关于协调推进"四个全面"战略布局论述摘编[C].北京：中央文献出版社，2015:149.

② 中共中央文献研究室.习近平关于协调推进"四个全面"战略布局论述摘编[C].北京：中央文献出版社，2015:144.

全面掌握高等教育发展的理论基础上，结合不同领域、不同岗位的特点形成"X"，即在这一岗位上要围绕人才培养的中心地位，吸收国内外高校甚至不同行业在同一领域的先进经验，进行"本土化"转变，向专业化、专家化发展，着力提高干部综合水平。

（三）用全覆盖管理，加强干部责任担当

高校从严管理干部要强调责任与担当，强调责任和担当就要践行"三严三实"，实施干部全覆盖管理。高等教育发展中的责任和担当就是在面对发展攻坚期、深水区的尖锐矛盾和问题时敢于坚持正确原则和价值判断，勇于面对，善于亮剑，不搞好人主义，不信奉庸俗哲学，不推诿扯皮，不圆滑世故；相反，要有责任重于泰山的境界，坚持党的原则首位、教育事业首位、人才培养首位，为了高等教育事业敢想、敢做、敢当。因此，要时刻以"三严三实"作为高校干部的修身之本、为政之道、成事之要，作为干部强化责任和担当的必修课，一日三省，时刻激励和勉励自己。在强化责任和担当的基础上，要坚持对高校干部实现全覆盖管理；对招生、组织、财务、科研、人事、基建、后勤等关键岗位干部要重点管理；对年轻干部要及早管理，抓好党性锻炼，实施专项计划；对退（离）休干部实施"离岗不离党、退休不褪色"的延伸管理。①

（四）重全方位视野，强化干部教育引导

专业化的干部培养需要全方位的教育引导。在教育过程中，高校的党政干部既是"师者"，又是"学生"，因此在教育引导中面临着更大的挑战。全方位的教育引导，首先要针对干部群体的知识结构和水平现状，以更高、更宽的视野科学设计教育引导计划，凸显教育引导的前瞻性和针对性；其次要注重教育引导内容的全面性，内容要覆盖高等教育、纪律规矩、理想信念、反腐倡廉、业务能力等全方位内容，同时要根据不同时期不同节点突出重点内容；最后要注意教育引导举措的协调性，充分运用批评与自我批评相结合、谈心谈话与全员研讨相结合、正面激励与反面警示相结合的方法，不断提升教育效果。

（五）以多元化指标，严格干部考核工作

从严管理高校干部，应在德、能、勤、绩、廉五个维度的基础上，建立符合高等教育实际的多元化考核指标体系。多元化的考核指标应立足于对学校事业发展的贡献度、高校师生接纳度和社会满意度，重点考核干部在应对高等教育发展国际化、信息化、个性化中敢为人先、深入探索、积极创新、有所作为的表现，广泛吸纳社会、师生等群体参与到考核工作中去，从严考核干部。

---

① 郭广银."四个全面"战略布局研究丛书·全面从严治党[M].南京：江苏人民出版社，2015:156.

四、坚持创新形式和提升内涵相结合,抓好基层组织建设

从严治党,重在基础。习近平强调,党的工作最坚实的力量支撑在基层,最突出的矛盾也在基层,必须把抓基层、打基础作为长远之计和固本之举,努力使每个基层党组织都成为坚强的战斗堡垒。高校推进从严治党,也要找好切入点,只有一个个基层组织建设好了,整个党的组织才会有战斗力、凝聚力和向心力。抓好高校基层组织建设,关键要在注重创新和提升内涵上下功夫。

(一)创新高校基层服务型党组织建设

高校基层党组织是党的组织基础,发挥着战斗堡垒作用,是党联系师生的桥梁和纽带。当前,创新基层服务型党组织建设是推进高校从严治党的重要抓手,也是提升服务师生水平、做好师生工作的重要载体,要大力推进"重心下移、资源下沉、强化功能,在固思想之本、强党性之基上下功夫,形成大抓基层、严抓基层的鲜明导向"①。首先,要树立党员干部的服务意识,把基层组织工作的中心转移到服务高等教育事业科学发展、服务学生成长成才上来,提高服务意识要转变思想,加强宣传,强化学习,落实全心全意为人民服务的根本宗旨。其次,要拓展高校基层党组织的服务功能。一方面要充分发挥内部服务能力,为大学生提供更多的思想、学习、生活、工作服务,在坚定理想信念、培育学风校风、提供生活工作服务、开展权益维护、注重人文关怀和心理疏导等方面不断拓展新形式和新内容,寓教育管理于服务之中;另一方面要通过各个基层组织的协同配合,加强协调沟通,调动积极性和创造性,在形成服务合力的过程中,面向社会、服务群众。最后,要积极推进基层党建工作创新。创新也是高校基层服务型党组织建设的生命所在。创新要建立在服务型党组织建设规范化、制度化、常态化的基础上,要针对当前高校发展中一些诸如关注学生个性发展的新问题,开展创建服务型党组织活动,团结凝聚广大师生。

(二)重点提高高校两类党员发展的质量

党员是党的肌体细胞,党员队伍建设是基础工程。当前高校在党员队伍建设中应突出提高两类党员发展质量。一是大学生党员队伍发展质量。据报道,截至2012年底,学生党员已达290.5万名,学生党支部达86788个。②2013年6月,中共中央组织部等部门联合印发了《关于进一步加强高校学生党员发展和教育管理服务工作的若干意见》,提出信念坚定、素质优良、规模适度、结构合理、纪律严明、作用突出的高校学生党员队伍

---

① 聚精会神抓好高校党建:二论学习贯彻习近平总书记对高校党建工作重要指示精神[N].中国教育报,2014-12-31.

② 高校学生党员290.5万个别入党动机不纯[EB/OL].[2017-03-16].http://politics.people.com.cn/n/2013/0715/c1001-22201708.html.

建设总要求，要求严格把握政治标准，规范发展程序，强化责任追究，提高党员质量。针对当前学生入党动机存在盲目跟从、增加就业竞争力等不良倾向，党员发展中标准不严、追求数量，党员培养中教育不力、成效不佳，党员管理中机制不全、活力不高，党员服务中缺乏创新、实效有限等诸多问题，提升发展质量就要坚持"质量就是生命"的理念，以端正入党动机为突破口，成熟一个发展一个，打破追求数量的不良倾向，严格落实适度规模要求，开展全方面教育、管理、服务。二是切实提升高校高层次人才"双培"工作质量。坚持在政治上和业务上"把党员培养成骨干，把骨干培养成党员"，高校要通过落实"双培"责任、确定"双培"对象、强化"双培"措施等，坚持标准，探索通过建立政治导师制度、创建与党员领导干部交友制度、建立健全信息跟踪反馈和工作评价制度、加强教育培训、做好服务工作、增强基层党组织吸引力等举措，建设一支思想政治素质好、创新创业能力强、模范带头作用突出的高水平、高质量的高层次人才党员队伍。

（三）探索高校基层组织应对挑战新举措

当前，高校基层组织建设面临许多新问题和新挑战，应着力加以解决。例如，在高等教育国际化进程中，针对中外合作办学出境的交流生、交换生党员的发展、教育、培养、管理等问题，应根据实际情况探索建立临时党支部加强教育管理；针对孔子学院等境外办学机构中的教师、志愿者党员管理问题，也应根据实际情况探索建立合适的管理机制；针对国际化进程中入境的留学生、交换生和交流生，如何处理好高校基层党组织与这些群体的关系也是一个重大挑战，一方面要预防他们对党员的理想信念、党性修养等方面的干扰，另一方面也要为他们提供一些力所能及的服务。例如，在应对信息化过程中，应善于将微信、微博等一些新兴媒体运用到基层组织建设之中，在党员教育、管理、服务中发挥新媒体的作用。

五、坚持严明纪律和服务师生相结合，持续深入改进作风

作风建设是立党之基，保持优良作风是党在革命、建设和改革时期始终坚持的传统，作风好坏关系人心向背。党的十八大以来，以习近平为总书记的党中央提出了"打铁还需自身硬"的自我要求，出台"八项规定"，狠抓"四风"，用"踏石留印、抓铁有痕"的勇气践行"工作作风上的问题绝对不是小事"的理念。当前，高校党的建设工作也面临改进作风的严峻挑战，作风建设既是持久战也是攻坚战，关系到党能否领导高等教育事业发展，也关系到高等教育事业发展成败。

（一）围绕中心任务改进作风

党在不同历史时期面临不同历史任务，作风建设的形式和具体阐述也呈现出与执政

需要和社会进步相匹配的侧重点和着重点。从"三大作风"到"两个务必",从"三讲教育"到"八个坚持,八个反对",从"八个方面良好风气"到"四个大兴""八项规定"①,充分展现了党在不同时代作风建设中的轨迹。在不同行业和领域,党的作风建设同样要与行业发展中心任务融合起来。

高等教育承载着人民群众的期盼,作为中国特色高等教育,党的作风建设具有鲜明的导向性,既是影响高等教育综合改革决策的重要因素,也是高校师生的示范和标杆,作风建设甚至决定一所高校发展的走向与未来。当前,全面深化综合改革,建设高等教育强国,提高教育质量,办好人民满意的高等教育,更好地服务全面建成小康社会和实现中国梦是高等教育发展的主要任务。因此,高等教育综合改革更应围绕主要任务,持续深入改进作风,不仅要发挥好教育主管部门党的建设工作在推改革、促发展、抓落实中的重要作用,更要求高校在强化党的建设工作中立足学校办学定位和发展战略、围绕人才培养中心,在学校动态发展中开展作风建设,为实现发展目标、履行历史使命提供保证。

(二)走密切联系师生路线

密切联系群众、优化群众工作是构建作风建设新常态的要求。党的作风存在问题,根源在于脱离人民群众。习近平指出:"解决好保持党同人民群众的血肉关系问题,不可能一劳永逸,不可能一蹴而就,要常抓不懈。我们开了个好头,要一步一步深化下去。"②密切联系群众,在高等教育领域集中体现为密切联系师生。

密切联系师生,要坚持并善于运用马克思主义群众观。马克思主义群众观的核心是人民群众在社会历史发展中占据主体地位。在中国的革命、建设和改革进程中,中国化马克思主义不断结合本国具体实践开创了群众观的新境界。在高等教育发展中,党员干部要从思想上深刻理解密切联系师生的重要性,从行动上充分尊重人民群众的主体地位,以师生为主体,激发师生的创新意识和创造活力,并渗透到日常教育教学、学生管理、科学研究等环节中去。

密切联系师生,要着力从真诚、务实、无私上下功夫。密切联系师生、做好师生工作必须建立在情感的基础之上。情感贵在真诚,应坚持重心下移,贴近师生,站在师生的立场,关心师生冷暖疾苦,倾听师生各种呼声,保持与师生心连心。应着力于解决师生的实际困难和问题,真抓实干、求真务实,正如习近平所说:"真抓才能攻坚克难,实干才能梦想成真。"③为广大师生解决思想、学习、生活、科研、工作等方面的实际困难,让师生感受

---

① 郭广银."四个全面"战略布局研究丛书·全面从严治党[M].南京:江苏人民出版社,2015:244-245.
② 中共中央文献研究室.习近平关于党的群众路线教育实践活动论述摘编[C].北京:党建读物出版社,2014:73.
③ 习近平.习近平谈治国理政[M].北京:外文出版社,2014:48.

到作风建设的温度,使党的先进性体现在党员干部的一言一行之中。密切联系师生,要有高尚纯洁的信仰,更要有无私奉献的敬畏;不仅要坚持人民利益高于一切,还要树立全心全意为师生服务的意识,坚定理想信念,讲党性、重品行,培育慎独慎微的精神境界。

密切联系师生,要坚持推进制度化、常态化、信息化。制度具有根本性、长期性和全局性的特点,密切联系师生可以通过探索适合具体校情的定点联系、听课调研、走访座谈、网络评议等机制;针对当前信息化时代新特点,广泛利用各类社交平台,探索通过建立QQ群、微信群、官方微信、官方微博等方式,不断拓展工作的深度和广度。通过不断健全完善相关工作制度,努力使之成为一种工作常态,而不是一场"运动",并加大高校间的经验交流。

(三)以优良作风促良好校风

校风即一所高校的风气,体现在校内不同群体的精神面貌上,存在于学校办学的各个环节之中,表现为学生学风、教师教风、干部作风、班级班风等具体内容。作为一种精神力量,校风不仅直接影响人才培养的质量,也深刻影响着学校发展的前途与命运。改进党的作风建设是高校优良校风的根本保证。

以作风建设促进教风建设,使全体教师达到"有理想信念、有道德情操、有扎实知识、有仁爱之心"的境界。[①]引导高校广大党员干部尤其是党员骨干教师严格按照"三严三实"的要求,落实"八项规定",坚决抵制"四风",根据教育部《关于建立健全高校师德建设长效机制的意见》要求,严守高校教师师德禁行行为的"红七条",建立健全教师违反师德行为的惩处机制,建立健全问责机制。通过党员骨干教师的带头示范,带动高校教师严把师德关、教学关、科研关、水平关,促进教风建设,促进学生成才。

以作风建设促进学风建设。学风主要是指师生的学习态度,学风优劣体现在学习态度、治学理念、学术氛围、考风考纪等方面,直接影响人才培养质量。通过推进高校党建工作作风建设,能够有效带动学风建设,充分调动学生学习的积极性、主动性,激发他们奋发向上、勇于拼搏的精神,不断提高教育质量。

六、坚持制度建设和警示教育相结合,完善反腐倡廉机制

反腐倡廉关系党和国家的生死存亡。习近平指出:"对现阶段党风廉政建设和反腐败斗争形势,党中央的总体判断是依然严峻复杂。"[②]正因为如此,党的十八大以来,党中

[①] 坚持"三严三实"加快推进世界一流大学建设[N].光明日报,2015-09-13.
[②] 中共中央文献研究室.习近平关于协调推进"四个全面"战略布局论述摘编[C].北京:中央文献出版社,2015:144.

央以强烈的历史责任感和使命忧患感推进党风廉政建设和反腐败斗争，坚持无禁区、全覆盖、零容忍遏制腐败，营造不敢腐、不能腐、不想腐的政治氛围。在这一背景下，高等教育领域亦非一片净土，党风廉政建设和反腐败斗争形势严峻。高等教育落实全面从严治党要求，要坚持把党风廉政建设作为教育部门和高校党的建设的重中之重，强化底线意识，着力健全制度建设，做好防控廉政风险，加强警示教育，营造高等教育领域良好政治生态。

（一）健全制度体系建设与落实

完善制度建设是反腐败斗争的治本之策，也是从严治党的根本保证。高等教育领域在反腐倡廉制度建设中要本着预防教育在先、严厉惩治在后的原则，这也是好制度的应有之义。高等学校作为高级知识分子和青年的聚集地，文化氛围浓厚，党员干部普遍具有较高素质。推进反腐倡廉中应首先重在预防教育，从营造良性向上的行政文化切入，严格落实党内法规制度，在高等教育组织制度、领导制度、工作制度和生活制度等多方面做到标准严格、措施严厉，做到严密性和科学性相统一，使之在高等教育领域体系化。"制度不在多，而在于精，在于务实管用，突出针对性和指导性。"[①]

严格制度执行是反腐败斗争的治本之路，也是制度的生命力。在高等教育综合改革中党员干部要培育并树立制度意识，坚持思想教育先行，通过广泛的宣传教育、自省激励，树立法治精神，增强制度意识，营造良好的制度执行环境。关键要推动高等教育领域"两个责任"落地生根，党风廉政建设主体责任与纪检组织监督责任的落实要明确责任内容、分工、监督与追究，将主体责任落实到每个基层党支部书记，加强监督检查，充分运用约谈、提醒、诫勉等方式强化落实。制度执行必须从严，在高等教育综合改革中，要求全体党员、干部都要按照规矩、纪律办事，确保制度"不落空"。

（二）强化风险防控体系建设

相对于社会其他领域，高等教育综合改革中的党风廉政建设和反腐败斗争有其特点，更具隐蔽性。除了有社会其他领域的共性问题之外，还表现在招生、考试、学术、科研等方面的腐败，这些问题危害性更大，持续时间更长，影响的是人才培养质量，关系的是党和国家的事业。因此，应通过认真梳理高等教育综合改革各个环节、岗位在职权上的风险点，从源头上坚决铲除滋生腐败的土壤，从而最大限度地预防和减少腐败现象。要针对招生、基建、人事、科研、财务等重要领域和重大项目，查找廉政风险点，制定防控措施，明确风险清单、措施清单，逐级建立完善廉政风险防控体系。

---

① 在党的群众路线教育实践活动总结大会上的讲话[EB/OL].[2017-03-16].http://www.zgdsw.org.cn/n/2014/1009/c218988-25795560.html

(三)充分发挥警示教育作用

警示教育突出警示,重在教育。在高等教育领域警示教育中,一方面要坚持抓住领导干部这个"关键少数",尤其是高校的领导干部在一所学校中处于"领头羊"的位置,起到的则是"上梁"的作用,"上梁不正下梁歪",在领导干部中开展警示教育将更好地发挥"领头羊"的作用。另一方面,警示教育重在触动思想、触及灵魂,通过开展一日三省、自励自省的自我教育活动,组织参观警示教育基地,全体党员干部受警醒、明底线、知敬畏,奠定廉洁从政的思想道德基础,筑牢拒腐防变的思想道德防线。除此,高等教育领域还应充分发挥法律等学科优势,通过成立反腐倡廉研究所、学生社团等形式,深入开展警示教育活动。

结 论

高等教育改革与发展在世界各国走过漫长的历程，经历过相似的改革发展阶段，也具有一些共同的改革发展规律。但在世界各国高等教育现代化进程中，最大的特点在于走符合本国国情、体现本国特色、适应本国需要的改革发展道路。从这一意义上来说，走中国特色高等教育改革发展道路是遵循世界各国高等教育改革发展"普遍性"规律和"特殊性"道路的要求和结果。在探索、形成与坚持走中国特色高等教育改革发展道路中，最重要的是不管在什么阶段我们始终都以马克思主义中国化理论为指导，把高等教育改革发展与经济社会发展统一起来。当前，高等教育综合改革势在必行、迫在眉睫，更无退路，在面临复杂的国际国内形势和纷繁的宏观微观因素下，取得实质性进展的关键在于能否遵循"四个全面"战略布局的指导和要求，清晰道路抉择，做好顶层设计，把握价值取向，激发改革动力，筑牢法治支撑，完善组织保障，切实提高以人才培养为核心的高等教育质量，办好人民满意的高等教育。

如前所述，"四个全面"战略布局既是伟大的战略布局，也是深刻的战略思想。全面建成小康社会是战略目标，全面深化改革、全面依法治国、全面从严治党是三大战略举措。作为一个有机统一整体，一个战略目标和三大战略举措统一于实现中华民族伟大复兴的中国梦这个价值引领。在"四个全面"战略布局中推进高等教育综合改革，同样遵循了"四个全面"战略布局的逻辑关系。既体现了目标和举措的统一，也包含着举措之间的统一，更应作为一个有机整体在高等教育综合改革实践中系统、协调、全面推进。

一、在"四个全面"战略布局中推进高等教育综合改革应坚持长远目标和阶段目标相统一

一方面，在"四个全面"战略布局中，到2020年全面建成小康社会是"两个一百年"奋斗目标的第一个百年奋斗目标，"十三五"时期是全面建成小康社会决胜阶段，到21世纪中叶实现中华民族伟大复兴的中国梦是第二个百年奋斗目标，高等教育综合改革进

程中所秉承的价值取向也应融入、服务到这两个百年奋斗目标之中。同时，高等教育综合改革还面临着解决自身领域突出问题、突破改革障碍、促进教育公平公正、提升教育质量、办好人民满意的高等教育的目标，这一目标在实践过程中与"两个一百年"奋斗目标互相衔接、互相统一。另一方面，"四个全面"战略布局是高等教育综合改革的关键驱动，全面建成小康社会、全面深化改革、全面依法治国、全面从严治党分别从目标、动力、支撑、保障等层面促进高等教育综合改革实践。在这一过程中，高等教育通过综合改革，实现改革目标，不仅是整个国家教育体系发展的导向和"龙头"，对服务全面建成小康社会过程中人才培养、科学研究、社会服务、文化传承与创新也有重要的驱动价值，还在促进全面深化改革、全面依法治国、全面从严治党中有重要的促进意义。因此，在实践中应遵循高等教育综合改革和"四个全面"战略布局的辩证统一关系。

二、在"四个全面"战略布局中推进高等教育综合改革应体现改革目标和动力系统相协调

正如全面建成小康社会是战略目标，全面深化改革、全面依法治国、全面从严治党是战略举措，在"四个全面"战略布局中推进高等教育综合改革也应体现目标和举措相统一。即在推进高等教育综合改革中，如何服务全面建成小康社会是目标，全面深化改革提供直接动力，全面依法治国提供法治支撑，全面从严治党提供组织保障，后三者共同构成了综合改革的动力系统。因此，在实践中，高等教育要通过全面深化综合改革，促进自身全面建成小康的基础上，更好地服务中国特色社会主义现代化建设中政治、经济、文化、社会、生态等各方面需要。另外，三大动力系统在实践中发挥直接动力、法治支撑、组织保障的不同作用，既要统一于高等教育综合改革，更要在改革中与全面建成小康社会紧密结合起来。可见三大动力系统与改革目标之间互相作用，互相依存，相辅相成、互相促进。目标的实现需要依靠充足的动力，动力的推动需要目标的引领。

三、在"四个全面"战略布局中推进高等教育综合改革应协调好三大动力系统运行相促进

除了改革目标与动力系统的统一，在"四个全面"战略布局中推进高等教育综合改革，还应把三大动力系统作为一个有机统一体，促进三大动力系统协调统一。三大动力系统之间不是简单的并列叠加关系，也不是孤立的个体，三者之间首先围绕着通过深化综合改革服务全面建成小康社会这个目标，共同组成一个有机整体，并互相作用，融会贯通。三大动力系统在内涵上互相联系：在全面深化改革背景下深化高等教育改革中，必

然包含如何推进依法治教和依法治校，也包含如何在改革过程中全面推进从严治党；在落实全面依法治国，推进依法治教、依法治校中，不仅需要全面深化改革的强大动力，更需要加强从严治党，提供坚强的组织保证；在全面从严治党中，通过从严治党，加强和改进党的建设工作，在党的领导下，保证高等教育综合改革在正确的轨道上全面推进，也促进依法治教和依法治校的全面落实。三大动力系统还在在实践中互相交融，作为一个整体，在推进过程中应形成良性循环的动态发展关系。只有多管齐下，协调推进，形成良性循环，才能形成促进高等教育综合改革的最大合力。

四、在"四个全面"战略布局中推进高等教育综合改革应注重整体推进和突出重点相结合

在"四个全面"战略布局中推进高等教育综合改革，"四个全面"战略布局是一个全局性整体，高等教育综合改革是一个局部性整体。在实践过程中必须把每个"全面"同时置于贯彻"四个全面"战略布局和高等教育综合改革两个整体之中，全面把握，注重整体，协调推进。片面强调某一方面的改革发展将影响高等教育综合改革的全局，进而影响高等教育发展的质量，更影响其在"四个全面"战略布局中所承担重要社会职能的发挥。在"四个全面"战略布局中推进高等教育综合改革，应注重整体协调推进，同时还要突出重点。不管是"四个全面"战略布局，还是高等教育综合改革，其最终的价值依归是广大人民的根本利益，目标指向是服务实现中国梦。在综合改革不同动态阶段，应树立问题意识，根据问题导向解决重点、难点问题。当前，在"十三五"开局关键时期，应牢固树立创新、协调、绿色、开放、共享的发展理念，破解发展难题，重点围绕提高教学水平和创新能力、建设若干高校和一批学科达到或接近世界一流水平，建设现代职业教育体系，推进产教融合、校企合作，优化学科专业布局和人才培养机制，推动普通本科高校向应用型转变等重点深化高等教育综合改革[1]，为确保如期全面建成小康社会、实现中华民族伟大复兴的中国梦作出更大贡献。

---

[1] 中共中央关于制定国民经济和社会发展第十三个五年规划的建议 [EB/OL]. [2017-03-16]. http://news.xinhuanet.com/fortune/2015-11/03/c_1117027676.htm

参考文献

[1] 马克思恩格斯全集：第 23 卷 [M]. 北京：人民出版社，1972.

[2] 马克思恩格斯全集：第 34 卷 [M]. 北京：人民出版社，1972.

[3] 马克思恩格斯全集：第 38 卷 [M]. 北京：人民出版社，1972.

[4] 马克思恩格斯全集：第 42 卷 [M]. 北京：人民出版社，1979.

[5] 马克思恩格斯文集：第 2 卷 [M]. 北京：人民出版社，2009.

[6] 马克思恩格斯文集：第 3 卷 [M]. 北京：人民出版社，2009.

[7] 马克思恩格斯选集：第 1 卷 [M]. 北京：人民出版社，1995.

[8] 列宁全集：第 42 卷 [M]. 北京：人民出版社，1986.

[9] 列宁专题文集：论无产阶级政党 [M]. 北京：人民出版社，2009.

[10] 列宁选集：第 4 卷 [M]. 北京：人民出版社，2012.

[11] 毛泽东选集：第 1 卷 [M]. 北京：人民出版社，1991.

[12] 毛泽东选集：第 2 卷 [M]. 北京：人民出版社，1991.

[13] 毛泽东选集：第 3 卷 [M]. 北京：人民出版社，1991.

[14] 毛泽东选集：第 4 卷 [M]. 北京：人民出版社，1991.

[15] 建国以来毛泽东文稿：第 1 册 [M]. 北京：中央文献出版社，1987.

[16] 毛泽东同志论教育工作 [M]. 北京：人民教育出版社，1992.

[17] 邓小平文选：第 1 卷 [M]. 北京：人民出版社，1994.

[18] 邓小平文选：第 2 卷 [M]. 北京：人民出版社，1994.

[19] 邓小平文选：第 3 卷 [M]. 北京：人民出版社，1993.

[20] 建国以来重要文献选编：第 11 册 [C]. 北京：中央文献出版社，1995.

[21] 江泽民文选：第 1 卷 [M]. 北京：人民出版社，2006.

[22] 江泽民文选：第 2 卷 [M]. 北京：人民出版社，2006.

[23] 江泽民文选：第 3 卷 [M]. 北京：人民出版社，2006.

[24] 十六大以来重要文献选编：上 [C]. 北京：中央文献出版社，2005.

[25] 十六大以来重要文献选编：中 [C]. 北京：中央文献出版社，2006.

[26] 十六大以来重要文献选编：下 [C]. 北京：中央文献出版社，2008.

[27] 十七大以来重要文献选编：上 [C]. 北京：中央文献出版社，2009.

[28] 十七大以来重要文献选编：中 [C]. 北京：中央文献出版社，2011.

[29] 十八大以来重要文献选编：上 [C]. 北京：中央文献出版社，2014.

[30] 中共中央党史研究室. 中国共产党历史 [M]. 北京：中共党史出版社，2011.

[31] 当代中国研究所. 中华人民共和国史稿 [M]. 北京：人民出版社，2012.

[32] 中共中央关于全面深化改革若干重大问题的决定 [M]. 北京：人民出版社，2013.

[33] 中共中央关于全面推进依法治国若干重大问题的决定 [M]. 北京：人民出版社，2014.

[34] 中共中央文献研究室. 习近平关于党的群众路线教育实践活动论述摘编 [C]. 北京：党建读物出版社，2014.

[35] 中共中央宣传部. 习近平系列重要讲话读本 [M]. 北京：学习出版社，2014.

[36] 习近平. 习近平谈治国理政 [M]. 北京：外文出版社，2014.

[37] 中共中央文献研究室. 习近平关于全面依法治国论述摘编 [C]. 北京：中央文献出版社，2015.

[38] 中共中央文献研究室. 习近平关于协调推进"四个全面"战略布局论述摘编 [C]. 北京：中央文献出版社，2015.

[39] 中共中央纪律检查委员会，中共中央文献研究室. 习近平关于党风廉政建设和反腐败斗争论述摘编 [C]. 北京：中央文献出版社，中国方正出版社，2015.

[40] 中共中央关于制定国民经济和社会发展第十三个五年规划的建议 [EB/OL].[2015-11-13].http://news.xinhuanet.com/fortune/2015-11/03/c_1117027676.htm.

[41] 包心鉴，等. 马克思主义中国化的基本规律和当代走向 [M]. 北京：人民出版社，2011.

[42] 郑永廷，等. 中国化马克思主义发展概论 [M]. 北京：中国人民大学出版社，2007.

[43] 顾海良. 马克思主义发展史 [M]. 北京：中国人民大学出版社，2009.

[44] 冷溶，等. 中国特色社会主义与全面建设小康社会 [M]. 北京：社会科学文献出版社，2008.

[45] 王家芳. 马克思主义中国化实现机制研究 [M]. 北京：人民出版社，2011.

[46] 王令金. 马克思主义中国化的历史进程及其规律 [M]. 北京：中央编译出版社，2011.

[47] 龚育之, 石仲泉, 等. 马克思主义中国化研究: 历史进程和基本经验 [M]. 北京: 人民出版社, 2009.

[48] 汪青松. 马克思主义中国化与中国化的马克思主义 [M]. 北京: 中国社会科学出版社, 2004.

[49] 罗本琦. 马克思主义中国化机制论 [M]. 北京: 中国社会科学出版社, 2007.

[50] 何继龄. 马克思主义中国化问题研究 [M]. 北京: 中国社会科学出版社, 2006.

[51] 辛鸣, 杨海英. 马克思主义中国化的最新成果 [M]. 北京: 中共中央党校出版社, 2007.

[52] 陈希. 民族复兴之路与马克思主义的中国化 [M]. 北京: 清华大学出版社, 2007.

[53] 李建平. 科学发展观与历史唯物主义 [M]. 北京: 人民出版社, 2006.

[54] 郑传芳. 邓小平理论和"三个代表"重要思想概论 [M]. 福州: 福建人民出版社, 2004.

[55] 郑传芳. 中国特色社会主义理论体系若干问题研究 [M]. 北京: 人民出版社, 2010.

[56] 陈永森. 告别臣民的尝试: 清末民初的公民意识与公民行为 [M]. 北京: 中国人民大学出版社, 2004.

[57] 赵麟斌. "马克思主义中国化"研读 [M]. 上海: 同济大学出版社, 2009.

[58] 杨立英, 曾盛聪. 全球化、网络化境遇与社会主义意识形态建设研究 [M]. 北京: 人民出版社, 2007.

[59] 何贻纶. 当代世界经济政治与国际关系 [M]. 长春: 吉林人民出版社, 2006.

[60] 郑又贤. 马克思主义中国化之思想方法透视 [M]. 北京: 社会科学文献出版社, 2010.

[61] 苏振芳. 道德教育论 [M]. 北京: 社会科学文献出版社, 2006.

[62] 中央文献研究室. 邓小平同志论教育 [M]. 北京: 人民教育出版社, 1990.

[63] 人民教育出版社教育室. 马克思恩格斯列宁论教育 [M]. 北京: 人民教育出版社, 1993.

[64] 厉以贤. 马克思列宁教育论著选讲 [M]. 北京: 北京师范大学出版社, 1992.

[65] 王燕晓. 毛泽东的全面教育思想研究 [M]. 北京: 北京师范大学出版社, 2011.

[66] 中国共产党教育理论与实践编写组. 中国共产党教育理论与实践 [M]. 北京: 北京师范大学出版社, 2001.

[67] 毛礼锐, 沈灌群. 中国教育通史: 第6卷 [M]. 济南: 山东教育出版社, 1989.

[68] 高奇. 中国高等教育思想史 [M]. 北京: 人民教育出版社, 2001.

[69] 中华人民共和国教育大事记 [M]. 北京：教育科学出版社, 1984.

[70] 中国教育年鉴编辑部. 中国教育年鉴（1949—1981）[M]. 北京：中国大百科全书出版社, 1984.

[71] 刘光. 新中国高等教育大事记 [M]. 长春：东北师范大学出版社, 1990.

[72] 高等教育文件选编（1977.11—1982.6）[M]. 沈阳：辽宁省高等教育局, 1982.

[73] 周立平, 钟灏. 邓小平教育思想概述 [M]. 北京：人民教育出版社, 1992.

[74] 靳玉勒、张晓洪. 江泽民教育论述研究 [M]. 重庆：西南师范大学出版社, 2005.

[75] 马福运. 江泽民思想政治教育理论研究 [M]. 北京：中共中央党校出版社, 2009.

[76] 董标. 马克思主义教育思想论纲 [M]. 徐州：中国矿业大学出版社, 1999.

[77] 改革开放以来的教育发展历史性成就和基本经验研究课题组. 改革开放30年中国教育重大历史事件 [M]. 北京：教育科学出版社, 2008.

[78] 罗志军. "四个全面"战略布局研究丛书·总论 [M]. 南京：江苏人民出版社, 2015.

[79] 宋林飞. "四个全面"战略布局研究丛书·全面建成小康社会 [M]. 南京：江苏人民出版社, 2015.

[80] 洪银兴. "四个全面"战略布局研究丛书·全面深化改革 [M]. 南京：江苏人民出版社, 2015.

[81] 公丕祥. "四个全面"战略布局研究丛书·全面依法治国 [M]. 南京：江苏人民出版社, 2015.

[82] 郭广银. "四个全面"战略布局研究丛书·全面从严治党 [M]. 南京：江苏人民出版社, 2015.

[83] 潘懋元. 新编高等教育学 [M]. 北京：北京师范大学出版集团, 2009.

[84] 潘懋元. 潘懋元论高等教育 [M]. 福州：福建教育出版社, 2007.

[85] 经济合作与发展组织. 高等教育与区域：立足本地 制胜全球 [M]. 北京：教育科学出版社, 2012.

[86] 王洪才. 中国大学模式探索 [M]. 北京：教育科学出版社, 2013.

[87] 刘晖. 高等教育发展的"中国模式" [M]. 北京：中国社会科学出版社, 2013.

[88] 黄福涛. 外国高等教育史 [M]. 上海：上海教育出版社, 2008.

[89] 袁振国. 中国教育政策评论（2011）[M]. 北京：教育科学出版社, 2011.

[90] 朱永新. 中国当代教育思想史 [M]. 北京：中国人民大学出版社, 2011.

[91] 徐鸿钧. 高等教育服务经济社会的国际经验 [M]. 北京：高等教育出版社, 2014.

[92] 周满生. 世界教育发展的基本特点和规律 [M]. 北京：人民教育出版社, 2002.

[93] 储朝晖. 中国大学精神的历史与省思 [M]. 太原：山西教育出版社, 2010.

[94] 周良书. 中共高校党建史（1921—1949）[M]. 北京：北京师范大学出版集团, 2012.

[95] 张忠华. 高等教育专题新论 [M]. 北京：光明日报出版社, 2013.

[96] 严文清. 中国大学治理结构研究 [M]. 北京：人民出版社, 2011.

[97] 王胜今, 韩喜平. 中国特色高等教育发展道路研究 [M]. 长春：吉林大学出版社, 2010.

[98] 冯刚, 郑永廷. 思想政治教育学科30年发展研究报告 [M]. 北京：光明日报出版社, 2014.

[99] 陈兴明. 中国大学"苏联模式"课程体系的形成与变革 [M]. 北京：社会科学文献出版社, 2012.

[100] 魏礼群. "四个全面"：新布局、新境界 [M]. 北京：人民出版社, 2015.

[101] 张荣臣, 韩宇, 谢英芬. "四个全面"新思想新观点新论断 [M]. 北京：北京联合出版公司, 2015.

[102] 东方治. 新常态新战略："四个全面"民族复兴总布局 [M]. 北京：国家行政学院出版社, 2015.

[103] 刘海峰, 史静寰. 高等教育史 [M]. 北京：高等教育出版社, 2010.

[104] 叶留金. 苏联高等学校 [M]. 张天恩, 等译. 北京：教育科学出版社, 1983.

[105] 王清华. 苏联高等教育的历史与现状 [M]. 长春：吉林教育出版社, 1985.

[106] 细谷俊夫. 新教育学大事典 [M]. 东京：第一法规出版株式会社, 1990.

[107] 许庆豫. 国别高等教育制度研究 [M]. 北京：中国矿业大学出版社, 2010.

[108] 胡建华. 战后日本大学史 [M]. 南京：南京大学出版社, 2001.

[109] 于述胜. 中国教育制度通史 [M]. 济南：山东教育出版社, 2000.

[110] THELIN R. A History of American Higher Education[M]. Baltimore：The Johns Hopkins University Press, 2004.

[111] ORTEGA Y. Gasset. Mission of the University[M]. New Jersey:Transaction Publishers,1991.

[112] Scott P. The Meanings of Mass Higher Education[M]. Maielen Head: Open University Press, 1994.

[113] G.W. Roderick, M.D. Stephen. Education and Industry in the Nineteenth Century[M]. Hongkong: Longman,1978.

[114] United Nations Development Programme. Human Development Reports（1999-2007）[M].New York: Oxford University Press.

[115] Clark Burton R. The Higher Education System: Academic Organization in Cross-national Perspective[M]. California: University of California Press,1986.

[116] Boyer,Ernest.College: the Undergraduate Experience in America[M].NewYork:Harper&Row,1987.

[117] 李建平.大力开展文本研究，推进马克思主义理论的创新[J].福建师范大学学报（哲学社会科学版），2007（04）.

[118] 李建平.论马克思主义的生命力和竞争力[J].福建师范大学学报（哲学社会科学版），2006（06）.

[119] 李建平.科学发展观的几个问题[J].东南学术，2006（01）.

[120] 郑传芳.党的十七大的重大贡献[J].福建农林大学学报（哲学社会科学版），2008（01）.

[121] 郑传芳.对马克思主义中国化的若干认识[J].福建行政学院福建经济管理干部学院学报，2006（05）.

[122] 郑又贤.科学发展观的核心是以人为本[J].思想理论教育导刊，2008（03）.

[123] 郑又贤.邓小平实现马克思主义中国化的思想方法特色研究[J].福建师范大学学报（哲学社会科学版），2007（01）.

[124] 苏振芳.坚持马克思主义在社会主义核心价值体系中的指导地位[J].思想理论教育，2008（17）.

[125] 杨立英.意识形态、经济发展与科学发展观的价值合理性[J].马克思主义与现实，2006（02）.

[126] 陈永森.和谐社会与公民的公共精神[J].思想理论教育，2008（23）.

[127] 许耀桐."四个全面"：习式治国理政的重大战略布局[J].人民论坛，2015（05）.

[128] 张明."四个全面"：中国特色社会主义的战略布局[J].中国井冈山干部学院学报，2015（02）.

[129] 李君如.马克思主义中国化研究中的三个问题[J].毛泽东邓小平理论研究，2012（06）.

[130] 陈德祥.马克思主义中国化、时代化、大众化关系辨析[J].学术论坛，2012（04）.

[131] 高鹏.马克思主义中国化的基本要素探析[J].求实，2012（01）.

[132] 张鲁宁.论马克思主义中国化的阶段性主题[J].前沿，2012（12）.

[133] 张琳. 关于推进马克思主义中国化研究的几点思考 [J]. 毛泽东邓小平理论研究, 2012（05）.

[134] 夏东民, 陆扬. 论马克思主义中国化理论创新及其核心要素 [J]. 马克思主义研究, 2011（11）.

[135] 白萍. 马克思主义中国化与新中国高校思想政治教育 [J]. 马克思主义与现实, 2011（06）.

[136] 陈太平. 马克思主义中国化的基本要素探析 [J]. 思想理论教育导刊, 2011（10）.

[137] 杨杨. 浅析马克思主义中国化理论体系的完善 [J]. 学校党建与思想教育, 2010（33）.

[138] 辛向阳. "四个全面"战略思想的三大逻辑 [J]. 学习月刊, 2015（04）.

[139] 张广昭, 陈振凯. 习近平"四个全面"里的中国复兴逻辑 [J]. 共产党员, 2015（04）.

[140] 祝福恩. 习近平"四个全面"的战略布局 [J]. 学术交流, 2015（04）.

[141] 王钰鑫. "四个全面"战略布局的逻辑关系与前沿问题研究 [J]. 广西社会科学, 2015（05）.

[142] 任新民. "四个全面"：党治国理政的行动纲领 [J]. 学术探索, 2015（03）.

[143] 魏岳江. 准确把握"四个全面"逻辑关系 [J]. 前线, 2015（04）.

[144] 杜黎明. "四个全面"的逻辑结构及理论创新 [J]. 观察与思考, 2015（05）.

[145] 景俊海. "四个全面"：解读中国梦的四个维度 [J]. 党建, 2015（02）.

[146] 刘洋, 李洋. "四个全面"战略思想的哲学释义 [J]. 党政干部论坛, 2015（05）.

[147] 秦宣. "四个全面"：形成发展、科学内涵和战略意义 [J]. 思想理论教育导刊, 2015（06）.

[148] 辛向阳. 四个全面"战略布局的时代基点 [J]. 中共贵州省委党校学报, 2015（04）.

[149] 秦正为. "四个全面"：习近平治国理政的全新战略布局 [J]. 青海社会科学, 2015（02）.

[150] 包心鉴. 在新的历史起点上开辟中国现代化新境界：论"四个全面"战略布局和战略思想的精神实质和价值指向 [J]. 中州学刊, 2015（07）.

[151] 李抒望. 正确认识和把握"四个全面"重大战略思想：学习习近平同志关于"四个全面"的重要论述 [J]. 陕西社会主义学院学报, 2015（02）.

[152] 田克勤, 张泽强. 准确理解和把握"四个全面"战略思想 [J]. 思想理论教育, 2015（05）.

[153] 陈伟, 吴世勇. 科教兴国到教育强国：论邓小平影响下的广东高等教育 [J]. 复旦

教育论坛,2014(04).

[154] 高宝立.邓小平的发展观与中国高等教育发展[J].教育研究,2006(08).

[155] 高宝立,刘明伟.邓小平高等教育改革思想的方法论特征[J].江苏高教,2006(02).

[156] 张立今.邓小平教育发展观对中国高等教育发展的启示[J].科学社会主义,2007(04).

[157] 徐光临.邓小平教育思想与高等教育的创新及发展[J].黑龙江高教研究,2006(05).

[158] 龚静.邓小平与中国高等教育的改革与发展[J].毛泽东思想研究,2004(04).

[159] 黄小平,黄学溥.论邓小平的高等教育思想[J].西北师大学报(社会科学版),2004(02).

[160] 高翔莲,郭关玉.试论邓小平的高等教育思想及其意义[J].长白学刊,2000(04).

[161] 蔺安林,刘占祥.江泽民对邓小平高等教育思想的继承与发展[J].西南民族学院学报(哲学社会科学版),2002(05).

[162] 颜吾洱,王凤英.江泽民高等教育思想的内容与特色——学习"三个代表"的思考[J].中山大学学报论丛,2001(06).

[163] 刘礼明.江泽民高等教育思想内涵研究[J].扬州大学学报(高教研究版),2008(03).

[164] 李运祥.试析江泽民高等教育发展观的内涵[J].中南财经政法大学学报,2003(03).

[165] 何万宁.学习江泽民教育论述 深化高等教育改革[J].江西社会科学,2001(04).

[166] 蔺安林.以"三个代表"重要思想为指导发展我国高等教育[J].毛泽东思想研究,2002(05).

[167] 沈徽青.高等教育必须树立以人为本的科学发展观[J].教育发展研究,2004(10).

[168] 李红.和谐社会与高等教育科学发展观[J].中国高教研究,2005(07).

[169] 陈至立.坚持用科学发展观统领高等教育全局 加强管理 提高质量 办出特色:在教育部直属高校工作咨询委员会第十七次全体会议上的讲话[J].中国高等教育,2007(05).

[170] 王斌泰.以科学发展观统揽全局 办人民满意的高等教育[J].江苏高教,2005(04).

[171] 李大勇.新常态下提高人才培养质量的思考[J].中国高等教育,2015(09).

[172] 彭贞贞,李坚,马骥.高校人才培养质量评价研究综述[J].教育教学论坛,2014(53).

[173] 吕治国."国际化视野下的高校德育创新发展研究"论坛在上海举办[J].高校理

论战线,2011(01).

[174] 刘胜兰.文化传承创新:大学第四大功能的确立[J].中国高等教育,2011(10).

[175] 曾伟.高等教育研究者应强化独立思考意识[J].北京大学教育评论,2011(03).

[176] 周元宽.改革开放以来中国高等教育变迁的主题变奏与时代特征[J].北京大学教育评论,2012(04).

[177] 张传燧.治理 文化 质量:高等教育深化改革的三大主题[J].大学教育科学,2015(01).

[178] 张应强.高等教育全面深化改革需要对高等教育改革进行改革[J].中国高教研究,2014(10).

[179] 储常连,柳友荣,胡程.克服"两化"落实"两本" 全面深化高校综合改革[J].中国高等教育,2015(12).

[180] 申伦.以"中国特色,世界水平"为统领深化高校综合改革[J].中国高等教育,2015(19).

[181] 林建华.积极推进综合改革 充分发挥大学创造潜力[J].中国高教研究,2015(19).

[182] 翁铁慧.聚焦重点领域实施攻坚 当好教育综合改革探路者[J].中国高等教育,2015(19).

[183] 张文显.全面推进依法治国的伟大纲领:对十八届四中全会精神的认知与解读[J].法制与社会发展,2015(01).

[184] 深化高等教育综合改革 全面推进高校依法治校:第七届高校管理者论坛会议综述[J].国家教育行政学院学报,2015(06).

[185] 蔡晓良.在党的领导下全面推进依法治国:全国马克思主义青年学者论坛(2015)综述[J].马克思主义研究,2015(07).

[186] 郝立新.如何在依法治国总格局中推进依法治校[J].中国高等教育,2014(23).

[187] 周雄文,吴四江.论高等学校的依法治校[J].湖南科技大学学报(社会科学版),2013(23).

[188] 黄进.创新法治人才培养机制 全面推进依法治国[J].中国高校社会科学,2014(06).

[189] 刘子云,李枭鹰.走向民生的高等教育[J].国家教育行政学院学报,2015(04).

[190] 陈旭.把握正确方向 全面推进学校综合改革[J].中国高等教育,2015(19).

[191] 刘志彪.从主体关系看深化高校科研领域综合改革的取向[J].东南学术,2015(01).

[192] 吴康宁.改革·综合·教育领域:简析教育领域综合改革之要义[J].教育研究,2014(01).

[193] 李传起.高等教育综合改革的核心问题和对策研究[J].国家教育行政学院学报,2015(10).

[194] 文少保.高校智库服务教育综合改革的价值、困境与实现路径[J].高校探索,2015(12).

[195] 陈治亚.高校综合改革应标本兼治重在治本[J].中国高等教育,2014(24).

[196] 张金福.高校综合改革应有的价值取向[J].教育发展研究,2015(09).

[197] 吴康宁.关于教育领域综合改革评价问题的若干思考[J].中国教育学刊,2014(03).

[198] 杨东平.关于深化教育领域综合改革的思考[J].清华大学教育研究,2013(01).

[199] 林韧卒,李鸿飞,高军.基于综合改革策略的高校内部办学资源优化配置研究[J].中国高教研究,2014(07).

[200] 徐梅.加快综合改革试点步伐 推动高等教育科学发展[J].中国高等教育,2013(21).

[201] 钟秉林.加强综合改革平稳涉过教育改革"深水区"[J].教育研究,2013(07).

[202] 焦志勇.简政放权与赋能还权:深化高等教育综合改革的路径探析[J].国家教育行政学院学报,2014(01).

[203] 宋永忠.建设现代大学制度 推进高教综合改革[J].中国高等教育,2014(11).

[204] 丁晓昌.江苏高等教育综合改革的实践与思考[J].中国高等教育,2014(11).

[205] 王海英.教育领域综合改革成功运行的三大机制[J].湖南师范大学教育科学学报,2015(04).

[206] 顾明远.教育领域综合改革的宏观视野[J].教育研究,2014(06).

[207] 叶赋桂.教育综合改革:扎根吾土 服务吾民[J].清华大学教育研究,2013,34(01).

[208] 涂云新.教育综合改革背景下教育立法的理念、问题与对策:复旦大学"教育改革与教育法治"学术研讨会综述[J].复旦教育论坛,2015(04).

[209] 曾天山.教育综合改革的现实意义和实践路径[J].教育研究,2014(02).

[210] 张学文.教育综合改革应由"教育工具论"向"教育民生论"转型:"十八大"报告"努力办好人民满意的教育"之学理解读[J].清华大学教育研究,2013(01).

[211] 李廉水.聚焦江苏高教综合改革 推进师资队伍国际化 深化高教综合改革[J].中国高等教育,2014(11).

[212] 李大勇. 深化高校综合改革 全面提升人才培养质量 [J]. 中国高等教育, 2013（21）.

[213] 吴康宁. 理解"深化教育领域综合改革" [J]. 清华大学教育研究, 2013（01）.

[214] 庄群华. 全面深化高等教育综合改革的路径选择：基于组织理论的视角 [J]. 高等教育研究, 2015（11）.

[215] 沈健. 深化高教综合改革要在扩大省级统筹下功夫 [J]. 中国高等教育, 2015（02）.

[216] 刘建平. 以人事制度改革为牵引 全面深化高教综合改革 [J]. 中国高等教育, 2014（23）.

[217] 李立国. 以省级教育统筹推进教育领域综合改革 [J]. 清华大学教育研究, 2013（01）.

[218] 曹国永. 以提高人才培养质量为核心 加大综合改革力度 [J]. 中国高等教育, 2013（19）.

[219] 黄红武. 以协同创新的视角推进高等教育综合改革 [J]. 中国高等教育, 2015（19）.

[220] 彭龙. 以章程制定为契机 依法推进学校综合改革 [J]. 中国高等教育, 2014（15）.

[221] 刘超美. 优化高校党委职能 深化高等教育综合改革 [J]. 中国高等教育, 2014（21）.

[222] 范笑仙, 李鹏虎. "中国特色高等教育思想体系研究"中期研讨会综述（一）[J]. 中国高教研究, 2014（11）.

[223] 范笑仙, 陈琼英. "中国特色高等教育思想体系研究"中期研讨会综述（二）[J]. 中国高教研究, 2014（12）.

[224] 张炜, 刘进, 庞海芍. 初论中国特色高等教育话语体系的守正创新 [J]. 中国高教研究, 2015（08）.

[225] 童世骏. 发扬和建构中国高等教育的特色与传统 [J]. 中国高等教育, 2014（15）.

[226] 范文曜. 更新发展理念 构建中国特色高等教育思想体系 [J]. 中国高教研究, 2010（12）.

[227] 徐德龙. 关于中国特色高等教育若干问题的思考 [J]. 中国高等教育, 2012（02）.

[228] 周远清. 加快构建"中国特色高等教育思想体系" [J]. 中国高教研究, 2013（09）.

[229] 陈锋, 张拥军, 徐小强. 坚持走中国特色社会主义高等教育发展道路 推动我国高等教育事业科学发展 [J]. 中国高教研究, 2008（08）.

[230] 潘懋元. 中国高等教育的定位、特色和质量 [J]. 中国大学教学, 2005（12）.

[231] 孙鋆. 高等教育综合改革与地方高水平大学建设 [J]. 福州大学学报（哲学社会科学版）, 2014（06）.

[232] 蒋凌域. 高校综合改革的认识与实践 [J]. 教育发展研究, 1992（02）.

[233] 沈广斌. 高校综合改革综述 [J]. 江苏高教, 1992(06).

[234] 杨银付. 深化教育领域综合改革的若干思考 [J]. 教育研究, 2014(01).

[235] 苏小柱. 试论高等教育的综合化改革 [J]. 教育与职业, 2013(36).

[236] 林茂全. 高等教育发展与全面建设小康社会 [J]. 辽宁教育研究, 2004(04).

[237] 王德林. 全面建设小康社会与我国高等教育发展 [J]. 西南交通大学学报（社会科学版）, 2003(02).

[238] 袁贵仁. 深化教育领域综合改革 加快推进教育治理体系和治理能力现代化 [J]. 中国高等教育, 2014(05).

[239] 周远清. 建设高等教育强国：应对全面建设小康社会 [J]. 医学教育探索, 2004(01).

[240] 陈建民. 按全面建设小康社会的要求办好地方高校 [J]. 湖南社会科学, 2003(03).

[241] 谢惠媛. 论全面建设小康社会与高等教育大众化 [J]. 理论月刊, 2004(01).

[242] 郑永廷. 论小康社会高校思想政治工作的新课题 [J]. 思想·理论·教育, 2003(07).

[243] 曹文泽, 汤哲远. 全面建设小康社会与高等教育的使命 [J]. 中国高教研究, 2003(07).

[244] 周远清. 把一个什么样的高等教育带入全面小康社会 [J]. 煤炭高等教育, 2009(06).

[245] 赵德武. 为全面建成小康社会提供强大的高等教育支撑 [J]. 经济学家, 2015(12).

[246] 张德祥. 全面建成小康社会与高等教育的历史责任 [J]. 中国高教研究, 2013(02).

[247] 谭甲文. 提升地方高校服务功能 推进全面建成小康社会进程 [J]. 中国高等教育, 2013(07).

[248] 孙超. 基于全面深化改革背景的高等教育改革考量 [J]. 领导科学论坛, 2015(08).

[249] 韩宝庆. 将全面推进依法治国理念融入大学生思想政治教育的若干思考 [J]. 思想理论教育导刊(02).

[250] 陈大文, 林青青. 全面推进依法治国下大学生法制教育若干重点内容解析 [J]. 思想理论教育导刊, 2014(01).

[251] 黄进. 全面推进依法治国与高校办学治校 [J]. 中国高等教育, 2014(22).

[252] 张安富, 陈丝璐. 依法治校视角下高校管理问题的理性反思 [J]. 高等教育研究, 2015(07).

[253] 景一宏. 以特色引领发展 据章程依法治校 [J]. 中国高等教育, 2015(01).

[254] 田承春, 谢云志. 以制定大学章程为契机 全面推进依法治校 [J]. 四川师范大学学

报（社会科学版），2015（01）．

[255] 吕林．高校落实"党要管党、从严治党"的必要性分析 [J]．学校党建与思想教育，2015（10）．

[256] 张树辉．论全面从严治党视角下的高校宣传思想工作 [J]．北京教育，2015（05）．

[257] 吴萍，陈思敏．从严治党背景下的高校研究生党建工作创新研究 [J]．福建医科大学学报（社会科学版），2015（01）．

[258] 于翔，王建国．近十年俄罗斯高等教育改革的问题及策略 [J]．航海教育研究，2011（01）．

[259] 崔若峰．深化教育综合改革，推进教育现代化：中国教育学会第二十七次学术年会综述 [J]．中国教育学刊，2015（01）．

[260] 姜斯宪．深化综合改革 探索中国特色世界一流大学之路 [J]．中国高等教育，2015（19）．

[261] 欧阳宏伟．实施综合改革 优化创新人才培养体系 [J]．中国高等教育，2013（19）．

[262] 杨道宇．试论教育综合改革的基本特征 [J]．理论参考，2014（04）．

[263] 丁晓昌．推进高等教育综合改革 破解体制机制障碍 [J]．中国高等教育，2013（21）．

[264] 黄蓓．完善大学治理结构 深化高教综合改革："高教综合改革与大学办学效率"高峰论坛会议综述 [J]．江苏高教，2014（05）．

[265] 张梅珍．行业特色大学综合改革进程中的学科生态重构 [J]．中国高教研究，2015（12）．

[266] He Wen W. U., Mao Y. Q. Neoliberalism, Globalization and Higher Education Development[J]. Journal of Immunology, 2008（01）．

[267] O'Leary N. C., Sloane P. J. The Return to A University Education in Great Britain[J]. National Institute Economic Review, 2005, 193（01）．

[268] John Codd. Teachers as "Managed Professionals" in the Global Education Industry: the New Zealand Experience[J]. Educational Review, 2005（57）．

[269] Macmanaway L. A. Teaching Methods in Higher Education: Innovation and Research[J]. Higher Education Quarterly, 1970（24）．

[270] Berard E., Minaire P., Girard R., et al. Israel's Higher Education Innovation Policy: was or Dreamed A Dream?[J]. Managtment & Partici-pation in the Public Sphere, 2015,（14）．

[271] Michael S. O. In Search of Universal Principles of Higher Education Management

and Applicability to Moldavian Higher Education System[J]. International Journal of Educational Management, 2004,（18）.

[272] Altbach P. G. Patterns in Higher Education Development[J]. Prospects, 1991（02）.

[273] Yang R. Globalisation and Higher Education Development: A Critical Analysis[J]. International Review of Education, 2003（3-4）.

[274] 岳武. 中国高等教育资源配置改革问题及对策研究 [D]. 东北师范大学, 2012.

[275] 马景惠. 政事分开视角下的中国高等教育管理体制改革研究 [D]. 吉林大学, 2014.

[276] 张希琳. 中国高等教育的综合贡献研究 [D]. 电子科技大学, 2015.

[277] 徐刚. 综合改革背景下的研究生思想政治教育研究 [D]. 华中师范大学, 2015.

[278] 肖园. 全面依法治国背景下的大学生法治意识培育研究 [D]. 天津师范大学, 2015.

[279] 李俊柱. 我国大学依法治校工作研究 [D]. 大连海事大学, 2013.

[280] 管萤. 改革开放以来邓小平、江泽民、胡锦涛教育思想的比较研究 [D]. 南京信息工程大学, 2014.

[281] 中共中央关于教育体制改革的决定 [N]. 中国教育报, 1985-06-01.

[282] 江泽民. 接见四所交通大学负责人时的谈话 [N]. 人民日报, 1996-03-28.

[283] 江泽民. 在庆祝清华大学建校九十周年大会上的讲话 [N]. 人民日报, 2001-04-30.

[284] 胡锦涛. 在全国教育工作会议上的讲话 [M]. 北京：人民出版社, 2010.

[285] 胡锦涛. 在庆祝清华大学建校 100 周年大会上的讲话 [N]. 人民日报, 2011-04-25.

[286] 习近平在北京大学师生座谈会上的讲话 [N]. 人民日报, 2014-05-05.

[287] 洪银兴. 研究型大学如何增强自主创新能力 [N]. 光明日报, 2006-02-12.

[288] 60 年教育辉煌：我国高校自主创新能力显著增强 [N]. 中国教育报, 2009-09-30.

[289] 高等教育：迈上由大国向强国的新征程——十六大以来高等教育改革发展成就综述 [N]. 中国教育报, 2012-09-12.

[290] 周忠高. 科学发展观重大战略思想概述 [N]. 光明日报, 2012-10-19.

[291] 孙秀艳. 深化科技体制改革 增强科技创新活力 真正把创新驱动发展战略落到实处 [N]. 人民日报, 2013-07-18.

[292] 敏锐把握世界科技创新发展趋势 切实把创新驱动发展战略实施好 [N]. 人民日报, 2013-10-02.

[293] 牢牢掌握意识形态工作领导权管理权话语权 [N]. 人民日报, 2013-10-08.

[294] 让改革旗帜在中国道路上飘扬 [N]. 人民日报，2013-11-13.

[295] 如何推进教育治理体系和治理能力现代化 [N]. 中国教育报，2013-12-05.

[296] 深化改革发挥优势创新思路统筹兼顾 确保经济持续健康发展社会和谐稳定 [N]. 人民日报，2014-05-11.

[297] 坚持以人民为中心的创作导向 创作更多无愧于时代的优秀作品 [N]. 人民日报，2014-10-16.

[298] 全面深化改革全面推进依法治国 为全面建成小康社会提供动力和保障 [N]. 人民日报，2014-11-03.

[299] 为办好中国特色社会主义大学提供坚强保证：一论学习贯彻习近平总书记对高校党建工作重要指示精神 [N]. 中国教育报，2014-12-30.

[300] 董洪亮. 坚持立德树人思想引领 加强改进高校党建工作 [N]. 人民日报，2014-12-30.

[301] 聚精会神抓好高校党建：二论学习贯彻习近平总书记对高校党建工作重要指示精神 [N]. 中国教育报，2014-12-31.

[302] "全面实现小康，一个民族都不能少"：习近平总书记会见贡山独龙族怒族自治县干部群众代表侧记 [N]. 人民日报，2015-01-23.

[303] 坚持"三严三实"加快推进世界一流大学建设 [N]. 光明日报，2015-09-13.

[304] 教育部关于印发《全面推进依法治校实施纲要》的通知 [EB/OL].[2016-01-16]. http://www.moe.edu.cn/publicfiles/business/htmlfiles/moe/s5933/201301/146831.html.

[305] 高校学生党员290.5万 个别入党动机不纯 [EB/OL].[2013-07-15]. http://politics.people.com.cn/n/2013/0715/c1001-22201708.html.

[306] 袁贵仁. 加快推进教育治理体系和治理能力现代化 [EB/OL].[2016-02-16].http://www.gov.cn/gzdt/2014-02/16/content_2605760.htm.

[307] 青年要自觉践行社会主义核心价值观：在北京大学师生座谈会上的讲话 [EB/OL].[2016-05-05].http://www.zgdsw.org.cn/n/2014/0505/c218988-2497.

[308] 李立国. 什么是高等教育综合改革的关键 [EB/OL].[2016-08-12].http://edu.gmw.cn/2014-08/12/content_12485822.htm.

[309] 在党的群众路线教育实践活动总结大会上的讲话 [EB/OL].[2016-10-09].http://www.zgdsw.org.cn/n/2014/1009/c218988-25795560.html.

[310] 专家学者探讨高等教育治理体系和治理能力现代化 [EB/OL].[2015-11-01].http://difang.gmw.cn/hb/2014-11/01/content_13722893.htm.

[311] 从依法治国到依法治教 [EB/OL].[2015-11-07].http://news.china.com.cn/rollnews/education/live/2014-11/07/content_29718070.htm.

[312] 2001—2015 年全国高校毕业生人数 [EB/OL].[2014-12-05].http://career.eol.cn/kuai_xun_4343/20141205/t20141205_1209695.shtml.

[313] 坚持和完善党委领导下的校长负责制 [EB/OL].[2014-12-15].http://www.qstheory.cn/dukan/qs/2014-12/15/c_1113618629.htm.

[314] 高校推进依法治国的使命和路径 [EB/OL].[2015-12-23]http://news.gmw.cn/2014-12/23/content_14260283.htm.

[315] 习近平就高校党建工作作出重要指示 强调坚持立德树人思想引领 加强改进高校党建工作 [EB/OL].[2015-12-29].http://www.gov.cn/xinwen/2014-12/29/content_2798452.htm.

[316] "一带一路"战略引领高等教育国际化 [EB/OL].[2016-05-26].http://edu.gmw.cn/2015-05/26/content_15780830.htm.

[317] 高等学校章程 [EB/OL].[2016-06-30].http://www.moe.gov.cn/jyb_sjzl/sjzl_zcfg/zcfg_gdxxzch/.

[318] 中华人民共和国教育部全国"211 工程"高校章程全部核准发布 [EB/OL]. [2015-06-30]. http://www.moe.gov.cn/jyb_xwfb/gzdt_gzdt/s5987/201506/t20150630_191785.html.

[319] 2014 年全国教育事业发展统计公报 [EB/OL].[2016-06-11]. http://www.moe.gov.cn/srcsite/A03/s180/moe_633/201508/t20150811_199589.html.

[320] 瞿振元. 中国特色新型高校智库的使命与担当：高校智库建设要出思想、出人才，还要育人 [EB/OL]. [2015-07-07]. http://news.gmw.cn/2015-07/07/content_16205462.htm.

[321] 全面推进依法治教，开创 21 世纪教育振兴的新局面 [EB/OL]. [2001-08-27]. http://www.edu.cn/20010827/208905.shtml.

[322] 全国教育事业第十个五年计划 [EB/OL].[2016-06-11]. http://www.moe.gov.cn/jyb_sjzl/moe_177/tnull_2486.html.

[323] 历次全国高校党建会情况概述 [EB/OL]. [2016-06-11]. http://www.moe.gov.cn/s78/A12/s8352/moe_1445/.

[324] 教育部关于加强依法治校工作的若干意见 [EB/OL]. [2016-06-11]. http://www.moe.gov.cn/s78/A02/zfs__left/s5911/moe_623/201001/t20100129_5145.html.

[325] 中国教育改革和发展纲要 [EB/OL]. [2016-06-11]. http://www.edu.cn/zong_he_870/20100719/t20100719_497964.shtml.

[326] 中共中央国务院关于深化教育改革，全面推进素质教育的决定 [EB/OL]. [2016-

06-11]. http://www.edu.cn/zong_he_870/20100719/t20100719_497966.shtml.

[327] 国家中长期教育改革和发展规划纲要（2010—2020 年）[EB/OL]. [2016-06-11]. http://www.moe.gov.cn/srcsite/A01/s7048/201007/t20100729_171904.html.

[328] 外国人这样理解"全面建成小康社会"[EB/OL].[2016-06-11]. http://www.ccln.gov.cn/hotnews/164789-1.shtml.

[329] 特别关注：外国学者如何看"四个全面"战略布局？（上）[EB/OL]. [2016-06-11]. http://cpc.people.com.cn/n/2015/0412/c64093-26830636.html.

[330] 特别关注：外国学者如何看"四个全面"战略布局？（下）[EB/OL]. [2016-06-11]. http://cpc.people.com.cn/n/2015/0412/c64093-26830636.html.

[331] 四个全面统领全局的施政方略 [EB/OL]. [2016-06-11]. http://theory.people.com.cn/n1/2016/0126/c49150-28084888.html.